四国の水平運動

四国部落史研究協議会 編

解放出版社

刊行にあたって

本書は、全国水平社創立一〇〇周年を記念して、四国四県における水平運動の状況をまとめたものである。四国で初めて水平社が誕生したのは一九二三（大正一二）年、第一回全四国水平社大会が開催されたのは一九二四（大正一三）年、四国四県の水平社が集結した第二回全四国水平社大会は一九二六（大正一五）年で、本書の刊行年については、様々な選択があった。しかし、四国部落史研究協議会の現況から、最善の選択としてこの時期の発刊に至ったのである。

四国部落史研究協議会は一九七八（昭和五三）年に発足し、年一回の研究大会開催や機関紙『しこく』発行を通じて各県の部落史研究の状況を明らかにしてきた。その成果は、三好昭一郎編『四国近世被差別部落史研究』（明石書店、一九八二年）や『史料で語る四国の部落史　前近代篇』（明石書店、一九九二年）、『史料で語る四国の部落史　近代篇』（明石書店、一九九四年）として活字化し、部落史研究と同和教育の進展に寄与してきた。一九九〇年代後半には、「部落史の見直し」の進展に伴い、これまでの成果を大切にしつつも批判的検証を加え、機関誌『しこく部落史』（一九九九（平成一一）年～二〇一八（平成三〇）年）によって研究を深化させ、研究成果を明らかにしてきたところである。

しかし、会員の広がりは少なく、高齢化も進み、活動は低迷せざるを得ない状況となった。やむなく『しこく部落史』は二〇号で休刊することとなったが、部落史研究と同和教育の進展に寄与してきた役割を強く認識し、単発的ではあっても学校教育・生涯学習の場での部落史学習や同和教育実践に貢献することとして、二〇一九（令和元）年には、『心に響く人権の言葉集』を刊行した。年一回の研究大会も継続することとしたが、新型コロナウィルス感染症拡大によりこれまでと同様な活動は困難な状況に至っている。会の存続には若手の参画が必須である。部落史研究に関心をもち、志をともに活動できるなかまが増えることが、本書の目的の一つでもある。

本書では、各県が二本ずつ、計八本の論文を紹介することとした。そのうちの一本は各県の水平運動を通史として概観した。全四国水平社での連帯等、他県との関連もあり記述が重複しているところもある。ただし、各県水平社の設立、活動における思想的背景をもとに、各執筆者の問題意識に沿った見解を著しているので、県単位に特化させず相対させながら四県の通史を読み込んでいただければ幸いである。

もう一本はそれぞれの問題意識を反映した論考である。

徳島県は、井藤正一の日記をもとに加茂名水平社設立の背景や活動を明らかにしたものである。

香川県は、高松差別裁判糺弾闘争にかかる負の側面を明らかにしようとしたものである。

愛媛県は、学校における差別事件を個別に洗い出し、水平社との関係を浮き彫りにしようとしたものである。

高知県は、高知県水平社とは別に独自の活動を展開した幡多地方の水平運動を概観したものである。

通史を含め、それぞれ、これまで紹介されてこなかった史料を用いた画期的な論考である。一地方史としての水平運動史を垣間見ることができよう。

なお、人権にかかわる言葉やその背景を記している関係上、差別表現となる言葉を使用しているが、本書では、先人の営みを正確に記述する必要からそのまま記載している。また、地名・人名等については、差別解消推進、差別拡散の両面からの議論があり、本書では統一していない。人権尊重社会の実現に向けて推進しているなかで、人権意識の高い読者が本書を活用されることを大いに期待しているところである。

最後に、刊行にあたって、史料調査、内容検討、編集構成等多くの方、諸機関にお世話になった。紙数の関係上、お名前を紹介することはできないが、深く謝意を表したい。

二〇二二年三月三日

四国部落史研究協議会代表　山下隆章

四国から発信する水平運動史研究の集大成

大阪人権博物館館長　朝治　武

全国水平社創立一〇〇周年を迎えたが、これを記念して四国部落史研究協議会が総力を挙げて発刊したのが『四国の水平運動』（以下、本書）である。本書は四国各県の水平運動について概観した通史と各県一本ずつの各論で構成されたが、推薦を依頼された私が果たすべき役割は、全国水平社における四国の水平運動の位置づけを簡潔に述べたうえで、本書の意義を明確にすることであろう。

周知のように、全国水平社は一九二二年三月三日に京都市公会堂（岡崎公会堂）で創立されたが、「則」と呼ばれた規約の第六項で「各地方水平社ハ全国水平社綱領ニ依リ自由ノ行動ヲ取ルコト」と表現されたように、綱領さえ遵守すれば自由な行動が許された。これをふまえて一九二三年四月五日に高知県水平社、同年四月一八日に愛媛県水平社（当初は拝志水平社）、一九二四年七月一一日に香川県水平社、同年一二月二四日に徳島県水平社（当初は加茂名水平社）が創立され、独自の水平運動が展開されることになった。そして同年九月二〇日には松山市で全四国水平社が創立され、『水平新聞』第五号（一九二四年一〇月二〇日）で大きく報じられた。

全国水平社大会での四国の水平社からの提案を見てみると、一九二四年三月の第三回大会では、高知の国沢亀が緊急動議「印度のガンヂー氏に出獄祝の電報を発する件」を提案したが保留となった。また一九二六年五月の第五回大会では、高知県水平社が提案した「犠牲者に対する慰問救済の件」は新中央委員会に一任して可決されたが、協議案に載せられた愛媛県松山水平社の「地方大会には全国本部より弁士派遣の件」と徳島水平社の「全国地方水平社に巡回公演をなす件」は提案されなかった。さらに一九二八年五月の第七回大会では、愛媛県水平社から「全国遊説に関する件」と「朝鮮衡平社提携に関する件」が提案されたが、大会が解散となったため未決に終ってしまった。

全国水平社の規約は一九二五年五月の第四回大会で改正され、中央委員は地方毎の連合会から選ばれることになり、四国連合会からは愛媛の徳永参二が就任した。しかし一九二七年一二月の第六回大会から中央委員は府県水平社から選ばれることになり、一九二八年五月の第七回大会に香川の高丸大造と愛媛の徳永参二が中央委員に就任したが、一九二九年一一月の第八回大会から四国から中央委員が選出されなくなった。

そして一九三〇年四月一四日の中央委員会で規約は改正され、全国水平社総本部－府県連合会－支部という中央集権的組織に変更された。これによって一九三四年四月の第一二回大会から中央委員は府県連合会から一人ずつ選ばれるようになり、一九四〇年八月の第一六回大会まで、香川から中村正治、愛媛から松田清次郎、矢野一義、高知から大黒貢、西本利喜、徳島から藤沢正一、成川義男、鈴木卯平が就任した。

全国水平社の本部もしくは総本部における四国の水平運動に対する関心と認識は、機関紙の『水平新聞』によって窺うことができる。そこで内容別に分類することによって、四国各県の水平運動に関する記事を紹介することにしよう。

水平社の大会と会議では、「香川県水平社創立大会／七月十一日於観音堂公会堂」（第二号、一九二四年七月二〇日）、「愛媛県水平社／見るべき／その発展」（第四号、一九二六年二月一日）、「四国連合会／第二回大会」（第一三号、一九二七年二月一日）、「香川県水平社臨時大会」（第二〇号、一九二八年一月一日）、「愛媛水／執行委員会」（第二五号、一九二九年二月一日）、「政治的自由獲得／生活権擁護闘争／のスローガンを掲げて／愛媛県水平社第四回大

会／盛大に開かる！」（第二六号、一九二九年三月一〇日）であった。

水平社の状況では、「香川県水平社の活動－ニユースより－」（第一九号、一九二七年一一月二五日）、「香川県与北の／青年同人／のビラまき」（第二一号、一九二八年三月一日）、「弾圧の香川に／水平社の／猛活動」（第二号、一九三〇年一月一日）、「愛媛県水平社／選挙戦を／闘ふ」（同）、「模範村に荊冠旗／翻る／愛媛県連の活躍」（第九号、一九三一年一月二六日）、「愛媛県連の／再建大会近し」（第九号、一九三五年七月五日）、高知県中村での松本治一郎の演説会に関する活動（第二〇号、一九三六年一一月五日）、「徳島・那賀郡／各支部維持費を納む」（第二三号、一九三七年二月一日）であった。

とりわけ注目されるのが、「弾圧を蹴つて／香川県水平社活動」（第一号、一九三四年一一月一五日）、「県連再建闘争に／躍進する香川の同志／組織準備会を開く」（第二号、一九三四年一二月五日）、「香川県川津支部／再建大会」（第四号、一九三五年二月五日）、「弾圧の砲火を浴びつゝ／香川県の再建闘争／悲壮な決意の下に戦はる／香川の兄弟を見殺にするな」（第五号、一九三五年三月五日）、「弾圧の嵐を蹴つて／香川再建す！」（第六号、一九三五年四月五日）である。これらの記事は、全国的闘争として盛り上った高松結婚差別裁判糺弾闘争の後に壊滅した香川県連合会の再建を報じたものであった。

差別糺弾闘争に関連しては、一九二〇年代では「部落民に／墓地を／与へない／香川西庄村の差別争議」（第八号、一九二六年六月三〇日）、「徳島全県の学校に於て／差別今も尚甚だし／徳島水平社孤軍奮闘す」（第九号、一九二六年七月三〇日）、香川の「墓地の共同使用に／県庁の吏員／ガンコに反対す」（第一三号、一九二七年二月一日）、香川県大川郡の「差別事件を動機に／水平社組織」（第二一号、一九二八年三月一日）、「今治署長芝クンノトンダ失言」（第二五号、一九二九年二月一日）と続いた。そして最も大きな記事となったのが、「松山連隊内の差別事件／謝罪で問題は済んだが又々営内の差別は絶えぬ。軍隊内／の差別撤廃の闘争を続行せよ。」（同）であった。

一九三〇年代では、「共有山林分割に絡む／侮辱／愛媛県連起つ」（第一三号、一九三一年一一月二五日）、香川での差別糺弾（第一六号、一九三二年七月三日）、「高知県下に頻々／差別脅迫状と投書事／全村一致して闘争開始」（第一号、一九三四年一一月一五日）、「愛媛県／岩松校事件で／学校の態度は挑戦的に／警察は弾圧方針だ」（第九号、一九三五年七月五日）、「高松高商講師が／差別的講演をした」（第二三号、一九三七年二月一日）であった。このように全国水平社の本部もしくは総本部は、差別糺弾闘争を主要な闘争形態と位置づけていたので、当然のごとく四国各県における差別糺弾闘争に対する注目度は極めて高かった。

生活擁護闘争と融和団体との対抗では、高知県連合会香南支部の「反動融和運動を／高知県で粉砕」（第六号、一九三五年四月五日）、「愛媛県／南予起つ」（同）、「高知／再三の風水禍は／大衆を餓死線へ／兄弟愛の温き救援起る」（第一二号、一九三五年一〇月五日）と決して多くはなかった。

以上のように『水平新聞』から四国の水平運動を眺めてみると、全国水平社の本部もしくは総本部が関心を抱いた大会や闘争などに焦点が当てられることになった。しかし本書では、『水平新聞』だけでなく多くの水平運動関係史料、新聞史料、官憲史料によって明らかにされたように、実際には四国各県の水平運動は粘り強く闘われ、各県および地域における部落の存在形態や部落差別の発現形態などに規定されて水平運動の内容は実に多様であり、多くの個性的な活動家が活躍することになった。

概して水平運動史は全国水平社に焦点をあてて検討される傾向が強かったが、本来的に水平運動史を総体的に検討しようとすれば、傘下の府県と地域における水平運動の展開をふまえることなくして、十分な成果を期待することは困難であろう。その意味において、四国の水平運動史だけでなく、府県と地域の水平運動史を前提とする全国水平社を軸とした水平運動史を理解するためにも、四国から発信する水平運動史研究の集大成である本書の意義は誠に大きいと考えられるので、関心ある多くの方々に是非とも読んでいただくよう推薦したい。

目次

Ⅱ　各論

I 通史

徳島県の水平運動

増田　智一

一　加茂名水平社に向かう人びと

四国四県の水平社結成は一九二三（大正一二）年四月に高知県、次いで同年同月愛媛県水平社が、香川県では全四国水平社結成を目指す愛媛県の強い働きかけで、一九二四（大正一三）年七月に結成された。同年九月二〇日には愛媛県水平社本部が主催し松山市三番町寿座で全四国水平社創立大会が開催され、全四国水平社が四国各県水平社の連合指導組織として結成されたが、この大会には徳島県の結集はみられていない。参加者二、〇〇〇人にのぼったという全四国水平社では、水平社をいまだ結成していない地方への働きかけのための巡回宣伝部を設置する決議を行い、「未だ徳島県へは水平運動の手は伸びていない。我等は近く同県に対して一声に宣伝を開始する」（『水平新聞』第五号、大正一三年一〇月二〇日付）とした。

徳島県下初の水平社の加茂名水平社は、青年団を中心に新しい意識にめざめた井藤正一（一九〇二～一九六〇）、増□□、岡□□□、佐□□□□、鈴□□□ら青年団の仲間と大阪で栗栖七郎、西光万吉らと交流のあった宮本小三郎（一九〇四〜没年不詳）が帰徳合流して結成に向かった。井藤は、青年団や「徳島毎日新聞社」の後援で当時さかんに開かれた「青年雄弁大会」の弁論活動のようすを日記に書き留めている。井藤の祖父宅で開かれた加茂名小学校校長稲塚逸次や同校の教師たちが指導した青年夜学会や青年団支部の活動、部落改善運動の取り組みのなかで、やがて家業に精励するかたわら高等小学校卒業後も早稲田大学通信教育で学び文学部専門部を終了、読書や思索、雄弁「部落青年の叫び」「理想社会創造」などの演題での弁論に取り組む青年団長となり、リーダーとなった。井藤の日記によれば、早くも一九二三（大正一二）年八月に他のいくつかの部落に水平運動の勧誘に行き、青年団長や中学生を感動させ同志を得た、と記録している。一九二四（大正一三）年一〇月には、井藤の村の氏神大字東名東の八幡神社の祭礼時に神輿は道路が狭いから入らないとの表向きの理由で入ってこないという神社総代に対して、家々を訪ねて道路沿いの土地を提供してもらい、道路を広げ結果神輿が迎えられることとなった。同年一一月の井藤の日記には、水平新聞購読者募集、水平社青年会議開催、水平社講習会の開催、青年団役員会への水平運動協力依頼、水平社創立の広告づくり、配布、会場の準備を進めた様子が記されている。井藤らの水平社結成を目指しての活動に、全四国水平社の徳島県への宣伝開始決定を受けた香川愛媛県からの働きかけが、さらに自力・自闘の水平社創立へと駆り立て、歩を進めたのである。

二　徳島県水平社初期の活動

(1) 加茂名水平社の創立

一九二四（大正一三）年一二月二四日には、加茂名町で県下最初の水平社大会が開催され、加茂名水平社が創立され、荊冠旗が翻った。『徳島毎日新聞』(大正一三年一二月二六日付)に、「市外加茂名に荊冠旗翻る　県下最初の水平社大会　香川愛媛県より来県　加茂名町水平社成る」との見出しで報道された。続いて、「本県最初の水平社運動の烽火が市外名東郡青年団福井支部の画策の下に二四日午前一〇時から同地公会堂に於いて打ち上げられた。」とし、先の加茂名小学校長稲塚逸次や同町町会議員も出席し、二〇〇余名が参加し、香川愛媛県から香川県三豊郡観音寺水平社鹽田義次郎、鹽田正光、高丸正雄、愛媛県新居郡氷見町氷見水平社亀井清一の四名も列席したことを報じた。「青年団の画策の下に」結成された水平社大会に、村落秩序の内部を構成する稲塚逸次校長や町会議員も出席した創立大会では、全国水平社の綱領・宣言とともに「決議文」が採択された。「決議文」の第一項の差別表示者への糺弾は全国水平社のそれと同じであるが、第二項の「学校当局者に対し水平運動の了解を求め民族的差別の不可なることを勧告すること」との、学校当局に水平運動の了解を求め差別のまちがいを勧告することとすること、第三項の「政府及び其他一切の侮辱的改善策及恩恵的施設の改革を促す」との、政府及びその他一切の侮辱的・恩恵的「改善」政策を改めることを求めるという独自の内容を含むものであった。水平社員の演説が行われ同日四時頃までに解散したと報じられた。

市外加茂名に荊冠旗翻る
　県下最初の水平社大会
　　香川愛媛県より来県
　　　加茂名水平社成る
本県最初の水平社運動の烽火が市外名東郡加茂名町青年団福井支部の画策の下に廿四日午前十時から同地公会堂に於いて打ち上げられた。之より先香川県三豊郡観音寺水平社本部執行委員黴田義次郎社員黴田正光、高丸正雄、愛媛県新居郡氷見町氷見水平社委員亀井清一の四氏來徳列席し同町町会議員学校長等も列席二百余名出席あり左記宣言決議綱領を附議可決し社員の悲壮なる演説等あり午後四時頃宣伝歌高唱裡に解散した。因みに右運動は第二期に属すべきもので非常に穏健なるものである。

綱領（略）

宣言（略）

決議文

一、吾等に対し穢多及び特殊部落民の言行を以て侮辱的意思を表示したるときは徹底的の糺弾をす。

二、学校当局に対し水平運動の了解を求め民族的差別の不可なることを勧告すること。

三、政府及び其他一切の侮辱的改善策及び恩恵的施設の改革を促す

大正十三年十二月二十四日

徳島県名東郡加茂名水平社

（『徳島毎日新聞』大正一三年一二月二六日付）

(2)差別事件糺弾と「水平の行者」栗須七郎演説会

創立された加茂名水平社初代委員長は井藤正一が務め、宮本小三郎とともに購入した板を鉋で削り井藤が「水平社事務所」と墨書した看板を掲げ荊冠旗もあつらえた。さっそく、翌一九二五（大正一四）年当初より近隣部落の青年団への宣伝を開始し、同年三月一〇日に大阪市で開催された全国水平社府県委員長会議に宮本とともに井藤が参加し、井藤は翌々日に栗須七郎と会っている。井藤の日記によれば同会議の案内状を郵便で宮本小三郎

が受け取っているので委員長は宮本が務めたのかもしれない。加茂名水平社の初期に最も熱心に取り組み、その活動の中心となったのは、この頃頻発した差別事件に対する差別事件糺弾と、それを契機にした演説会などを通した部落内外での啓発活動であった。なかでも一九二五（大正一四）年におこった『大阪水平新聞』大正一四年一〇月二〇日付）に「学生の差別問題」と報じられた差別事件に井藤・宮本らは全力で取り組んだ。

徳島市徳島中学、並びに商業学校の生徒で、汽車通学の途次、部落を汽車が通りかかると、沿道の田圃で働いている老人、子供などを目がけて、差別的な嘲罵を試み、口惜しがるのを汽車の窓から、嘲笑して過ぎる学生共は、この悪戯に興味を覚えてか、それは次第に激しくなり、遂にはノートの紙を破って、それに差別的の嘲罵の文句をかいて、それに石をくるんで、遠くの方に働らいている吾れ　兄弟の方へ窓から投げつけると言った有様であった

のちに旧徳島中・徳島商業学校生徒差別事件といわれるこの事件は、列車通学中の生徒がその途中で被差別部落の老人や子どもに向かって差別的な言葉を投げつけたり、破ったノートに差別的な文句を書きそれを石でくるんで投げつけ続けるという事件である。しかも、差別をした生徒や学校、県の態度は明瞭でなく、事態は改まらなかった。そこで、井藤・宮本らは大阪府水平社に報告し、そこから派遣されたのが栗須七郎（一八八二～一九五〇）らであった。「一〇月一日。夕方、大阪より来県の水平の行者、栗須七郎先生を青年団員三〇余名と蔵本駅まで迎えにいった。」「一〇月五日。・・水平社大講演会・反対者もかなり多かったようでしたが講演にかかるやいなや、たちまち熱狂した賛成へと変わり、大成功裡に引きあげた。」と井藤は日記に記録した。

水平運動の炬火

福井郷に於ける栗須氏一行の大演説会の盛況

名東郡加茂名水平社主催の栗須七郎氏講演会は二日夕七時から青年会館に於いて開会来聴者は老若男女三百五十余名高田源平氏開会の辞を述べ次いで大阪市西浜栄田少年少女水平社本部員松井保晴、大阪水平社員有本敏一、栗須七郎の三氏相次いで登壇、水平運動を起こるに至った原因、目的を或は歴史上より、或は宗教上より説き来り論じ去って午後十一時五十分頃盛会裡に閉会した（『徳島毎日新聞』大正一四年一〇月七日付）

本社後援、内町青年団主催

栗須氏講演の盛況

既報内町青年団主催本社後援の水平問題講演会は四日午後二時より寺島小学校講堂に於て開催来会者約三百名団長黒崎正三氏は主催者を代表して

七千万同胞を一視同仁の大慈悲心を以て無差別に視給ふ我が両陛下の御真影の前に於て水平問題講演会を開く事は大なる意義あると共に本団の最も光栄とする処

と前提し米国排日に公憤する国民が自己の脚下に理由なく差別さる二百万の同胞あるを閑脚せるは国民の大なる恥辱なりと喝破し、明治大帝の御精神、徳川氏の対部落政策、その他に渉り虐げられたる同胞のために国民の自覚と諒解を促して閉会の辞に代へ次で大阪水平社幹部有本利和、栗須七郎両氏は水平運動の由来並びに我国家のために本運動の必要なる理由を史実と論理の両方面に渉り最も熱烈に講述し聴者に絶大なる感鳴を与え午後五時半閉会した尚当日津保副団長を始め団員有志は自費を以て宣伝自転車隊を編成全市に渉り宣伝する処があった。

（『徳島毎日新聞』大正一四年一〇月四日付）

栗栖氏ら来県の翌日一九二五（大正一四）年一〇月二日には、加茂名水平社主催の栗栖七郎氏講演会が行われ、「水平運動の炬火　福井郷に於ける栗須氏一行の大演説会の盛況」との見出しで、三五〇余名の参加のもと、栗須の他大阪西浜少年少女水平社松井保晴、大阪府水平社有本敏和らが登壇し、水平運動の原因・目的を歴史的・宗教的に論じたと報ぜられた。同年一〇月四日の「本社後援　内町青年団主催　栗栖氏講演の盛況」と報じた大阪府水平社有本敏和、栗須七郎氏は水平運動の由来、国家のために水平運動が必要な理由を史実・論理から論じ、「最も熱烈に講述し聴者に絶大なる感鳴を与えた」と報じられた。井藤の日記によれば青年団員が栗須氏らの旅宿井藤宅を訪ね、講演を依頼した。青年団が自前で「徳島毎日新聞社」の後援を得て栗須氏らの講演を開き部落内外の多くの人びとをひきつけてやまなかった。この例の内町青年団のように三か所で同様の講演会を開いたという（『大阪水平新聞』大正一五年一〇月二六日付）。栗須氏らは、その後も一九二七（昭和二）年、三一（昭和六）年、三二（昭和七年、さらには後で紹介する高松差別裁判糺弾闘争時の一九三三（昭和八）年も徳島に来訪し、鋭い弁舌で人びとを魅了し続けた。この差別事件に対して、井藤・宮本ら水平社は栗須らとともに差別した生徒の父母に謝罪させるだけでなく、県庁学務課に抗議し校長が辞任することで終結したが、加茂名水平社創立大会の独自の「決議文」第二項・第三項をも実践した活動であった。

徳島で敬愛された栗須七郎とは、一体どんな人物なのか。自伝『水平の行者』によれば、一八八二（明治一五）年に和歌山県東牟婁郡本宮町の部落に生まれ、一五歳で代用教員となるが部落出身だということで周囲から好感をもって迎えられず辞し、一六歳で東京に出て通信書記補、やがて一九〇二（明治三五）年入営、ここでも数えきれない差別を受けながら看護手として従軍した。背中に一二発の銃弾を浴びながら兵士たちの傷の手当に奮戦した勇士として、金鵄勲章を受けた。いったん帰還するも、医学を志して上京し、日本医学校に入学した。しかし、医者を目指すも果たせず、苦悶する。釈迦、孔子、聖書、親鸞を読みふけった。やがて、岡田式静坐という心身修行にであい苦悶からも、部落出身という侮辱からも解放された。しかし、その後に神と人は一体のものであるという白山の神生教団宮崎虎之助を知り、そこで個人的で独善的な考えの限界を悟り、現世に水平社会を実現するとの考えを育てた。一九一五（大正四）年郷里の村役場の差別事件で村長糺弾に奔走、のちに当時「どうかして此の死にそこなひの体を世の中の為に捧げたいと、その事ばかり考えて居りました」（栗須七郎『水平の行者』、同『水平道』）と記している。一九二一（大正一〇）年秋、水平社創立準備の動きを知り、独自に和歌山県内の部落行脚を始めた。一九二二（大正一一）年五月に和歌山市内で水平社演説会に遭遇し、そこで西光万吉や平野小剣と知り合いただちに水平運動に参画し、「その時の私のうれしさと云ふものは、本当に天のも登る心持でありました」（栗須七郎『水平道』）と回想している。同年六月栗須は皮革産業の中心であり和歌山県人をはじめ多くの労働者が流入する大阪西浜に活動の場を求めた。栗須は和歌山県人を一人ひとり説得し、同年八月に西浜水平社、同時に大阪府水平社を創立し執行委員長になった。一九二三（大正一二）年末に結成された全国水平社青年同盟は次第に無産階級の政治運動化の主張を強めていった。全国水平社青年同盟は西浜水平社がその中心になり栗須とともに活動した松田喜一はその委員長となった。水平運動に参画することで人間性を実現すると考える栗須は青年同盟のあり方との葛藤に悩んだ。徳島をはじめ「水平の行者」として全国の水平運動の最前線で講演会、演説会で多くの人びとを魅了した。栗須は演説で親鸞の教えに立ち返りながらも水平社会をこの現世でこそ実現することを訴えた。「解放令」の実現を「一君万民」の平等社会に求め、同時に水平運動労働者・農民、無産階級の政治運動の必要を訴えた。親鸞主義を説き、水平運動に参画することで自ら解放し人間性を実現するという求道者にして運動家の情熱的な言葉だからこそ、徳島の多くの人びとを「聴者に絶大なる感鳴」を与え、魅了したのである。

加茂名水平社創立初期には、独自の決議文第二項や来徳し部落内外の人びとに敬愛された栗須七郎がそうであったように、民族主義的、天皇主義的な自らの運動の正当化論理と体制内解放思想であった。部落改善運動や青年団での「改善」や「自覚」が何の効果ももたらさず、自ら自力・自闘の水平運動にたちあがる。自らが覚醒し、「集団運動」に「たちあがる」ことで天皇のもとの平等な「臣民」という「解放令」の実現をめざし、差別糺弾・差別撤廃を進めた。平等な「臣民」といわれながら、非「臣民」（非「国民」）扱いを受ける。加茂名水平社水平社の差別糺弾や講演会・演説会の高揚を通して、そこに集まる徳島の部落内外の人びとに、差別の不条理への気づきや差別社会に対する批判意識やあらたな覚醒を生み出していった。そこにこそ、初期の活動の未発の可能性をみるのである。

三　全四国水平社への参加・無産階級運動化のなかで

(1) 加茂名小学校教育差別解消闘争

一九二五（大正一四）年春以来、徳島県水平社の地元である加茂名小学校で差別事件の頻発が表面化する。井藤・宮本らは校長に抗議を申し込み糺弾の結果、同年末に校内への標語張出、差別をした父母への警告文、校内職員研修会の三条件で校内問題にとどめ解決をしたが、校長自ら差別発言を繰り返し、なんらの処置もなく差別的発言を繰り返し、事実をもみ消そうとした。そのようななかで翌一九二五（大正一四）年三月には加茂名水平社は、学校での講演会や事件の解決に、少年水平社の代表を参加させることや「同盟休校」や「町税不納」を決議することも辞さないとした。そのようななか、高田丑太郎訓導らは井藤・宮本らが指導する少年水平社を応援し、「同盟休校」でたたかった（志摩伸枝「徳島県水平社はかくして生まれた」『平成五年度長期研修生報告書』）。井藤の日記によれば、早くも加茂名水平社創立直後の一九二五（大正一四）年三月二四日に井藤・宮本らの指導のもと地区公会堂で少年水平社創立会を開催し、以後定期的に自習会を開き「水平歌」の練習なども行ったという。

徳島全県の学校に於て差別今も尚甚だし　徳島水平社孤軍奮闘す
同水平社の所在する加茂名小学校に於て、今春以来差別事件が頻発するので同校校長斎藤忠太氏に抗議を申し込んだが、その後何等の処置が出なかった為尚も差別の事実が絶えない。（略）
その不誠意に憤慨した同地水平社は委員を派して「今後差別事件発生の場合は学校内で講演会を開かしめること、事件の解決に少年水平社の代表を参加せしめること」の要求をつきつけた。学校当局はすげなく之を拒絶したので更に第二段の方策を立て、飽く迄要求の貫徹を期し学校側が応じない節は、区民大会を開き、校童のストライキ及び町税の不納同盟を決議すると堅き決心を見せてゐる。
全国各水平社は孤軍奮闘せる徳島水平社を声援せよ!!

（『水平新聞』大正一五年七月三日付）

(2) 徳島県水平社の全四国水平社への参加

一九二五（大正一四）年九月には、さきの全国水平社青年同盟は水平運動を無産階級の階級闘争にまで引き上げ、無産者の階級闘争に合流させるために、全国水平社無産者同盟に改組された。翌一九二六（大正一五）年五月の全国水平社第五回大会では、労働農民党支持を意味する「無産政党支持の件」は保留されたが、全水無産者同盟が伸長した。栗須が委員長を務める大阪府水平社も全四国水平社もその先頭に立っていた。前後するが、四国では同年二月、日本農民組合香川県聯合会で開かれた無産政党四国協議会に、愛媛県水平社青年同盟西原佐喜一らが参加し、同年一二月結成し禁止命令を受けた農民労働党のあとに、一九二六（大正一五）年三月に労働農民党が結成され、同年七月に日本農民組合、水平社等が参加し、香川県水平社委員長の高丸義男が副議長を務めて、労働農民党香川県支部が結成された。加茂名小学校教育差別事件に取り組んでいた井藤・宮本らの加茂名水平社は、その頃には内外からも徳島県水平社とも呼ばれるようになっていた。宮本らは、加茂名小学校教育差別事件に関する「徳島県下宣伝応援の件」の議案を提出し可決した全四国水平社第二回大会に参加し、それに合流した。

(3)観音寺町に於ける四国水平社大会示威運動と演説会

一九二六（大正一五）年九月五日に香川県三豊郡観音寺町琴弾座で開催された全四国水平社第二回大会は次のように報じられた。

全四国水平社連合大会は五日県下三豊郡観音寺町に於て開いた当日本部から委員長松本治一郎、理事木村京太郎、栗須、有本、松井、高畑の各幹部の出席あり、又全四国水平社連合会執行委員長高丸義男氏外幹部及四国各県支部並に代表者県下各支部員等に夫人子供等も交って約五百名を算じた。先づ午前九時四十分観音寺駅前に集合数発の煙火を相図に数台の自動車を先頭に四国四県の会旗や支部旗を押立て同町目抜きの柳町、茂木町、川原町筋を通り三架橋を出でで琴弾八幡宮に参拝、其間要所要所で万歳を高唱して示威運動が行はれた、夫から同町琴弾座の大会場に引揚げ一同着席、高丸委員長の開会の辞あり次で愛媛県水平社員は会の宣言綱領を朗読、松本本部委員長の祝電祝文披露、桶樋氏外一名は本県農民組合連合会を代表して祝辞を叙し次で高丸委員の経過報告あり又議長選挙もあったが各自意見を異にするので遂に本部員一名を仮議長とし議事に移り県高等課並に原観音寺署長他全員警戒裡に各県提出問題を附議したところ多少修正あったのみで左記の如く可決して午後五時半ごろ閉会、約一時間休憩、町公会堂の於て演説会を開き中央並に各県幹部の熱弁にて聴衆を感動せしめて退散した

一、全四国の各学校に水平運動の精神を普及する件（可決）愛媛県水平社
二、地方改善費不正使用糺弾に関する件（可決）香川県水平社
三、無産政党支持の件（可決）愛媛県水平社
四、墓地併合と小西光次糺弾の件（可決）香川県水平社
五、徳島県下宣伝応援の件（可決）徳島県水平社
六、香川県西庄村長及村会議員総辞職勧告の件（可決）香川
七、無産団体協議会設置加入の件（可決）愛媛
八、四国水平学校設置の件（撤回）香川
九、所謂純水平運動に対する態度決定の件（可決）愛媛
十、共産主義に対する件（可決《ママ》）高知

（『香川新報』大正一五年九月七日付）

一～十の議事のうち、八と十以外は三、七を含めて可決されている。一方、高知県水平社提出議事の「十、共産主義に対する件」については、「質問続出議場一時混乱に陥ったので議長より問題の撤回を宣す、この時場内高知懸側の席総立となって退場せんとし再び喧嘩混乱」（『大阪朝日新聞四国版』大正一五年九月七日付）となった。吉田文茂によれば、この事態について「この件は共産主義排撃を目的にしたものではなかっただろうか。そう理解すると、香川、愛媛県側も黙っておらず、論争、やがて混乱という事態にも納得が行く。」（吉田文茂「高知県水

平社運動の軌跡」『水平社運動史論』、解放出版社、一九八六年）という。「全四国水平社聯合大会宣伝ビラ」（『愛媛近代部落問題資料　下巻』）によれば、高知県は国沢亀、愛媛県は谷松安太郎、徳島県は宮本小三郎の名がみえる。愛媛県の全四国水平社委員長徳永参二は一九二五（大正）年五月の全水第四回大会で全四国水平社代表として全水中央委員となり、「常に住居一定せず」とされ、活動の舞台を大阪に移し、松浪彦四郎はすでに移住し、代わって西原佐喜一等が愛媛・香川の水平運動を無産階級の階級闘争に引き上げる無産運動化に努めていた。「完全なる愛媛県水平社の組織を機会に全四国聯合を促進して一大団結をすべく先ず香川県水平社に慫慂して四国大会を来る八月迄に開催するよう本県水平社から交渉することになった」（『愛媛新報』大正一五年一月一七日付）の記事のように、水平運動の無産運動化を進める全水無産者同盟主導の愛媛県水平社がその立役者であり、すでに労働農民党との共闘を進めていた香川県水平社委員長高丸義男が全四国水平社聯合会執行委員長として開会の辞を述べ、経過報告を行ったのである。そのなかで高知県水平社の水平主義派とされ栗須氏に近いとされる国沢亀等は無産運動化に水平運動を解消しようとする動きに抗しようとしたと考えられる。

(4) 無産階級運動化のなかで

全四国水平社聯合大会とされる全四国水平社第二回大会は、愛媛県水平社提出議事の「無産政党支持の件」等も可決された全水無産者同盟主導の愛媛県・香川県水平社の水平運動の無産運動化・階級闘争化を進める路線を、徳島県水平社も受容する契機となった。宮本らは帰徳後、まもなく徳島における他の無産運動との連携を模索することになる。井藤の日記にも、日本農民組合と連携しようと活動したことを記録されている。そして、まもなく一九二六（大正一五）年一〇月八日には「労農党と水平社同人との連携声明」を出し、日本農民組合などとの連携をめざすことになる。なお、同年六月の日本農民組合徳島県連合会創立大会では「県下無産団体との提携と労農党支持」が決議され、総同盟徳島合同労働組合なども提携を表明した。そのただなかで、宮本らは労農党など広範な無産運動に対する弾圧の手がのびた一九二八（昭和三）年の三・一五事件前後に検挙されることとなった。その宮本は徳島県水平社の中心として、その後も終生解放運動に献身した。栗須がそうであったように、徳島水平社を支えた人びとも無産運動化・階級闘争化する水平運動のあり方との葛藤に悩んだ。井藤はその末に一九二九（昭和四）年に加茂名町会議員となり、町議会の中でも部落改善と融和・同和教育の推進に力を尽くした。一九三六（昭和一一）年には、徳島県融和団体連合会理事や農事実行組合長となった。徳島県融和団体連合会は、一九二八（昭和三）年にそれまでに各地で結成されていた県内融和団体で創立されたものであるが、その後の水平運動と融和運動の交叉があったのかどうかは分からない。

四　高松結婚差別裁判糺弾闘争へ

(1)無産階級運動化の極致・水平社解消論

宮本小三郎ら徳島県水平社は日々活動を続けた。先の栗須七郎はその後も、一九二七（昭和二）年、三一（昭和六）年、三二（昭和七）年には二回来徳し各地の講演会に赴いたのはその証左である。しかし、一九三〇（昭和五）年の昭和恐慌、翌三一（昭和六）年の満州事変とファシズム、戦争の時代に入り水平運動も模索と苦悩を強いられた。水平運動の無産階級運動化・階級闘争化の主張は、一九三一（昭和六）年一二月の全水第一〇回大会で出された全国水平社九州連合会常任理事会から出された「全国水平社解消の提議—第一〇回全国水平社大会への意見書」の全国水平社解消論という考えにまでつきつめられ、水平社は階級闘争にとって反動的で邪魔な組織となっており、「部落民」としてではなく、同じ労働者・農民として階級組織に解消し、無産階級運動化・階級闘争化することが必要であるとしたのである。一九三三（昭和八）年三月の全水一一回大会以降では、日常的要求を基礎とする身分闘争としての部落民委員会活動（翌年から部落委員会活動）とする闘争形態が採用された。

(2) 高松結婚差別裁判糾弾闘争

高松結婚差別裁判糾弾闘争は、戦前の糾弾闘争として最大のものへと発展した。全国水平社は一九三三（昭和八）年七月に中央常任委員会を開き、部落民委員会活動として高松結婚差別裁判糾弾闘争に取り組むことを決定し、同月二八日には、全国水平社の指導で香川県部落代表者会議を開き差別判決の取り消しを要求する糾弾闘争を進める決定をした。

全水総本部「高松地方裁判所差別糾弾闘争ニュース」第一号（昭和八年七月二五日付）によれば、徳島県の動きが以下のように報じられている。

> 同じ四国の徳島県では香川の兄弟だけの問題ぢゃない全四国の兄弟の身にふりかかる重大問題だと海部郡の兄弟たちが奮起し、委員を選んで闘争委員会を組織し、全県下の部落大衆に宣伝する為に猛運動を起こした。牟岐町□□の兄弟たちは「差別裁判反対だ！判決を取り消して山本、久本を即時釈放せよ！」という要求の署名運動を始めると共に、青年会、婦人会、戸主会より香川の兄弟に檄文と闘争資金を送ることを決議した徳島県の兄弟が一斉に立ち上がる日は近い。そしてそれは全四国の兄弟を奮い起たす力となるだろう。

徳島では同年七月二二日以来全水海部支部では闘争資金募集を進め、全水派遣員の成川義男（一九〇七〜一九五一）が県下二カ所で座談会を開き、事件の概要を知らせるとともに、「香川県並全四国に部落大衆に訴ふ」（発禁）を配布しようとして差し押さえられたという（『特高月報』昭和八年七月）。

井藤の日記によれば、栗須、有本をはじめ、六月末に香川県に来県していた井元麟之と香川県から中村正治らも来県し、各地で演説会を開いたことが記録されているが、この海部支部など徳島県での活動の中心となっていたのは全水派遣員の成川義男であった。海部郡では委員を選んで高松結婚差別裁判糺弾の闘争委員会を組織し、同郡牟岐町では判決取り消し、即時釈放要求の署名活動を進めるとともに青年会、婦人会、戸主会より香川県へ檄文と闘争資金を送ることを決議したと記録されている。

全水総本部「高松地方裁判所差別糺弾闘争ニュース」第四号（昭和八年八月二三日付）によれば、徳島県の動きが以下のように報じられている。

拡がる戦線・昂まる反抗！！全代会議を目指して部落民大会・闘争委員会／各地で続々と組織さる／陣営を固めて／戦術を整へよ！

四国　徳島県　全県的に目醒しい活動がなされてゐる。大衆的な座談会を数ケ部落で開いて続々と闘争委員会がつくられた。今日、吾々の手許に「アワ、□□□□（那賀郡）トウソウイインカイソシキシタ、タタカイススメ」の電報が入り海部郡牟岐町の兄弟からは金七圓の基金を送って来た

大衆的な座談会が数ヵ部落で開かれ、闘争委員会が作られた。記事によれば、海部郡牟岐町の闘争委員会は集まった闘争基金を送った。聞き書きによるので日時が確かではないが、那賀郡富岡町内の小学校の講堂では千数百名を集めて高松結婚差別裁判糺弾闘争演説会が栗須・有本・松井らを迎えて開かれ、そこでは少年自ら演説し

たという（武知忠義・畠山正志「徳島県の水平運動聞き書き」『高校地歴』一七号、一九八二年）。

全国的闘争下で「解放令」が発布された八月二八日に、大阪市の天王寺公会堂で全国部落代表者会議が開かれた。全水総本部は、各府県からここに三名から一〇名の参加を要請したが、三府二一県一三二名中、徳島県からは、井藤の日記によれば松本甚吉ら代表一四名が参加した。その様子が「特高月報昭和八年八月号」に述べられている。八月三〇日の第一回常任全国委員会で宣伝隊を派遣することを決定し、全国請願行進隊を組織することも決定した。『特高月報』（昭和八年九月）によれば徳島県での高松結婚差別裁判糾弾闘争演説会一回、署名数一、一九二となっている。『特高月報』（昭和八年一二月）にも、徳島県でも座談会または報告演説会が開かれたことが記されており、同年一二月六日に高松結婚差別裁判糾弾闘争徳島地方委員会本部並びに加茂名地方委員会解消会議にいたるまで演説会が開かれ、署名運動が取り組まれた。吉田文茂によれば、一二月末の署名数は徳島県の署名数は四、六三一とあり、香川県の四、八七〇に次いでいるという（吉田文茂「高松差別裁判糾弾闘争前後の高知県」『しこく部落史』第五号、二〇〇三年）。先の聞き書きに高松地方裁判所から裁判長の家までのデモに参加したとあるが、それが八月二六日に高松市西内町公会堂での高松地方裁判所差別判決批判大会なのか八月二八日以後のものなのかは分からない（山下隆章「香川における高松差別裁判糾弾闘争―香川水平社は如何に戦ったか―」『しこく部落史』第五号、二〇〇三年）。

高松地方裁判所の差別事件糾弾運動の状況

（一）全水総本部の運動（略）

（三）全国部落代表者会議

八月二十八日を期し、大阪市浪速区新世界天王寺公会堂に於て、全国部落代表者会議を開催せるが、出席者

（略）徳島県蒔田仙造外十四名（略）計三府二十一県百三十二名にして、他に傍聴者五百余名あり。（略）

（『特高月報』昭和八年八月）

高松地方裁判所の差別事件糾弾運動の状況

（二）各地方委員会の運動状況（自八月二十五日　至九月二十六日）

（略）徳島　糾弾闘争徳島地方委員会　演説会一　署名取纏　一、一九二　基金募集　五、〇〇（略）

（『特高月報』昭和八年九月）

(3)高松結婚差別裁判糾弾闘争前後の徳島県水平社

内務省警保局『社会運動の状況』には、一九三三（昭和八）年の「全国水平社加盟団体三、加盟者数一五三人。中心人物宮本小三郎」とある。一九二四（大正一三）年一二月、加茂名水平社創立時、自宅に「徳島県水平社」の看板を掲げて以来、宮本小三郎は徳島県水平運動のその先頭に立ち続け、荊冠旗を県下各地に翻らせた。また、同年には、県下の二つの小学校での差別に対して同盟休校を行っている。五月に板野郡堀江村堀江南小学校、一〇月に板野郡板西町板西小学校、うち板西町板西小学校のものは『特高月報』（昭和八年一〇月）にも町長の調停で解決したと記されており、水平社の取り組みもあったのかもしれないが、糾弾に至っておらず、その詳細は分からない。

徳島県板野郡堀江村ではこのほど差別問題起り村当局に不満を抱く同村□□□（板野郡）方面在住の村民は二十九日か

ら堀江南小学校に通学中の児童百余名全部の盟休を断行して紛糾を続けている

（『大阪朝日新聞徳島版』昭和七年五月三〇日付）。

板西校児童同盟休校　運動会予行練習から誤解？と県は楽観
板野郡板西町板西小学校で五日突然一部の児童が同盟休校を断行し関係者を狼狽させた。原因は数日前一教師が秋の運動会の予行練習にあたって五年生の一部を出場せしめず差別的待遇をなしたと児童が父兄に告げたので父兄は憤慨し児童の登校を禁じ盟休せしめたもので、懸学務課から報告に接し上畠県視学を調査のため急行せしめたが原因は誤解に基づくものとて間もなく解決するものと県では楽観している。

（『大阪朝日新聞徳島版』昭和七年一〇月七日付）

運動日誌（水平運動）
一〇、五　徳島県板野郡板西町尋常高等小学校に於て秋季運動会の人員振当に就き差別問題を惹起、児童百七十一名二日間盟休せるも町長の調停により解決す。

（『特高月報』昭和八年一〇月）

高松結婚差別裁判糺弾闘争の中心となった支部を含む香川県内の水平社支部は、翌年一九三四（昭和九）年にかけて、山下隆章らの調査によれば、相次いで水平社から脱退し融和団体を設立に向かっていったという（山下隆章「香川における高松差別裁判糺弾闘争」）。内務省警保局『社会運動の状況』には、一九三四（昭和九）年の差別事件糺弾数三一件にみるように、徳島県内においては差別事件の顕在化を指摘できる。例えば、『水平新聞』第一号（昭和九年一一月一五日付）によれば、「町会議員の差別事件を海部地区兄弟闘ふ」と報道された事件は、部落出身議員が差別事件を利用して自らの政治勢力を拡大しようとした動きに対して、水平社員がその陰謀を明らかにし「全町民に、水平運動の正しい方針に深い感銘を与えた」とするものである。

五　那賀郡小学校訓導・警察官差別事件糾弾闘争と全水徳島県連の結成

(1)〈教壇の差別をなくせよ、警察の尻押しで張本人は訓導だ〉那賀郡小学校訓導・警察官差別事件

『水平新聞』第一七号（昭和一二年三月五日付）中、「小学校差別的言辞紛争　愈々表面化」によれば、一九三五（昭和一〇）年末、一二月二三日の強風のなかの民家の火災時にいち早く駆けつけ消火にあたった部落の消防団の人びとに消火後の焼け跡の片づけ、消防組のための炊き出しの準備中のおこった部落の消防団に対する小学校訓導による差別言動を行ったことがその発端であった。しかし、その訓導は差別言動を隠蔽し、双方を呼んで事件を調査した富岡警察署は小学校訓導の差別言動は認められないとし、かえって告発し証言した部落民を逮捕し富岡警察署に一五日勾留し、事実をもみ消そうとしたことが明らかになった。しかも、小学校訓導は三月一四日の融和デーの訓話で差別暴言を吐いた人物であり、そのことがさらに児童や父母の憤りを決定的なものにした。一九三六（昭和一一）年一月二日に全水総本部から全水大阪府連合会委員長の松田喜一、続いて井元麟之らも応援に駆けつけ、地元で事実の確認と糾弾を開始した。一月七日からは児童一五〇名が同盟休校にたちあがり、拘留された部落民の釈放と事件の責任を追及した。

教壇の差別をなくせよ、警察の尻押しで張本人は訓導だ

近来目立って激増する差別事件の中でも学校教員と警察官がその問題の張本人となって吾々兄弟に憤激の血を逆流せしめ、社会一般に重大なる害毒を流布してきた。

ここに報道する問題もまた、訓導が家事騒ぎのドサクサの最中に惹き起こしたものであるが、その悪質な点に於いて嘗って見ない事件で、「児童教育の重大なる責任ある訓導が自己の差別言動に何等反省も誠意も示さぬのみか、却って憎むべき画策を弄して事件のモミ消しを企て、剰へ無暴にも警察当局と結託して、事件の証人である兄弟を勾留処分に附し、破廉恥非道を敢てして吾々の糾弾を未然に圧殺せんと計った」のである。然し□四旬余に亘る闘争は、県並びに各関係当局を完全に屈服せしめ、鳴門の海を距て徳島県下に強力な組織が結成されつつある。

（『水平新聞』第一七号、昭和一二年三月五日付）

(2)戦前最大の糺弾闘争、訓導・巡査糺弾那賀郡部落民大会

そのようなさなかの一九三六（昭和一一）年一月二八日午後、那賀郡富岡町の白藤座で「訓導・巡査糺弾那賀郡部落民大会」が開催された。白藤座には那賀郡はもちろん海部郡などからも自転車隊や自動車・トラックで駆けつけた消防組・青年団の人びとが制服着用で、一三〇〇余名（「徳島毎日新聞」では五〇〇余）が富岡警察署の数十名の制服警官の物々しい警戒のなか参加したという。

朝から凄惨な空気をはらんだ一月二十八日の午後四時から富岡町の白藤座で、那賀郡は言うに及ばず近隣部落の組織、未組織を問わず、十里へだてた交通不便なところからも自転車隊、自動車、トラック等で消防組、青年団制服着用で押し寄せた千三百余の兄弟に配する数十名の制服警官を以て物々しい警戒裡に部落民

大会の幕はきって落とされた（『水平新聞』第一七号、昭和一二年三月五日付）

「全国被圧迫部落民団結せよ」「差別訓導を即時免職せよ」「差別教育を擁護したる巡査を葬れ」「差別糺弾に対する妨害圧迫を粉砕せよ」「全額国庫負担による徹底的改善施策を要求する」などのスローガンを掲げて、午後二時開会、先ず海部郡代表の挨拶のあと、成川義男が座長を務め、かつ最初の弁士となった。続いて全水大阪府委員長の松田喜一が弁士となり、訓導の差別言動、巡査の糺弾圧殺など警察署の姿勢など差別事件の経緯を詳細に報告し、さらに続けて警察の改善費不正使用問題など警察糺弾二時間二十分の熱弁をふるった。この時、臨席の富岡警察署長から「中止」を命じられ検束されようとした。その時の様子が詳しく「徳島毎日新聞」に報ぜられている。

坂野校の児童差別問題

糾弾大会の擾乱

演説中止検束が導火線となり

大衆の熱狂爆発

場内は蜂の巣をつついた騒ぎ

（略）この時である興奮熱狂せる聴衆は総立となり罵声怒号は場内を圧し数十名は演壇上に殺到し、此所に警察と小競合いを始め壇上の警官めがけて二個三個と火鉢を投げつけ火鉢は砕けて炭火飛び灰かぐら濛々たる中に二階席より楊子を投げ出す者などあって場内は蜂の巣をつついたような大騒ぎとなった

（『徳島毎日新聞』昭和一一年一月三〇日付）

その後、富岡警察署長や特高らの調停で座長成川義男の手で大会は再開され、「差別訓導に我等の子弟を託するを得ず」「巡査の取りたる処置を断固排斥す」などの決議を満場で可決し、午後七時半に閉会したという。この大会の「勝利的記録」とし、『水平新聞』で以下のように報じられている。その後県当局の調停で訓導の転出、巡査の処置の善処などを含む和解が成立している。

一、訓導は区民の意向に従ひ三月転任の期まで休校さす事
一、県教育方針に十分なる注意をなすことを誓約
一、富岡署警部補の左遷
一、巡査は即時転任
一、取締方針を改め水平社運動に干渉せざる事（『水平新聞』第一七号、昭和一二年三月五日付）

(3)全水徳島県連の結成

戦前最大の糺弾闘争、訓導・巡査糺弾那賀郡部落民大会が開催されたこの年、内務省警保局「社会運動の状況」によれば「全国水平社加盟団体数十〇、人員二七八名」である。『社会運動の状況』によれば一九三六（昭和一一）年九月二八日に、全水中央委員長松本治一郎らの応援を得て、那賀郡富岡町登美坂座で演説会を開催した。その後主メンバーが残って全国水平社徳島県連合会創立を決定し、事務所、全水中央委員、連合会役員を決めた。これを受けて、その組織が確立したのは『特高月報』（昭和一二年三月）によれば、翌一九三七（昭和一二）

年三月二一日のことであった。

全水那賀支部中心となり、中央委員長松本治一郎委員長以下本部員数名の応援を得て九月二十八日那賀郡富岡町、登美坂座に於て演説会を開催したるが、終了後約四十名の中心人物の居残りを求め、松本委員長等の指導に依り県連合会組織に関し協議を遂げ全会一致之が創立を決定し、今後の活動方針に関しては後日具体策を樹立することとし、執行委員長玉井豊吉以下の役員及事務所を決定せり。（内務省警保局『社会運動の状況』

全水徳島県連の組織。徳島県那賀郡富岡町に於ける全水本部の議会報告等の演説終了後約四十名の中心人物集合松本中央委員長の指導に依り全水連合会組織に関し協議を遂げ全員一致の下に之が創立を決し今後の活動に関しては後日具体策を樹立することとし暫定的に役員及事務所を次の通り決定せり

（『特高月報』昭和一二年三月）

六　終生荊冠旗の先頭に立ち解放運動に献身した成川義男

一九二四（大正一三）年末の加茂名水平社創立時に、自宅に「徳島県水平社」の看板を掲げて以来、宮本小三郎（一九〇一～没年不詳）も徳島県水平運動の先頭に立ち続け、高松結婚差別裁判糺弾闘争等などでも県下各地に荊冠旗の先頭で終生戦い続けた。高松結婚差別裁判糺弾闘争で水平社派遣員として活動以来、戦前最大の糺弾闘争、訓導・巡査糺弾那賀郡部落民大会で座長を務めるなどして運動の先頭に立ったのが、成川義男（一九〇七～

一九五二）である。成川は、その直後に召集されるが、その後一九四〇（昭和一五）年の全水第一六回大会で全水常任中央委員になり、県内小松島でその報告の座談会を開催している。翌一九四一（昭和一六）年五月には、大和報告運動第一回全国推進員大会で理事となるが、全水中央委員長松本治一郎はその大和報告運動と決別を宣言する。統制されるようになった犬皮革統制配給権獲得運動に成川も取り組み、同年七月、松本が社長に就任する日本新興革統制株式会社の設立に参加した。同年六月には中央融和事業協会は同和奉公会に改組、同年一二月八日のアジア・太平洋戦争開戦後の一八日に言論出版結社等臨時取締法の施行で存続許可願を提出しないことで、全国水平社は一九四二（昭和一七）年の一月二〇日に自然消滅することになった。戦後には部落解放全国委員会中央常任委員となり、活躍した。一九五一（昭和二六）年郷里那賀郡坂野村の部落で病没、四四歳の生涯を閉じた。那賀郡坂野村で生まれた成川は、二〇歳頃から横浜を母港とする外国航路の船長となった。

部落出身ではなかった成川を、高松結婚差別裁判糾弾闘争以来全水派遣員としてたびたび来徳し、徳島での活動の中心となり、戦前最大の糾弾闘争、訓導・巡査糾弾那賀郡部落民大会の座長を務めるなど、その闘争指導の先頭に立たせたものは何であろうか。外国航路船員としてアメリカの労働運動を知り、自らも労働運動に取り組み、やがて日本農民組合の杉山元治郎らと農民運動を、されに栗須七郎、松本治一郎らとの出会いを通して強い感化を受け、水平運動・部落解放運動を生涯の課題としたのである。成川は栗須七郎がその中心にいて、松田喜一が委員長を務めた全水大阪府連合会の執行委員を務めた。また、成川は労働運動そのものが弱く、労働運動側から部落解放を掲げる取り組みが皆無に等しかった時代に、全国水平社同人として再び労働運動内部から部落解放を掲げる数少ない取り組みの中心にいた。一九三〇（昭和五）年結成の関西労働組合総連盟常任執行委員となり、翌三一（昭和六）年一一月には播州化学産業労働組合北中皮革分会の北中皮革争議を、翌三二（昭和七）年末の松本皮革争議でもその指導の中心にあっつた。翌三三（昭和八）年一月結成の大阪皮革工組合の争議部長になり、翌三四（昭和九）年の大崎皮革工場争議も指導するなど、皮革履物産業の労働運動に貢献した。郷里徳島をはじめ四国各地に全水派遣員として高松結婚差別裁判糺弾闘争に取り組んだのもそのさなかであり、戦前最大の糺弾闘争、訓導・巡査糺弾那賀郡部落民大会の座長を務めたのもその直後のことであった（部落解放・人権研究所『部落問題・人権辞典』解放出版社）。

【主な参考文献】

栗須七郎翁顕彰事業記念誌編集委員会『「水平道」抄』、一九八四年
廣畑研二「初期水平運動の分岐点」『解放研究』一七、二〇〇四年
吉田文茂「高知県水平運動の軌跡」『水平運動史論』解放出版社、一九八六年
近代史文庫大阪研究会『愛媛近代部落問題資料』上・下、一九七九・一九八〇年
武知忠義・畑山正志「徳島県の水平運動聞き書き」『高校地歴』一七、一九八一年
増田智一「徳島県水平運動史序論」『歴史と文化・阿波からの視点』、一九八九年
増田智一「史料紹介　徳島県における水平社結成の頃」『史窓』二〇、一九九二年
増田智一「四国の初期水平運動の社会思想史的研究」『社会と信仰・阿波からの視点』、一九九九年
山下隆章「香川県における高松差別裁判糺弾闘争」『しこく部落史』五、二〇〇三年
吉田文茂「高松差別裁判糺弾闘争前後の高知」『しこく部落史』五、二〇〇三年
増田智一「徳島県における高松差別裁判事件糾弾闘争史料」『しこく部落史』五、二〇〇三年
徳島県教育委員会『徳島県部落史学習史料集近代Ⅰ』、一九八一年
四国部落史研究協議会編『史料で語る四国の部落史近代篇』明石書店、一九九四年
増田智一「全四国水平社の軌跡」秋定嘉和・朝治武編著『近代日本と水平社』解放出版社、二〇〇二年
解放新聞社徳島支局『人権文化の礎』、二〇〇五年

香川県の水平運動

山下　隆章

一　香川県水平社の設立

(1)香川県水平社創立大会

「人の世に熱あれ！　人間に光りあれ！　香川県水平社創立大会」（『香川新報』（以下、『香新』）大正一三年七月一三日付）

一九二四（大正一三）年七月一一日午後一時過ぎ、三豊郡（現・観音寺市、三豊市）観音寺町公会堂（琴弾座）に参集した二五〇名余を前に、座長の高丸大造は、高らかに全国水平社創立大会での綱領と宣言を読みあげた。香川県水平社（以下、県水平社）創立大会のはじまりである。引き続き、次の決議文を満場一致で可決した。

一、吾々に対し「えた」及び「特殊部落民」等の言辞を以てし侮辱の意志を表示したるときは徹底的に糺弾す

一、吾等は県下全般に運動の趣旨徹底せしむる為に宣伝隊を組織す
一、吾等は聯盟本部機関紙水平新聞を趣旨宣伝の為め広く購読を為すこと

香川県水平社第一回大会

その後、全国水平社（以下、全水）総本部から来援した泉野利喜蔵や米田富らの熱弁に拍手喝采を送り、午後五時、「水平社万歳」を唱和して閉会した。高丸大造のほか、鹽田半造、本田民治、高丸鶴松、高丸義男らが創立に関わった。「聞く處に依れば郡長と町長とが陰に此の創立を妨害したとやら」（『水平新聞』（以下、『水新』）第二号、大正一三年七月二〇日付）との風聞もあったが、全水創立から二年余を経て香川県にも水平社が誕生したのである。

県水平社の創立は、愛媛県水平社の松浪彦四郎や徳永参二らが全四国水平社の設立を目論み、香川に強く勧めたものとされている。すでに愛媛と高知では水平社が設立し、四国における水平運動拡大のために香川へ赴いた。松浪や徳永が活動した松山からの移動は海

表１　香川県内の水平社

名　称	創立年月日	戸数	人口	社員数	脱退年月日	脱退後の融和団体
全国水平社 香川県支部連合会	1924. 7.11	1,701	7,384	572		
三豊郡 A 支部	1924. 7.11	50	300	68	1934. 4. 3	昭和会
綾歌郡 B 支部	1924. 9.18	34	152	58	1934. 2.23	
綾歌郡 C 支部	1924.10.30	48	294	50		
綾歌郡 D 支部	1924.11. 1	60	301	60	1934. 4.16	更生会
香川郡 E 支部	1924.11.15	83	386	23	1934. 2. 7	協心会？
香川郡 F 支部	1924.11.15	150	794	57	1933.12. 6	黎明会
全国水平連盟 香川郡水平社本部	1924.11.15			151		
香川郡 G 支部	1925. 2.26	44	229	19		（一心会？）
綾歌郡 H 支部	1925. 3.	12	77	12	1934. 2.23	
仲多度郡 I 支部	1925. 7.10	70	375	14	1934. 1.23	協和会
三豊郡 J 支部	1925. 7.25	19	82	18		
仲多度郡本部	1925?			21	1929. 3. 9	
木田郡 K 支部	1926. 3.17	49	241	42	1934?	

『思想研究資料』28、『香川新報』等により作成。空欄は不明。名称中郡名は当時。戸数・人口は1932 年 3 月末現在。社員数は、仲多度郡本部以外は 1932 年 6 月末現在。

運が中心である。高浜港（現・松山市）から阪神方面へ向かう大阪商船は今治・多度津・高松に寄港するが、この年の二月に讃予線（現・四国旅客鉄道予讃線）が今治まで延伸した。今治で下船して鉄道に乗り換えることにより、愛媛と隣接する三豊郡が時間距離も至近となったことが観音寺町での創立大会につながったと考える。大会には、愛媛から徳永、矢野儀三郎、亀井清一ら四名が参加した。創立の祝詞とともに二ヵ月後に松山で開催される第一回全四国水平社大会への参加を促されたであろうことは想像に難くない。

表1は、県内水平社の一覧である。三豊郡A支部が単独で県水平社を標榜したことがうかがえるものの、二年足らずの間に一一の町村支部と二つの郡本部が設立した。県内四八部落中の四分の一ほどに過ぎず、地域的には中・西部に多い。また、東部の小豆郡・大川郡（現・東かがわ市、さぬき市）に支部はない。一九二八（昭和三）年正月、大川郡で「差別的言辞を弄」したことに対する県水平社の糺弾活動があり、これを契機に郡水平社設立の動きが見られた（『水新』第二一号、昭和三年三月一日付）ものの、結実しなかった。

社員数が個人か戸別であるか判然としないため、部落内での発言力を論じることは難しいが、部落改善団体との関わりのなかで多数派となり得なかった支部があったことはうかがうことができる。仲多度郡本部が早期に脱退したのは、糾弾事件は創立以来一回も発生せず、団体の存在を無意義とみなしたため（司法省刑事局『思想研究資料』第二八輯（以下、『研究資料』）、一九三二年）である。しかし、部落差別事件は県内各所で起こっていた。

(2)「自由、平等の渇仰者」として

①部落差別の兆し

部落差別が顕在化するのは、日本が近代国家としての様相を整えるようになってからである。一八七三（明治六）年の西讃竹槍騒動は、新政への不満が名東県讃岐国の西半分を暴動の渦中に陥れた。この時、「新農」の居

宅四〇戸が焼かれている。「新農」とは「新しく農籍に編入された」人々を指し、元「えた」「新平民」と表した史料もある。戸長らは自宅が焼き討ちに遭ったにも関わらず彼らへの救恤を近隣の五人組に呼びかけ、米麦竹木等が「御救《おすくい》」として拠出された。また、すべての家が「類焼」であったが、県へは見舞金の高い「放火」で報告した。これらの行為は近世村落共同体の意識を残すものである。当時の呼称は態様を表し、相手を貶める目的はなかったことがうかがわれる。

ところが、国民がすべて在郷の神社の氏子となることを義務付けた一八七一年の氏子調により、「穢れに触れた者」の境内立ち入りを禁ずる結界石が建てられたのもこの頃である。一九〇六年に始まる一町村一社を原則とする神社合祀の際、各所で氏子入りを拒否された。

図1　結界石　田潮八幡宮（丸亀市）にあった結界石。「不許触穢者入」と刻まれている。1876（明治9）年1月建立。大阪人権博物館で展示されていたが、展示替えにより返却された。現在は、香川部落解放・人権啓発センター（丸亀市）敷地内にある。

②学校での差別

一八九〇（明治二三）年の小学校令改正による尋常小学校設置は、部落分教場や分教室を生み出した。部落の「多少学識ある」者を教師にして、校長は分教場を訪問しないので「教授の善悪是非を視察する」こともなかった（『香新』明治三三年三月九日付）。また、ある学校では「本校の教員交代にて教授」するものの教員が「厭忌」し、本分校合同の運動会では「生徒融和せす犬猿も啻《ただ》ならざる」（『香新』明治三四年五月二九日付）状態であった。

香川では低就学率を改善するため、全町村で町村長や学校長・教員、警察官などが就学督励を実施した。石井県視学は漁業部落と部落の児童が課題であると談話している（『香新』明治三八年二月九日付）。一九〇〇年代には部落分教場が本校に統合していくが、ある村の部落児童は近くの分教場への就学を拒絶され、遠い本校への通学を余儀なくされた（『香新』大正一〇年九月六日付）。一九一三（大正二）年には、夏場の飲用水として準備した「沸《ふっ》湯《とう》」の湯呑を他の児童と別にしたことに対する同盟休校があった（『香新』大正二年六月一〇日付）。

一九一五年七月一五日、鷺田尋常小学校で、帝国公道会の岡本道壽、齊藤智昇による地方改良講演会が催された。視察を兼ねて講演会に臨席していた若林賚蔵《らいぞう》知事（一九一五〜一九一七）は、低学年の部落児童は別教室で学んでいるとの訴えを聞き、「部落民の状体（ママ）が普通農民と差して選ぶ處ない」（『香新』大正四年八月三一日付）から「混交教育」にすると応じた。九月一日、鷺田村に命令書を交付したところ、多数の児童が欠席・転校し、三ヵ月の長期にわたって教育活動が滞った。世に言う「鷺田村小学校差別事件」である。「言語も品行も劣り又トラホーム患者比較的多」い（『香新』大正四年八月三一日付）ことが理由とされたが、本当は部落外の保護者が二名の部落出身教員に受け持たれることを拒否したためであった。若林知事は、教員の排斥は部落出身者の師範学校入学を禁止するという愚論に帰着し、「混交教育」が時期尚早という意見にも誰かが行わなければ機会は来ないとして、「如何に村民の反対あるとも他に道なし其蒙を破らんのみ」（『香新』大正四年一〇月二四日付）と強い態度で臨んだ。しかし、二教員は一〇月、翌年三月にそれぞれ辞職した。

③初期の部落改善事業

部落差別や貧困の問題は、日清・日露戦争により困窮した農村部の立て直しを目的とした社会改良運動を通して浮かび上がった。小野田元熙《もとひろ》知事（一九〇二〜一九一〇）は、一九〇七（明治四〇）年二月の郡市長会で「世俗ノ所謂新平民ニ関スル件」（『明治四十年訓示指示書類』）を訓示した。部落差別は「地方発展」を妨げるため、その解決に努めるよう示したが、「習俗衛生」に気をつけないため感染症の温床になっていること、無教育により「適当ノ生業」がなく犯罪が比較的多いので、部落住民の「智徳ヲ啓発シ之ヲ善導」することを求めた。差別撤廃を人道的見地ではなく行政上の課題ととらえ、部落差別のために教育や就業などの機会が奪われたことを意に介さず、部落住民の責任と決めつけて改善を求めたのである。町村長会では郡長が同様の訓示を行い、防疫作業である「清潔法」の実施や部落住民対象の風俗改善、勧業、勤倹貯蓄などの講話会が開かれた。

一九一〇年、三豊郡のある町で県内初の部落改善団体が設立された。一九一五（大正四）年五月の郡市長会議で指示された「細民部落の改善に関する件」では部落改善団体設立が求められ、表2のように設置が進んだ。各部落の状況に即した事業を実施するため、青年会、婦人会などの改善機関設置が促され、公会堂・公衆浴場・共同便所の建設、道路・橋の改修、麦棹真田《ばっかんさなだ》や塩叺《しおかます》等の副業指導などが行われた。

表２　部落改善団体の設立

年	青年会	改善団体
1910（M43）	4	1
1911（M44）	1	
1912（T1）	2	1
1913（T2）	6	
1914（T3）	2	1
1915（T4）		2
1916（T5）	1	11
1917（T6）		3
1918（T7）		
1919（T8）		1
1920（T9）		
1921（T10）	1	4
1922（T11）		1
1923（T12）		
1924（T13）		1
年次不明		5
合　計	17	31

『大正10年3月香川県社会事業概要』『香川新報』『社会改善公道』より作成。年次不明分は1921年までには設立されている。

しかし、「他部落児童と登退校の途中又は学校にありて争ひをなす場合には絶へず学校へ高聲を以て怒鳴り込みし事殆ど毎日の有様」（『香新』大正三年九月二〇日付）など、頻りに差別に対する抗議は行われたが認められることは稀であった。

(3)創立初期の活動

県水平社創立大会で採択された決議の第一は、「侮辱の意志を示」したことに対する徹底糺弾である。表3は高松地方裁判所管内における差別紛議の状況である。司法省刑事部の調査であり、警察署から書類送検された事案であることが想定され、公権力を通じ法的な解決を意図したと推察される。一九二四（大正一三）年が一件であるのは、県水平社の設立までは個人的な抗議にとどまり、裁判所として把握していなかったためと考えられる。翌年から急増するが、多くは「失言」であり、「解決」は「口頭謝罪」「訓戒」によるものが多数を占めた。「原因」中「差別」は差別的行動や待遇などが考えられ、一九二五〜一九二六年が突出している。この時期の県水平社は差別待遇改善を求めて積極的に活動していた。以降、減少するのは融和団体の讃岐昭和会（一九二七（昭和二）年一〇月創立）による調停や、三・一五事件などによる県水平社の沈滞が影響したのであろう。表４は内務省警保局による把握であるため、表３よりも数字は大きくなり、香川での差別の状況は厳しかったことが俯瞰できよう。

　香川の水平運動は、三豊郡A支部（表１参照）が消費組合を設置したことが初発である。鹽田米造委員宅を事務所にして、八月一日から米や醤油、日用雑貨品を部落住民に販売し、一ヵ月二〇〇〇円以上の売り上げがあった（『水新』第五号、大正一三年一〇月二〇日付）。県内水平社支部にも働きかけ

表３　高松地方裁判所管内差別紛議原因及び解決

年次	件数	原因			解決									
		失言	差別	容姿	訓戒	口頭謝罪	和解	謝罪状提出	自然消滅	告訴取下	謝罪状頒布	未解決	演説会	その他
1924	1	1					1							
1925	29	22	6	1	7	16	2	3		1				
1926	39	29	10		5	25	1	2	2	1	1	1		1
1927	26	22	2	2	11	10			2	1	1	1		
1928	25	20	2	3	10	11	2		2					
1929	17	14	3		6	7	1				2	2	1	
1930	25	22	2	1	8	9	1	1	2					3
1931	19	16		3	5	9		2						3
1932	3	3				2								
計	184	149	25	10	52	89	8	8	8	3	4	4	1	7

司法省刑事部『思想研究資料』28輯より作成。1932年は6月末まで。高松裁判所管内「水平運動」の項目で示されている。

るとともに、「純益金は全部水平運動の費用に当るのです。近く県庁へ行つて補助金を貰つて来やうと思つてゐます」と、運動資金捻出の手段として部落改善費を当てにしていたことが分かる。

　一九二四年九月二〇日、松山市で第一回全四国水平社大会が開催された。一〇時半の開会に先立つ記念撮影に香川代表も参加した（『大阪朝日新聞』（以下、『朝日』）大正一三年九月二一日付）。会場の寿座では、「水平社に理解ある他の団体と提携するの件」、「無産政党に対する態度決定の件」などを可決した（『伊予日日新聞』大正一三年九月二〇日付）。県水平社からの参加者・発言等は不明だが、県水平社は愛媛の影響を強く受けていく。

表４　香川の糾弾紛議解決（差別事件数）調

年次	件数	原因					解決													
		差別的言辞	差別的行動	差別的文書	差別待遇	その他	口頭謝罪	謝罪状提出	謝罪印刷物・広告	警察訓戒	和議・釈明解決	講演会	金品給与・饗応	撤廃承認	告訴・刑事処分	糾弾者刑事処分	自然消滅	無条件解決	その他	未解決
1927	27	（統計なし）																		
1928	28	（統計なし）																		
1929	21	（統計なし）					8			6		1		2	1		1			3
1930	25	（統計なし）					7	1		8	1			1	2		2	3		
1931	30	（統計なし）					6		1	12	2		1	1			4	1	1	1
1932	18	17	1				11								1				6	
1933	（統計なし）																			
1934	38	33	3	1		1	37												1	
							無条件謝罪				条件付謝罪				自然消滅			その他		
1935	26	19	6			1	20				3				1			2		
1936	24	20	4				8											16		
1937	20	17	1		1	1	14				1				1					
1938	9	7	1			1	7								1			1		

内務省警保局『社会運動の状況』各年次より作成。1931 年までは前年 11 月 1 日～ 10 月末、以降は 1 月 1 日～ 12 月 31 日まで。

二　県水平社の差別糺弾闘争

(1)第一回県水平社大会

一九二五（大正一四）年四月一八日午前一〇時、高松市内町の新松月で第一回県水平社大会が開かれた。参加者は、県内水平社員約三〇〇名と女性・子ども七〇余名である。「香川県水平青年大同盟」の高丸義男が司会となり開会を告げ、田中時松を座長にして、高丸大造を議長に選出した。速水虎一が綱領と宣言を朗読した後、「一、青年闘士養成の件」「二、政治教育普及の件」「三、墓地分散と氏子排斥の件」「四、部落改善費の用途を明らかにするの件」を協議した（『香新』大正一四年四月一九日付）。

一、二の議案は、青年活動家の養成と水平運動の政治的展開を意図したものである。これらを可決して三に移った時、河田伊三郎が「氏子の差別について『氏子にして氏子に非ず』と激越の口調をもつて県当局の処置を鳴らし結果によつては全国水平社の応援を求めて解決すべし」と緊急動議を出し、交渉委員五名を挙げて県と交渉することにした。一八七九（明治一二）年、県令（当時・愛媛県）は、神社の「獅子遣奉納」で「乱妨」を行わない「受書《うけしょ》」（誓書）を各獅子組に提出させた。当時河田の部落には獅子組がなかったが「受書」を提出している。聞き取りでは、神社には「穢れ多き者立ち入るべからず」と刻まれた結界石が建てられ、神社境内への立ち入りを忌避されていた。道具を揃えて一九〇七年に獅子舞を始めたが、集落内の地神塔などに限られていたとのことである。また、部落住民の墓地は集落と近接していたため「県衛生課より衛生上有害なりとしてその撤去を命じて来た」（『水新』第一三号、昭和二年二月一日付）ことを問題にした。政府は公衆衛生対策として火葬を奨励したため、火葬風習のない地方では自治体の主導で火葬場を設置し、点在する墓を集めて共同墓地を整備したが、その使用をめぐって差別が起きたのである。

四では、田中（勇カ）執行委員から部落改善費が不正に使用されている疑いがあるとして調査を求め、調査委員を置くことで可決した。

この後、日本農民組合香川県聯合会（以下、日農県連）会長前川正一の祝辞演説、祝電披露があって、午前一一時半、休憩に入った。午後一時からの演説会は、全水総本部から来援した南梅吉、栗須七郎、北原泰作、泉野利喜蔵の演説があり、愛媛の徳永イワエ（一八歳）、香川からは本田トシ子（一一歳）が登壇して熱弁を振るった（『朝日四國版』（大正一四年四月一九日付）では、開会は午後〇時半、弁士は南ではなく徳永参二）。

一一月一日、県水平社主催による「不法行為批判演説会」が新松月で開かれた（『香新』大正一四年十一月二日付）。弁士は、全水無産者同盟中央委員会議長松田喜一、全水中央委員・全四国水平社委員長徳永参二、県水平社委員長高丸義男、藤原喜三太、山下宗七である。全水無産者同盟は、階級闘争と、労農運動と水平運動の提携を掲げ、当時全水総本部の主導権を握っていた「ボル派」の組織であり、軍隊内差別と行政による差別糾弾を求めていたことから、行政の「不法行為」を批判したと考えられる。

図２　地神塔「埴安媛命《はにやすひめのみこと》　倉稲魂命《うかのみたまのみこと》　大己貴命《おおなむちのみこと》　天照大神　少彦名命《すくなひこなのみこと》」の五神が刻まれている。四国では、香川県東部、徳島県に広く分布している。

一九二六年二月一七日の朝から、善通寺町（現・善通寺市）廣島屋旅館で県水平社委員会が開かれた。六〇名が出席して、全水総本部維持費の件、軍隊内差別問題、改善費使用用途調査の件など二二件を附議して午後五時閉会し、午後六時半から仲多度郡議事堂で演説会を催した。委員会終了後、善通寺第一一師団を訪れ、師団長に

「軍隊教育に関しての方針を協議した」（『香新』大正一五年二月二〇日付）。差別事件への対処ではなく、全水の方針に従い予防的措置をとるよう要請したものと考えられる。部落改善費については、不正使用を確認したようである。

(2)差別糺弾闘争の開始

一九二六（大正一五）年六月一九日、午前八時から讃予線端岡《はしおか》駅前の朝日旅館で県水平社代表委員会が開かれた。出席者は二〇数名で、高丸（義男カ）が議長を務め、午後二時まで「墓地合併実施の件」「改善費不正使用糺弾の件」「神社氏子合併の件」「〇〇小学校誓約書問題対策」について協議した（『水新』第九号、大正一五年七月三〇日付）。閉会後、全委員はそろって県庁を訪れ、淺利三朗知事（一九二四〜一九二六）、内務、警察、教育の各部長に面会してこれらの問題について社会課等の不正を詰問した。七月一四日には、高丸義男と数名の幹部が淺利知事と会い、回答を求めている（『朝日四國版』大正一五年七月一五日付）。成り行きによっては全水総本部の来援も辞さない構えであるとされ、以後、地元紙や『水新』の紙面を賑わわせた。

①火葬場・墓地の使用要求闘争

綾歌郡のある村では部落住民の村有墓地使用を認めなかったため、各家の仏壇に三〇数個の遺骨が置かれたままになっていた。一九二六（大正一五）年六月七日、高丸義男は村役場へ行き「その不都合を難じた」が、村当局は「古い習慣を楯にとつて」応じなかった（『水新』第八号、大正一五年六月三〇日付）。六月一〇日にこの村の公会堂で県水平社臨時委員会を開いて徹底的に争うことを決議し、高丸と河田伊三郎を糺弾委員に任じた。翌一一日午後、高丸は県衛生課長に陳情したが、一二日に支部は村当局の回答を待たず一斉に遺骨を埋葬した。一三日には県水平社委員会を開いて決議文を作成し、村当局に提出した。さらに、村長ならびに村会議長の総辞職を勧告するとともに、県内各地でこの問題に対する「批判演説会」を開いて徹底的に郡長、村長、村当局、村会議員等を糺弾することとした。一四日は午前一〇時から志度町修道館で水平社差別撤廃演説会が開かれ、高丸は弁士として登壇しており（『香新』大正一五年六月一四日付）、墓地問題解決を訴えかけたことは想像に難くない。そして、「茲に於て頑迷なりし村当局も漸くその非を悟り共同埋葬を承認し、吾等の目的貫徹大勝利に解決した」（『水新』第八号）とされたが、以後の動向をみると解決には相当の時間を要している。

河田の部落では、同年五月から共同墓地の使用を求めていた。「全村民を個別訪問した結果凡ての人々は賛同した」が、村の在郷軍人分会陸軍歩兵少尉である香川県農林課吏員が「村民を煽動して最後まで反対した」（『水新』第一三号、昭和二年二月一日付）。浅利知事に吏員の辞職を迫ったが、進退の確認はできない。また、一九二七（昭和二）年一〇月三〇日、河田が息子の葬式を共同墓地で行おうとしたとき、附近の住民約四〇〇名が「手に鎌、鋤鍬等を持つて墓地を掃除するかの如くよそほひ、実は葬式妨害の目的を以て多勢を頼んで威圧せんとした」（『水新』第一九号、昭和二年一一月二五日付）。これに対し、「見送りの同人二十一名は憤然として意を決してその間を進み、無事火葬を執り行い、翌日に墓地に納骨して墓標を立てたのである。一一月一日、駐在巡査同伴で訪れた香川県社会課主事が「近い中には何とかするから一時墓を取除いて貰いたい」と申し入れてきたが、「共同墓地を村民が使用するのに何故悪い」と断固拒絶した。翌年には、「墓地開放問題」が紛糾し村長・助役が責任を取って辞職する風聞も伝えられた（『朝日香川愛媛版』昭和三年一〇月七日付）。聞き取りによれば、支部員の世帯には共同墓地の使用が認められ、部落内で墓地が二つに分断してしまったそうで、部落解放運動の取組によって一九九〇年代に墓地は一つにまとめられたとのことである。

木田郡のある部落でも、火葬場の使用をめぐる闘争があった。部落住民の火葬場より一段高い場所に村有の火葬場があり、部落住民には村有火葬場の使用を認めていなかった。一九二六年一一月、水平社支部員が無断で使用したことから、村民多数が火葬場を囲む騒動となったのである。五〇名の支部員は村長に差別撤廃の陳述書を連署して提出したが、村民は応じなかった（『香新』大正一五年一一月一二日付）。漸く村長の調停で一二月一五日に双方の代表者が集まり協議することになったものの、出席者が少なく一八日に延期された。その後の動向を確認することはできないものの、無事解決したと伝えられている。

②改善費不正使用にかかる闘争

県水平社は、部落改善事業家と県の吏員が結託して不正に利得を得ているにも関わらず、支部の申請は採用されないことを問題とした。『水新』（第九号、大正一五年七月三〇日付）は、「奇怪！改善業者　県庁の吏員と結託して　補助金をせしめる　此の事実を徹底的に糺弾せよ！」の見出しを掲げて紹介した。一九二四（大正一三）年、綾歌郡のある村の道路改修を部落改善事業補助金と部落住民の「無賃労働」で行ったが、部落改善事業家が業者と結託して四八三円を着服し、それに県吏員も加担していることを難じたのである。この改善事業家は家屋新築費用一二〇四円余のうち六一二円余の補助を受けたが、五〇〇円ほどで完成させて残りを着服し、水平社を脱退した者も同様の不正をした。ところが、水平社側からの部落改善費申請は採用されず、水平運動をやめたら認めるなどと言われたと、行政の不公正さも訴えた。「我々より多額の税金を捲上げておきながら、その中から下附する微少の補助金すらか丶る不公平、不しだらな方面に使はれる」ため、県水平社は徹底的に事実を調査し検事局に告発し、適当な処置がなされない場合は県税不納同盟を組む考えがあるともされたが、顛末は不明である。

③神社氏子合併にかかる闘争

墓地問題を闘った河田の部落では、一九二七（昭和二）年の秋季大祭の際、神社境内での獅子舞奉納を強行した。聞き取りでは、部落内で共同墓地の使用に差異が生じたため、支部、部落改善団体に関わらず一致団結して「神社問題」に取り組んだそうである。また、獅子の遣い手に曲が分からなくなるように他の獅子組は周りで太鼓や鐘を打ち鳴らした。「力一杯叩けよ、太鼓が破れたらすぐ張り替えてやるから」と励まされ、差別に対抗したとのことである。その後、讃岐昭和会が調停に入り、一九三〇年九月二〇日の区長会で正式に境内での獅子舞奉納が認められた（中央融和事業協会『融和事業年鑑』（以下、『年鑑』）昭和六年版）。結界石も、氏子惣代の専決により、人知れず取り除かれたと語り伝えられている。

氏子入りの問題は、一九二八年度に讃岐昭和会による調停が三件（解決一件、未解決二件）あり（『年鑑』昭和四年版）、また、讃岐昭和会や警察署長などによる水平社支部のない部落での調停記事が『香新』に載せられるなど、県水平社の闘争は県内の差別問題を網羅するものではなかったといえる。

④学校統合にかかる差別への糺弾

一九二六（大正一五）年四月、三豊郡のある小学校で部落児童が担任から不当に殴打されたことを抗議した。その時に、部落分教場統合の際に部落総代と当時の校長で交わした誓約書の破棄を校長が申し出て、問題が発覚した。

第一条　学校ノ校規ニ服従スルハ勿論教師ノ取扱ニ関シテハ一切異議ヲ申出ザルコト
第二条　我組児童ニハ専ラ礼譲ヲ守ラシメ他組御子供衆ヨリ軽侮ノ言語及行為ヲ被ルトモ能ク忍耐セシメ、決シテ口論挿争闘ヲナサシメザルコト
第三条　就学児童ニハ務メテ風儀ノ改善ヲ図リ身体及衣服ヲ清潔ナラシメ、裸体跣足《せんそく》ノ如キ異様ノ風ヲナサシメズ、殊ニ雨天ノ際ハ傘及ビ笠ヲ用ヒシムルコト
第四条　就学児童ハ正当ノ理由欠席セシメザルハ勿論、決シテ乞食又ハ之ニ類似シタル行為ヲナサシメザルコト
右ノ条々堅ク相守リ決シテ違背致ス間敷候也

（『水新』第一〇号、大正一五年九月一日付）

部落児童は風儀改善と不当な扱いを受けても忍従することを強いられた。青年会統合についても同様の誓約書が交わされたことも判明した。県水平社は直ちに県学務課を訪れ、善後策を執るよう迫ったが、「過去の事だから破棄すればそれで済むではないかと軽く受流そうとした」。「此の誓約書の為に如何に多くの同胞が学校内の差別と迫害に泣き、又今も尚殴打凌辱を受けつゝも之にこらえつゝあるを思へば過去のものとして決して許すべきものでない、現に今日迄之を有効なりと認めて大切に保管されつゝあつたではないか」と、他の部落にもあった同様の文書を示して「鋭く突込んだが冷淡な彼等は何等の誠意を示さなかつた」と、県当局の責任を問うた。当時の校長は村会議員・助役となり、次期村長の有力候補であることを問題にして辞職を要求したが、叶わなかったようである。

三　県水平社と普通選挙・朝鮮衡平社との関係

(1)労農水三角同盟の成立

日農では早くから無産政党設立について議論がなされ、日農県連創立者の一人である前川正一は早くから普通選挙運動に参画していた。前川は、日農第三回大会（一九二四（大正一三）年）で普通選挙運動を「全無産者が提携して解放運動の陣頭から我等の新しく働く者の王国建設へ！の運動」（『土地と自由』二七輯、大正一三年三月二五日付）と訴え、連帯の必要性を主張した。日農県連として政治運動参加の意志を統一させて臨んだ一九二五年二月の日農第四回大会では「各地方に於いて各無産団体と協議会設置の件」が可決され（『土地と自由』三九輯、大正一四年三月二七日付）、各地の労働団体や水平社と協議することとなった。

一九二五年四月一八日、日農県連執行委員会が高松市内町の日農県連事務所で開かれた。最初に「一、友誼団体と協議会開催に付いての交渉顛末報告（縣本部）」を協議し（『土地と自由』四一号、大正一四年五月一〇日付）、「本日の四国《ママ》水平社大会に出席せる最高幹部と実質的提携について交渉」することにした。前川、竹川正一、久米川信太郎の三名が交渉委員となり、第一回県水平社大会会場に行き、高丸大造・高丸義男・泉野利喜蔵ら四名と協議した。高丸（大）は議長、高丸（義）は司会、前川は来賓のため、交渉は午餐の時間に行われたのであろう。前川らは日農県連事務所に戻り、執行委員会で県水平社は「提携協議会」開催の意嚮があると報告した。これに対し、県水平社は説明を受け委員会を開いて決定すると伝え、まだ態度表明をしていないとした（『香新』大正一四年四月二一日付）。

九月二〇日、四国無産政党評議会準備会が日農県連事務所で開かれ、愛媛県水平社青年同盟から西原佐喜市（一）（全水青年同盟）が出席した（『愛媛新報』大正一四年九月二一日付）。後に日農県連書記宮井進一の要請によって同職に就き、一九二八（昭和三）年の三・一五事件で検挙されるなど、香川の農民運動、水平運動で活動した人物である。その後、無産政党四国準備協議会が組織され、一一月二二日の会合で県水平社無産者同盟と香川県製紙労働組合の加入が承認された（『愛媛新報』大正一四年一一月二五日付）。香川県製紙労働組合は、「鷺田村小川製紙々場外四十二ヶ工場」の「水平社同人職工ヲ全部一致解雇セムトシタル」（社会局労働部『労働運動年報　大正一四年』）ことにより設立した。従業員三二〇名中一〇八名が「待遇改善」を要求して四日間争議を行い、「妥協」で解決した。『朝日四國版』（大正一四年一一月一二日付）では、一一月一二日に設立し、「職工の八割を占めてをる」「水平社《ママ》員二百三十名」が失業の危機に瀕したとある。『水新』（四号、大正一五年二月一日付）は、同月二八日には「職工約百五十名」が同盟罷業を敢行し、「労働条件の改正を要求し、十数日間ストライキ等を以て闘つた結果、要求の大部が貫徹し大勝利を博した」と報じている。組合の事務所は日農県連事務所に置かれ、労農水三角同盟の一極と位置付けるための関与があったと考える。県水平社無産者同盟や愛媛県水平社の関与も気になるが、実情は不明である。

一九二五年一二月一日、日本初の無産政党である農民労働党が結党したが、日本共産党との関係を問われ、即日解散・禁止になった。合法的な政党を設立させるため、日本労働組合評議会・政治研究会・全日本無産青年同盟・全国水平社青年同盟の左派四団体を排除して、翌年三月五日、労働農民党（以下、労農党）が結成された。香川では、七月三日に高松市公会堂で開催された労農党香川県支部連合会（以下、労農党県連）発会式に県水平社も参加し、高丸義男が副議長を務めた（『無産者新聞』（以下、『無新』）三七号、大正一五年七月一〇日付）。これに先立つ五月一日の第七回メーデーは日農県連、香川県製紙労働組合、県水平社合同で行われ、一〇〇〇〇人以上が参加した（『無新』二六号、大正一五年五月八日付）。動員された殆どが日農県連であったことは否めないが、労農水三角同盟は他府県に先んじて形を整え、先鋭化していったのである。

(2) 第二回全四国水平社大会

一九二六（大正一五）年九月五日、観音寺町公会堂（琴弾座）で第二回全四国水平社大会が開催された。大会に先立ち、午前九時四〇分、観音寺駅に集合した約五〇〇名は、数発の花火を合図に数台の自動車隊を先頭にし

図３　第二回全四国水平社大会行進経路　「観音寺町観光地図」より作成。「新制中学校」とあり、戦後間もない時期の地図である。

て全四国水平社会旗や支部旗数十本を押し立てて行進した。目抜き通りの柳町、茂木町、川原町筋を通って三架橋を渡り、琴弾八幡宮を参拝した後、会場に到着した（図3参照）。

「大会宣伝ビラ」（高市光男編『愛媛近代部落問題資料　下巻』近代史文庫大阪研究会、一九八〇年）によれば、全水総本部からの出席は松本治一郎委員長のほか、「水平の行者」栗須七郎、全水総本部理事木村京太郎、全水少年代表山田孝野次郎、全水中央委員三木静次郎《しずじろう》・菱野貞次《ていじ》・高丸義男である（『朝日四國版』大正一五年九月七日付、『香新』同日付によれば、栗須、木村のほか、有本（俊数カ）、松井（久吉カ）、高畑の「各委員（幹部）」とある）。ビラには國澤亀《すすむ》（高知）、谷松安太郎（愛媛）、宮本小三郎（徳島）の各県水平社委員長の名があり、高丸を含めて「全四国」を標榜する大会となった。ただし、水平運動の方向性に隔たりが大きいことも浮き彫りになった。

午前一一時、参会者約一〇〇〇人を前にして、徳永参二から全四国水平社委員長を引き継いだ高丸が開会の辞を述べた。次いで、「愛媛県水平社員」が大会宣言・綱領を朗読し、松本委員長の祝電祝文披露、日農県連を代表して桶樋省三他一名が祝辞を述べ、高丸が経過報告をした。その後、議長選挙が行われたがまとまらず、全水総本部の中村委員（甚哉《じんや》カ）を仮議長に推すことにして、昼食休憩に入った。

午後一時から始まったおもな議題と決議状況、提案県は次のとおりである。

一、全四国の各学校に水平運動の精神を普及するの件（可決）　愛媛県水平社
二、地方改善費不正使用糺弾に関する件（可決）　香川県水平社
三、無産政党支持の件（可決）　愛媛県水平社
四、墓地併合と〇〇〇〇糺弾の件（可決）　香川県水平社
五、徳島県下宣伝応援の件（可決）　徳島県水平社
六、香川〇〇村長及村会議員総辞職勧告の件　香川

七、無産団体協議会設置加入の件（可決）　愛媛
八、四国水平学校設置の件（撤回）　香川
九、所謂純水平運動に対する態度決定の件（可決）　愛媛
十、共産主義に対する件（可決《ママ》）　高知

（『香新』大正一五年九月七日付）

三または四の議事終了後、「目下紛糾中の歩兵第二十四連隊内の差別問題につき全九州水平社聯合会へ大会の名を以て応援決議文を送るの件」が愛媛から提出され、「山田少年弁士」の説明後に可決された。山田・山下（宗七カ、香川）・亀井（清一カ、愛媛）・國澤（高知）の四名が起草委員に選ばれ、九の議事終了後に応援文が朗読された。

議事数は香川、愛媛がそれぞれ四件で、両県が大会を主導したと言える。県水平社は墓地や地方改善費等の糺弾闘争について、愛媛は、「無産政党」（労農党）支持、無産運動との協調・連帯を求めた。「所謂純水平運動」とは、階級闘争への志向を危惧して水平運動の純化を訴え、全水総本部を脱退した南梅吉らの運動（翌年一月、日本水平社を設立）で、「徹底的排撃」をすることで可決した。徳島は、県内の組織拡大を課題とした。「共産主義に対する件」では、「質問続出議場一時混乱に陥つたので議長より問題の撤回を宣す、この時場内一部高知県側の席総立となつて退場せんとし再び喧騒混乱つゞき、ついに午後五時半閉会した」（『朝日四國版』大正一五年九月七日付）。水平運動が共産主義に傾倒することに対する懸念を、高知県水平社が提起したのであろう。これに階級闘争色の強い愛媛や香川が猛反発したと考えることは容易であり、議長選任が難航したことも路線の対立を象徴している。四国の団結を謳う大会であったが各県の思惑は異なった。この後、高丸の離脱もあり、全四国水平社は組織として存続するものの、第三回大会が開催されることはなかったのである。

午後八時から観音寺町公会堂で開催された演説会は、聴衆約五〇〇名が集まった。松井中央少年部代表や高丸による香川県吏員の糺弾・墓地問題糺弾の演説、有本、木村等の「肺腑を江ぐる演説」があり、さらに栗須が「長舌をふるわし卓を叩いて水平運動の偉大さ尊さを説き水平運動の不振をなげ」いて延々二時間余にわたる演説が「聴衆をうならせ」（『朝日四國版』大正一五年九月七日付）、閉会が午前零時になるほどであった。

(3)朝鮮衡平社との提携模索

①高丸義男の朝鮮衡平社訪問

全水総本部では早くから朝鮮衡平社と提携することが協議されていた。一九二七（昭和二）年一月八日、高丸義男は京城府雲泥洞《ウンニドン》（現・ソウル特別市鍾路区）の衡平社本部を訪れて、張志弼衡平社中央執行委員長に会って全水との提携を申し入れた。高丸の個人的な訪問であったが、「日本の全国水平社執行委員八名中の一人であり、四国水平社委員長で、日本の水平運動に名を知られている」（『東亜日報』昭和二年一月九日付）と、「官憲はもちろん、一般市民も非常に注目」（『朝鮮日報』昭和二年一月九日付）された。高丸は、「提携」は必然的であり、「水平社員と衡平社員とは同じ階級であるというよりも一家族であるといふのが妥当である」（『朝鮮思想通信』二二一号、昭和二年一月九日付）と考え、「今後は文書のみでなく内地と朝鮮は時々会合して実情を談合い一層親密にするやう話を決めて来た」（『朝日香川愛媛版』昭和二年一月一三日付）、志弼は、「具体的な議論を終え、二月中に」「日本に渡り、結末をつける」（『朝鮮日報』昭和二年一月一〇日付）と談話した。そして、一月一二日、高丸は香川に帰った。

図４　高丸義男（写真中央）
『朝鮮日報』昭和２年１月10日付より。写真右が張志弼。

志弼が民族解放と朝鮮独立をめざし満州（中国東北部）で結成された高麗革命党に加担した疑いで逮捕された（証拠不十分で無罪、四月二五日釈放）ため、高丸は再び一月三一日に衡平社本部に赴き、李春福ほか数名と協議した（『朝鮮日報』昭和二年二月一日付）。新義州《シニジュ》（現・平安北道新義州市）での志弼ら衡平社員逮捕事件の真相調査と全水と衡平社の提携が目的と伝聞され、三月、李東煥（同安）が日本に向かい、京都、大阪、香川の水平社を訪問した。

東煥の供述によれば、この時高丸が会ったのは、東煥と金三奉、金鍾澤の三人である。春福には東煥が後で内容を報告したらしい（部落解放・人権研究所 朝鮮衡平運動史研究会編『朝鮮衡平運動史料集・続』、解放出版社、二〇二一年）。高丸は衡平社本部で一泊し、志弼らの安否うかがいに行く三奉と一緒に新義州に向かった。二人は四、五日して衡平社本部に戻り、高丸はさらに二泊した。帰途では現地視察を求め、三奉の案内で京畿道安城《アンソン》（現・安城市）と忠清南道笠場《イプジャン》（現・天安市）、忠清北道清州《チョンジュ》（現・清州市）を訪れた。

滞在中、高丸はしきりに東煥と三奉に提携を勧めた。衡平社が水平社と提携し「左翼運動」の原動力となって、一部の知識階級ではなく四〇万の衡平社員による運動として目的貫徹に尽瘁することを説いたのである。東煥は、「衡平運動ノ今迄ハ幼稚ナモノテアツタカラ今後ヨク指導ヲシテ貫ヒタイソシテ此際衡平社ハ是非水平運動ノ状況ヲ視察ニ行ク事ニシタイ」（『朝鮮衡平運動史料集・続』）と答えると、全水総本部に連絡しておくので、東煥か三奉のどちらかが早めに全水総本部へ来るよう促した。また、「水平月報」（『水新』）や出版物を送ることを約束した。近く開催される全水中央執行委員会の日時が決定すれば「水平月報」に掲載されるので、それを見て是非来訪するように求めた。

「水平月報」三月号に全水中央執行委員会の記事を見つけた東煥は、春福に相談して許可を得、二週間ほど日本を訪れた（村崎信夫は本号の確認ができないため、未発刊と推察している（「水平新聞復刻版 解説」「水平新聞」刊行会

『全国水平社創立五〇周年記念出版 復刻版 水平新聞』、一九七二年)）。

②李東煥の香川訪問

三月下旬に京城府を出発した東煥は、大阪の全水総本部で山田某、次いで徳永参二・菱野貞次等と会い、そして高丸義男と再会した。全水中央執行委員会終了後、「共同墓地ノ差別問題テ同志カ演説大会ヲ開キタイト思ツテ居ル」ので四国に来て演説するよう高丸に誘われた。東煥は数年前に高松市丸亀町谷口商店で半年ほど勤めた懐かしさもあり、地方視察を兼ねて了承した。二人は午後二時に全水総本部を出発し、翌日午後五時に坂出に到着して一泊した。明くる日の午前一〇時頃から、坂出公会堂で講演会が開催された。急場であったにも関わらず、高丸ほか六、七名が弁士となり、三、四〇〇名の聴衆を前に午後三時過ぎまで演説した。東煥は、「当地ニ於ケル様ナ差別事件ヲ見ルト云フ事ハ甚タ遺憾」であり、朝鮮では墓地問題にまで差別待遇を受けることはないにも関わらず、「先進ノ日本内地ニ於テ今日斯ノ如キ差別問題ヲ耳ニスルト云フ事ハ全ク心外テアル悪弊テアル因習カラ速ニ離脱シテ文明国人ラシイ態度ヲ以テ問題ノ解決ヲ切望シテヤマナイ」（『朝鮮衡平運動史料集・続』）と演説した。翌日午前十時、東煥は坂出駅で高丸と別れ、最後の目的地である京都に向かった。

(4)労働農民党支持と高丸義男の方針転換

①県水平社と日農県連の共闘体制確立

労農党は、地方支部組織を整えるなかで共産主義的な党員が増え、対立した右派・中間派の幹部らは脱退して日本農民党（一九二六（大正一五）年一〇月）、社会民衆党・日本労農党（同年一二月）を立党した。労農党はこの動きのなかで、全水労農党支持連盟の下阪正英、菱野貞次、大西僚太郎他一名を党中央委員に招くことを決し、全水総本部は組織として労農党に加入した（『朝日』大正一五年一〇月二六日付）。四国では、全四国水平社、愛媛

県水平社、県水平社が全水労農党支持連盟に加盟した（『無新』六〇号、大正一五年一二月一一日付）。

一九二七（昭和二）年四月二日、日農県連第四回常任執行委員会で「水平社トノ共同戦線に関する件」が協議され、「演説会ニ闘士ノ交換ヲヤル事」「地方ノ差別問題其ノ他具体的問題ニ対シテ積極的応援・共同戦線ヲ張ル事」を決定した（大原社会問題研究所蔵「日農関係資料」）。日農県連と県水平社の間では、「組合員中差別行為のあつた者の除名」「水平社所在地農民組合、労農党組織準備会を作る事」、「農民と水平社の提携に水をさす様な言辞を弄する、融和聯盟の排撃を水平社に要求」などを協議した（『大衆時代』四四、昭和二年五月一日付）。

四月一九日、第四回県水平社大会が善通寺町富士見座で開催された（『香新』昭和二年四月二〇日付）。全水総本部から栗須七郎、有本俊数、松田喜一、県内からは上田親賢、山下宗七をはじめ多数の水平社員が出席し、午後に演説会が催された。協議事項は、次のとおりである。

一、労農党支持の件
二、青年同盟組織の件
三、一心会排撃の件
四、日本水平社反対の件
五、改善費使途調査の件
六、未組織地宣伝の件
七、第二期運動促進の件
八、県水平社組織化の件
九、社会教育普及の件

十、第三回四国大会開催に関する件
十一、無産団体協議会設置の件
十二、闘士養成の件
十三、産業部設置の件
十四、県議改選に関する対策の件
十五、水平結婚実行の件

県水平社は、初の普通選挙となる県会議員選挙で労農党を支持することを明らかにし、日本水平社反対、前年に設立した香川県一心会排撃を決議した（『大衆時代』（四四号）では、「青年同盟」は四月四日の青年委員会で組織化が決定され、「県水平社組織化」は「青年同盟」による組織強化、「第二期運動」は徹底的糺弾拡大としている）。

四月二〇日の日農県連第四回執行委員会では「県会選挙準備運動の件」、「議会解散全国協議会代表派遣の件」が協議された（『無新』六五号、昭和二年六月五日付）。四月二六日には日農県連青年部が第二回執行委員会を開き、県水平社青年同盟と互いに三名ずつの委員を出して全国無産青年団体連盟香川県地区準備委員会を組織することとした（『土地と自由』六四号、昭和二年五月二〇日付）。五月一六日の日農県連第五回常任執行委員会では、「農民学校講師不当検束」に対する演説会について「水平社暴圧反対同盟、党組合、全日派、サヌキ少壮義会」に相談することが決まった（「日農関係資料」）。与北村（現・善通寺市）、善通寺町での水平社演説会に杉沢博吉・宮井進一・朝倉菊雄（島木健作）を派遣することにするなど、県水平社と日農県連の共闘体制が整えられたのである。

②高丸義男の県水平社脱退

一九二七（昭和二）年五月九日に丸亀市の安田楼で開催される県水平社執行委員会では、労農党支持に関する件、地方改善費不正使用問題を五月一四、五日に京都で開催予定の全水大会（中止）に上程し、内務省へ陳情する件を附議する予定であった（『朝日香川愛媛版』昭和二年五月四日付）。ところが、日農県連、労農党との共同戦線が不得策であり、水平運動の前途を憂慮する声が高まってきたので、知事を会長、各町村の有識者を役員とする新たな団体を作る動きが表面化した（『朝日香川愛媛版』昭和二年五月七日付、同八日付）。三三名が参加し午後二時から始まった委員会は、議論は沸騰して殆ど未了のまま午後六時半に散会した（『朝日香川愛媛版』昭和二年五月一三日付）。趨勢は労農党支持であるため、新たな団体となる「公正会」設立は受け入れられず、高丸義男は執行委員長辞任を声明するに至った。七月二〇日の日農県連第五回臨時大会では、西原佐喜一が「四国水平社代表」として祝辞を述べており（『日農関係資料』）、高丸は県水平社、全四国水平社から離脱したことが分かる。

八月二〇日、西庄村（現・坂出市）公会堂で県水平社拡大執行委員会が開催された。議長は高丸大造、山城稔《ママ》が書記となり、「県議選挙に関する件」「県本部に関する件」「相談所設置の件」「公正会に関する件」「津刑務所差別事件に関する件」「運動方針決定」が協議された（『水新』第一八号、昭和二年一〇月一五日付）。また、「上田親賢、高丸義男除名の件」が緊急動議され、高丸の除名が決定した。そして、鹽田庄吉を執行委員長として、常任委員に河田（伊三郎カ）・田中（勇カ）・大藤（喜三太カ）、顧問に藤原喜三太が就いた。

高丸は、その後「部落民の解放は大阪本部員等の主張する階級闘争主義の指導精神に依りては到底期すること能わず」、「官辺の指導を俟って部落民の解放を期すべしとて」、「同志の糾合に努め、傍ら印肉行商を生業として之に精励」し（『研究資料』）、四国各県を遊説して回った。一二月二日には愛媛県今治市を訪れ、片野淑人市長らに「従来水平社に対する差別的待遇に対しては智識階級の人々は諒解して呉れているが今後は更に一歩進めて之等の人々に援助を求むべく大々的に運動を起すこととなった」（『海南新聞』昭和二年一二月三日付）と語った。翌年三月二九日には二ヵ月間の遊説を予定して高知県に入り、「日本《ママ》水平社の中央委員で四国水平社の委員長であったが昨年三月従来の水平運動が余りに過激であるのでそれよりも一般と融和してこの目的を達するが至当であると感じ公正会を組織し」た（『土陽新聞』昭和三年三月三〇日付）と報じられた。肩書は全水中央委員とされたが、表5で示したように名前はない。第六回全水大会（広島）は時期が遅れて一二月の開催となったため、四国での調整がつかず不在になったと考えられる。

高丸の方針転換は、過激になった水平運動への危惧による。「公正会」の発想は、中央融和事業協会参事の三好伊平次に求めたい。三好は、県単一組織である美作《びさく》平民会や県知事の協力を得た岡山県協和会を設立して自主的に部落改善を進めており、公正会の構想は近似していると感じる。三好は全水設立を妨げようとしたが、全水創立の理念に共感し、階級闘争に進むことを憂慮していた（岩間一男編『三好伊平次の思想史的研究』、吉備人出版、二〇〇〇年）。また、三好は、香川県融和事業講習会（二月一九日〜二一日）に講師として訪れている。行政担当者の参加を意図した講習会であったが部落住民が多く派遣され、最初は不満も多かったが腹を割って話し合ううち

表５　四国選出の全水中央委員

年	回	氏　名	所属水平社
1925	4	徳永　参二	四国連合会
1926	5	徳永　参二	四国連合会
1927	6	-	
1928	7	高丸　大造	香　川
		徳永　参二	愛　媛
1929	8	-	
1930	9	-	
	※	高丸　大造	香　川
		徳永　参二	愛　媛
1931	10	藤原喜三太	香　川
	※	高丸　大造	香　川
1932	※	藤原喜三太	香　川
		徳永　参二	愛　媛
1933	11	-	
	※	藤原喜三太	香　川
1934	12	藤沢　正一	徳　島
		中村　正治	香　川
		松田清次郎	愛　媛
		大黒　貢	高　知
1935	13	（未定）	徳　島
		中村　正治	香　川
		松田清次郎	愛　媛
		西本　利喜	高　知
1936	※	（未定）	徳　島
		中村　正治	香　川
		松田清次郎	愛　媛
		西本　利喜	高　知
1937	14	（未定）	徳　島
		中村　正治	香　川
		（未定）	愛　媛
		（未定）	高　知
1938	15	成川　義男	徳　島
		中村　正治	香　川
		松田清次郎	愛　媛
1940	16	鈴木　卯平	徳　島
		中村　正治	香　川
		矢野　一義	愛　媛
		（未定）	高　知
		成川　義男（常任中央委員）	徳　島

部落解放同盟中央本部編『写真記録　全国水平社』（解放出版社、2002年）、『社会運動の状況』より作成。「回」は全水大会、「※」は『社会運動の状況』（12月末）。重複する場合は略。第１回～第３回については四国選出の中央委員は不在。

に部落差別解消への自覚が高まったとされる（中央融和事業協会『会報』第二巻第二号、昭和二年）。高丸は受講者から三好の思想に触れ、共感したのではないか。警察官時代に私財を擲って部落改善に努め、後に讃岐昭和会理事を務めた村上貞次（訥堂《とつどう》）は三好との交流があり（「三好文庫」、部落問題研究所蔵）、村上の仲介も推察されるが、想像の域を出るものではない。

(5)香川県会議員選挙と香川県会

①労農党・日本農民組合・水平社合同会議

一九二七（昭和二）年五月一八日、「労農党・日本農民組合・水平社合同会議」が日農県連本部で開かれた（「日農関係資料」）。「水平社」からの出席は、西原佐喜一、藤原喜三太、亀井（清一カ）、橋本槇次、田中勇（労農党県連にも名前がある）である。「県会選挙対策の件」では対策委員会（一〇名）の設置を決し、田中・藤原・本田民治が選出された。また、五月中に各郡市で対策委員会を設置すること、七月七～九日頃に連合対策協議会を開くことなどが決まった。「水平社に干《関》する件」では、「合同委員会の名に依って、水平社ダラ幹排除の声明書発表」「国庫負担による地方改善費の不正を暴露し全大衆の問題とすること」「中央部名士招聘し合同演説会を開くこと」が決まった。「香川県無産者団体協議会再組織の件」については各団体から二名ずつ委員が選出され、県水平社から橋本・山条一義が就任することになった。「水平社ダラ幹」とは、先述の高丸義男である。

県水平社は、県会議員選挙での労農党支持を明確にした。合同会議に参加した三団体のうち、労農党幹部は殆どが日農県連と重複しており、実質は日農県連と県水平社は二対一の比率である。郡市の事務所は暫定的に日農県連の出張所が充てられるなど、主体は日農県連であったが、「全大衆」の運動とするため県水平社に相当な配慮をしていたことがうかがわれる。

②労農党議員による全水第六回大会祝電発送の動議

一九二七（昭和二）年九月二五日の県会議員選挙には労農党県連から七名が立候補し、溝渕松太郎、平野市太郎、中村康三、古川藤吉の四名が当選した。労農党の当選者が全国で一三名に止まったなかで、最多の当選者を出したことが各紙で報じられた（『無新』一〇三号、昭和二年一〇月一日付、『水新』一八号、昭和二年一〇月一五日付）。

労農党県連は、緊急動議が可能な議員数を獲得したことを受け、第二九回香川県通常県会（一一月末～一二月）で、全水第六回（広島）大会に県会名で祝電を発送する動議を中村議員が出した。厖大な額の部落改善事業費を計上していながら「彼等ノ心情ヲ理解シサウシテ親切ニ彼等ヲ啓蒙的ニ指導セラレル事」なく、「反逆心ヲ抑ヘンガ為メニ其ノ表面ノミヲ糊塗シテ居ル」政策に過ぎず、水平社は「独自ノ力ニ據ツテ部落ノ改善ヲ図リ或ハ差別待遇ヨリ脱レ出」るために組織したので、「応援シ指導スル事ハ最モ大切ナ事」だと訴えたのである（香川県立図書館蔵『第二十九回香川県通常県会議事速記録』）。これに対し、若山祥太郎議員は県当局の方針を問い、元田敏夫知事（一九二七～一九二九）は「部落改善問題」について悪習慣を打破したい旨を述べたものの、祝電発送には言及しなかった。今井浩三議員は大会の内容を十分調べたうえで採決するよう提案し、中村議員は差別問題解決のための大会であると述べて休憩に入った。再開後、遠山源治議員は前例がないことを根拠に反対し、中村議員は反駁したが、労農党議員四名のみの賛成で否決された（『香新』昭和二年一二月二日付）。

四　県水平運動の停滞

⑴衆議院議員選挙との距離感

一九二八（昭和三）年二月二〇日の衆議院議員選挙に、労農党は香川一区に自由法曹団の上村進、二区に労農党委員長大山郁夫を立候補させた。「三土を出しては香川農民の恥だと日農塩田水平社一萬二千起つ」との檄も送られた（『無新』一三四号、昭和三年二月一五日付。西原佐喜一は「塩田労働組合準備会」を興したが組織されていない（『研究資料』））。香川を「天王山」と見た警察当局によるすさまじいまでの選挙干渉と、候補者が香川出身ではなく盛り上がりに欠けたこと（自由法曹団編『自由法曹団物語』、日本評論社、一九七六年）、そして基礎票が絶対的に不足していた。大山委員長は次点（四位）で落選、上村も同様であった。

これに先立つ一九二七年一二月一一日の県水平社臨時大会の協議項目は、「差別撤廃の自由獲得の件」「墓地、神社、学校等に於ける差別に関する件」「融和団体積極的排撃の件」「規約改正の件」「青年同盟組織速進（ママ）の件」「友誼団体員の差別に関する件」「各部落差別状態調査の件」「差別撤廃デーに関する件」「中央委員選出に関する件」「北原泰作君慰問の件」（『水新』二〇号、昭和三年一月一日付）である。労農党県連委員長眞屋卯一、日農県連書記西原が演説したものの、選挙に関する議題はない。「友誼団体員の差別に関する件」は日農県連組合員による事案が想起され、県水平社に労農党支持の熱気が失せつつあったようにも感じられる。

(2)三・一五事件の衝撃と県水平社内部の対立

一九二八（昭和三）年三月一五日、共産党を弾圧する三・一五事件が起こった。労農党県連・日農県連から八九人の容疑者を出し、宮井進一、朝倉菊雄は起訴・収監され懲役刑に服した。四月七日までの間に百一八支部すべてが解散し（『研究資料』）、労農党結社禁止等により四名の議員は相次いで辞任に追い込まれる（山本繁『大正デモクラシーと香川の農民運動』、青磁社、一九八八年）など、日農県連は壊滅した。

西原佐喜一も七月一一日に検挙された（『大正デモクラシーと香川の農民運動』）。高松警察署の巡査が日農県連本部にいた米村正一顧問弁護士に「西原は水平社の者であるから警察としてもヒドク待遇をする」、高等刑事は米村弁護士の妻に「君等は水平社の者と共に生活をして居るではないか、少しは自分の事を考へなくては恥ではないか、西原なんて水平社のあんな者と一緒に運動をして」、丸亀署の巡査は「西原は水平社の者だから、内の警察でも少し待遇を悪くする」（『水新』第二五号、昭和三年八月一〇日付）、「水平運動は正義の運動だ、農民組合のやうな慾得の運動などと提携するのは考へものだ」（『労働農民新聞』五三号、昭和三年七月七日付）などと語り、日農県連と県水平社の分断が図られた。一二月一七日、五〇日余の検束を経て松山に帰っていた西原は、日農県連再建を目論んだ日農本部から召還の電報を受け上阪した（『大衆時代』一〇三号、昭和三年一二月二一日付）が、再建はならなかった。

　県水平社執行委員長鹽田庄吉は、「過去の運動方針ガ水平運動ヨリ逸脱スルモノナリトシ」、全水総本部からの指令や檄などは一瞥して抛擲《ほうてき》し、各地の水平社大会にも祝電を送るだけだった（『研究資料』）。他の支部も目立った活動はなく、県水平社は活動休止の状態となった。上田親賢は、今後の活動方針を高知県自治団のように改めることを提起し、全水第七回大会（京都）後に確定すれば内務省に具申すると述べた（『香新』昭和三年五月二四日付）。上田は、前年の県水平社執行委員会で除名動議があった人物である。高知県自治団は、高岡郡日下村（現・日高村）の植村省馬が部落住民の自覚と改善を目的とし、就職・結婚の自由を求めた団体で、植村は、鍼灸、剣道防具販売で全国を廻り、水平運動・融和運動（事業）を問わず多くの活動家との交流を深めていた。一九二七年六月頃、「上田」という靴屋に止宿していた西原を宮井進一が訪ね、自らの検挙を予測して日農県連書記就任を西原に勧めた述懐がある（宮井清香『黎明の光にむかって　夫・宮井進一とともに』、ひかり書店、一九九六年）。この靴屋が上田もしくは彼の縁者の店舗とすれば、過激さを増した日農県連の活動と警察当局の弾圧を目の当たりにし、日農県連・労農党県連と一線を画すことを望んだと考えることもできる。上田は一九二七年一一月五日、鷺田村で開かれた融和団体の香川県共愛会発会式に「水平運動遊説員」として出席した（『香新』昭和二年一一月七日付）。融和団体排撃を主張する県水平社（地元水平社支部は共愛会反対演説会を開催〔『朝日香川愛媛版』昭和二年一月一七日付〕）とは異なる行動をとっていたが、三・一五事件を機に県水平社幹部として復権したと考えられる。

香川の水平運動が低迷していることを心配した高丸大造は、本田民治、河田伊三郎、藤原喜三太と打ち合わせて、一九二八年一二月二五日の西庄村で開かれた県執行委員会で鹽田庄吉を辞任させ、藤原が後を継いだ（『研究資料』）。藤原は、一九二九年一一月四日の第八回全国水平社大会（名古屋）に出席して全水総本部との連絡を密にし、各支部を歴訪して「左翼化」に努め、県水平社大会開催をしきりに勧めた。鹽田を中心とした水平社支部は水平運動の「右翼化」・藤原の排斥に動いたため県水平社大会は開催不能になり、「漸進派（鹽田派）」と「急進派（藤田派《ママ》）」が対立することになった。

一九三〇年は、目立った活動はなかったものの、藤原は中讃地方の同志を急き立てて勢力を強め、「漸進派」を疎外した。全水総本部とも緊密に連絡をして、機関紙・指令・檄などが相当部数送付された。藤原は、第九回全水大会（一九三〇年一二月五日、大阪）・第一〇回全水大会（一九三一年一二月一〇日、奈良）にも出席した。口頭謝罪で解決していた失言等の糺弾も、謝罪演説の開催、謝罪ビラの作製・頒布を要求するなど社員の奮起を促し、意識の喚起に努めた。しかし、大会を開催できないほど、県水平社の財源不足は深刻な状態であった。

(3) 四国同胞新聞

一九三二（昭和七）年六月一〇日、県水平社幹部の河田政太路（政太郎）は、四面刷りの月刊誌『四国同胞新聞』（以下、『同胞』）を創刊した。購読料は一部七銭で、藤原喜三太、田中勇、上田親賢などの県水平社幹部に加え、県社会課属や讃岐昭和会嘱託を務めた後に出家した加藤仁（仁海）、村上訥堂、住職で讃岐昭和会会員の藤原浄休など、部落改善・融和事業家が寄稿した。県社会課課長も発刊の祝辞を寄せている。広告料は一行五〇銭で、県議会議員や村長、小学校長などが広告掲載に応じ、後に高松結婚誘拐裁判の弁護人を務めた中村皎久《きよひさ》も法律顧問として名を連ねた。ある小学校では一七部購入するなど、購読対象は部落改善事業・融和事業関係者と考えていたようである。賛助員からは「小は三円から大は二十円迄拠出さし其金額三千円にも及ぶ」寄付を集めていた（『香新』昭和一〇年九月四日付）。

全水総本部との連携に努めた藤原らではあったが、部落改善事業・融和事業家との協調により県水平社の財政難を解消しようとしたのであろう。それゆえ、紙面の基調は融和運動であることが必要であった。「共存共栄」、「融和聖戦」、「感謝反省」、「懺悔奉仕」などの融和的言辞が飾られたが、「人間権奪還」、「餓死線上を彷徨する兄弟を救へ」、「防貧、失業救済」と、水平運動が訴えた生活権獲得要求も読み取ることができる。

河田茂五郎は、「吾もひとなり彼も人なり」「平等なる権利を与へよ」「人格権を与へよ及び生活権を付与せよ」と、水平社創立宣言や綱領の精神を訴えた（『同胞』第二号、昭和七年七月一〇日付）。県連幹部の小林芳太郎は「吾々は経済の自由と職業の自由を社会に要求し以つて獲得を期す」と題して、「久しい昔から特に汚い仕事を押つけられて居た」そして「他の職業に就く自由がなかつた」が、「其の特別な皮革業や屠殺業すら資本家に奪はれて居る。そして外の職業に就かうとすれば、必ずあれは〇〇だと排斥される」（『同胞』第四号、昭和七年九月一〇日付）と述べた。新聞に士族株を入手し内務省に就職した栗須七郎の甥が部落出身者であることを掲載されたことを受け、才能が正当に評価されないことを嘆いたのである。また、上田は、水平社創立宣言を引用し、水平社は「暗黒の世界を光明界に不合理極まる人生を大改造すべく、全国的活動を開始した」のであり、「徹底糺弾を恐るゝ前に速に来りて運動の真意」への理解を求め、「進んで人類共愛国家的この運動の為精神的援助する」よう訴えた。

さらに、九月四日に開催された第一一回県連拡大執行委員会の様子が掲載された。「差別問題と経済問題」では、「検察官の差別問題」「西讃水平社青年同盟を作りし理由」「各無産運動と我々水平運動と合同して良きか悪いか」「香川県水平社大会を善通寺町で開催して貰い度い」「正業資金値下げの件に付き同人を喰物にする事件師を葬れ」が提案され、「同胞の紛糾問題に後援金を送れ」「香川県水平社大会を開け」の緊急動議があった。「各無産運動と我々水平運動と合同して良きか悪いか」では、資格審査委員の小林が「吾々水平運動は各無産運動の欲求運動では無い、単に人間礼賛平和の為めの運動だから絶対独立の侭行動する」、「同人を喰物にする事件師を葬れ」では、「融和問題を口にし、将亦水平社名を利用して商法する不貞商人有る故同人諸君聞き次第葬つて貰い度い」と述べた。無産運動、エセ同和行為とは関係せず、「因習的差別賤視の観念を打破し共存共栄相互扶助」の運動を行うとした。

県水平社は、部落に対する賤視観念を問題にしつつも、「真の挙国一致国民合体の意識」により差別観念を克服しようとする、戦時下の国民一体論的な考え方を表明し、恐慌下における香川の部落の厳しい経済状態からの脱却を求め、「経済の自由と職業の自由」の獲得を訴えたのである。

一九三二年当時、県内部落の「生活程度」は、「中」二八、「下」二〇（『融和事業研究』四一号、昭和一二年）であった。「香川の如き各職業中行商に従事するもの最も多く」、「従業戸数に於いて五割以上の多数に及」んでいた（中央融和事業協会『部落産業の経済概況』、一九三二年）。中央融和事業協会が調査したある二つの部落の平均資本と一日平均収入はそれぞれ、「古物行商」七〇銭、二〇銭、「雑貨行商」三〇円、七〇銭、「呉服太物行商」一五〇円、一円で、「仕入方法は現金引取を主とするも、資本少なきもの」は「商品を一先ず借入れ、売却後支払をなす」と、零細で不安定な経営が生活を苦しめていたのである。

創刊号から第四号までしか確認できないものの、一九三四（昭和九）年六月一〇日に創立二周年記念講演会が催されており(『香新』昭和九年六月一二日付)、毎月発行されておれば少なくとも一四号を数えたはずである。

五　高松結婚差別裁判糺弾闘争と県水平社再建

(1)高松結婚差別裁判糺弾闘争

一九三二(昭和七)年一二月二三日、鷺田村の青年二人が「誘拐容疑」で逮捕された。翌年五月二五日の公判では、白水《しろうず》勝起検事が「特殊部落民でありながら自己の身分を秘し」て女性を誘惑したと論告し、懲役刑を求刑したのである(「高松地方裁判所差別糺弾闘争ニュース」第一号、昭和八年七月二五日)。

二人の住む部落に衝撃が走った。二人は水平社員ではなかったが、五月二六日、支部で緊急役員会が開かれた。徹底糺弾すべきだとする強行派と抗議程度にとどめておこうとする穏健派に分かれ結論が出なかったため、県水平社に方針を決定してもらうことにした(内務省警補局保安課『特高月報』(以下、『月報』)昭和八年七月分)。県水平社は二八日に執行委員会を開いたが、支部を中心とした強硬派と穏健派である県水平社幹部が対立して意見をまとめることができなかった。以後、数回にわたって協議したが、結論の出ないまま、六月三日、二人に有罪判決が下され、そして、控訴期限である六月一〇日も過ぎてしまったのである。

支部は、全水総本部に航空便で応援を依頼した(「史料紹介・高松地方裁判所検事局差別事件/闘争日誌」『水平社博物館研究紀要』二二、二〇二〇年。以下、「全水日誌」)。吉武浩太郎、北原泰作、井元麟之ら全水幹部が相次いで来県し、徹底糺弾の方向で闘争方針を定めようとした。三〇日に支部糺弾闘争委員会が確立、七月二日の支部実行委員会では闘争の組織化、各部落での座談会の開催、基金活動、部落総会の開催が決定された。これらの闘争は、水平社員だけでなく部落住民すべてを巻き込んだ大衆闘争として差別撤廃に取り組もうとする、第一一回全水大会で決議された部落民委員会の活動をもとに進められた。讃岐昭和会も調停に入ったが、差別する気持ちはないとする白水検事の釈明と融和講演会の開催という解決案であったため、支部は納得せず、すぐさま拒否した（『年鑑』昭和八年版）。

県水平社は六月二八日に執行委員会を開き、検事局に対する糺弾闘争を決議し、藤原喜三太他一二名からなる対策委員会を設置することにした。七月五日、対策委員会が開かれたが意見がまとまらず、藤原と各部落の代表者、全水総本部代表による八名で実行委員会を開くこととなり、七月一四日の実行委員会でようやく闘争方針を決定した（『月報』昭和八年七月分）。

全水総本部は、藤原喜三太や上田親賢ら県水平社幹部を融和事業関係者とともに闘争の切り崩しと妨害を図る「ダラ幹」「スパイ」と位置づけ、香川の闘争から遠ざけるため大阪に招いた。七月一五日、藤原は大阪に向かったものの、その意図を知ってか、七月一八日、何も告げずに香川に帰った（「全水日誌」）。

七月二八日に開かれた香川県部落代表者会議に、藤原ら県水平社幹部は二〇余名を連れ、会議を混乱させて徹底糺弾の闘争方針を覆そうとした。支部はこれに対抗して青年を動員したため、会場は険悪な空気に包まれた。議長の泉野利喜蔵は全水総本部で相談するとして帰阪した（『月報』昭和八年七月分）ものの、全水総本部はあくまで徹底糺弾の方針を変えることはなかった。藤原・上田らは、水平社運動の純化を主張して演説会を開く動きを見せた（『月報』昭和八年八月分）。上田は、日本水平社傘下の全関東水平社が始めた五・一五事件被告減刑運動に呼応し、一八〇余名が署名した嘆願書を海軍大臣に送った（『月報』昭和八年一〇月分）。

八月二六日の香川県部落民大会には、二〇〇〇人の参加者が集まるなど、闘争は激しさを増した。この前後には県内各地で大会や演説会が開かれているが、演説に対して警察官から「注意」、「中止」の命令が相次いだ。八月二八日、大阪市天王寺公会堂で開かれた全国部落民大会には、香川から一〇名が参加し、全国遊説隊の四国地方弁士として中村政治（正治）他四名が選任された。八月三〇日の常任全国委員会では、宣伝隊が組織されることとなり、松本治一郎、北原泰作らとともに、香川からは中村、松本甚七、山本久松が四国地方の弁士となり各地を回った。一〇月、福岡を出発して東京へ向かった全国請願行進隊には、鹽田正雪、朝倉武雄が大阪で合流した。

⑵香川県水平社壊滅

一一月一六日、行進隊は解散し、各地方で報告演説会を開いて闘争の経過と今後の闘争方針を宣伝する、第二次の行動に移った。岡山から香川へ入った朝倉武雄ら弁士一行は、一一月二五日、鷺田村の公会堂で聴衆三〇〇余名を前に報告演説会を開いた。朝倉の弁論は次第に過激になったため、会場にいた警察官は「中止」を命じた。しかし、聴衆は納得せず騒ぎ出したために、さらに「解散」を命じた。火鉢の灰が飛び、突然電灯が消えた。そして、誰かが投げつけた下駄が警察官に当たり、全治一週間のケガを負った（『月報』昭和八年一一月）。

軽傷ではあったが、高松警察署はこれを重大な事件として、容疑者の逮捕を決定した。一一月二八日午前四時、警察官六〇名が集合して、トラック二台に分乗した。サイドカーに先導させて鷺田村に到着し、眠りも覚めやらぬ六時から七時半までの間に一八名を逮捕した。また、警察官三〇名を残して万一に備えるというものものしい逮捕劇であった（『香新』昭和八年一一月二九日付）。その後も逮捕は続き、傷害罪、公務執行妨害罪、治安警察法違反容疑で六一名が逮捕された。朝倉も演説会のため移動していた大川郡で逮捕された。六一名中、起訴されたのは五名だけに留まったものの、部落住民に大きな衝撃を与えた。一二月六日、支部は水平社脱退を表明して解散し、一二月一〇日、部落内の融和運動関係者を中心に融和団体黎明会が発会した（『香新』昭和八年一二月一二日付)。発会式には水平社運動から融和運動に転向した六名が出席し、激しい活動をしたことへの反省の弁を語っている。高松地方裁判所は、「この事件は、家庭環境、当時の状況から同情すべきものがあり、また、被告だけでなく部落全体が『善き道に』転向した」(『香新』昭和八年一二月二七日付)と評価して、五人に執行猶予付の判決を下した。

大逮捕劇のもととなったこの報告演説会では、鷺田村のもう一つの支部からの参加者が「闘争が『取締官憲』に対する抗争となり、真の闘争目的を見失ったため何等の効果ももたらさない。これまでの闘争を反省し自覚すべきである」(灘本昌久「高松差別裁判糾弾闘争をめぐる香川現地の動きについて」『京都部落史研究所報』四〇、一九八一年)との発言があった。当事者二人の仮釈放、白水検事の転任など、現地では当初の目的を達し、事態を収めたい空気が広がりつつあったように考えられる。全水総本部は実情把握のため米田富を派遣したが、警察署から厳重注意を受けて帰阪した。以降、全水総本部の香川への関与もなくなった。

一九三四年一月一五日、各警察署の特別高等警察主任会議で、差別発言への積極的指導と、水平社の糾弾闘争への徹底取締が指示された(『朝日香川版』昭和九年一月二〇日付)。これを境にして、わずか半年ほどの間に支部は相次いで脱退、解散し、融和団体が設立されていった。「警察署から形だけ脱退したようにしてほしいと頼まれた」との証言もあるが、圧力が相当なものであったことは想像に難くない。

(3)県水平社再建と中村正治

全国では高松結婚差別裁判糺弾闘争への情熱はまだまだ高かったが、香川は県水平社の再建が課題となった。一九三四(昭和九)年二月八日の鷺田村での座談会では「青年水平社同盟」の再建が可決されたものの、高松警察署高等主任から全水総本部と提携するものは検束すると脅され、帰宅を促された。最後まで残り警察官・黎明会員二五、六名に対抗した四名は村の平和を破る少数者として弾圧されたことを、その場に残り深夜に検束された三人が連名で松本治一郎全水委員長に宛てた（松本治一郎資料。以下、松本資料）。また、三豊郡の一村と綾歌郡の二村の有志が再起をめざしており、まず鷺田村を盛り立てる予定であるが、連絡を取れるのは中村正治のみとも伝えている。

一九三四年一月の全水中央委員会に出席した中村は、県水平社事務所とするために家を借り、県内各地を奔走した。しかし、資金難は如何ともしがたく、松本委員長に「トウシヤバン《謄写版》」の譲渡を依頼し、また、事務所とした借家の売却を言い渡されたため、購入資金の融通を懇願している（松本資料）。

図５　中村正治　部落解放同盟第13回定期大会（1957年12月6日）。松本治一郎（前列中央）の右が中村。（部落解放同盟坂出市連絡協議会提供）

一一月に開催された県水平社確立準備委員会には一四名の代表者が集まり、「規約改正の件」「高松地方裁判所差別事件糺弾闘争の件」「応急施設費ハ廃止反対、地方改善費増額要求の件」「総本部維持費の件」「役員選挙の件」「ニュース発行の件」「財政部確立の件」などが協議された。特に高松結婚差別裁判糺弾闘争では、「白水検事が福知山裁判所に転任したり」「両名が仮出獄したことによつて解決したものでなく××××を取消して、記録中の差別字句を取消す迄」続けることが確認された（『水新』第二号、昭和九年一二月五日付）。委員会事務所は引き続き中村の所に置くことになった。委員会では高丸大造が議長となり議事を進行しようとしたが、高丸岸郎の報告が「中止」され、代わった高丸（大）も同様で議場は緊張したが、中村が議長となって最後まで協議している（松本資料）。

一九三五年二月、鷺田村とある村の支部再建大会開催を試みた。鷺田村では事前に情報が漏れて十二名が検束され、中村は警察署の監視から逃れるために両村ともに入ることができなかった。しかし、松本委員長から届けられた謄写版を使って「県連再建準備闘争ニュース」を発行し、三月二四日には県水平社第一回委員会を開催した。前月成立した支部と他三村から一二名が出席（鷺田村三名は欠席）し、委員長に中村、執行委員に高丸岸郎、山田良文他一名を選任した（松本資料）。「差別糺弾方針確立ノ件」では「糺弾斗争ノ意義」「如何斗争スベキカ」、「全国第十三回大会開催の準備活動ノ件」、「佐藤清勝並に萬朝報社糺弾ニ関スル斗争」が協議され、「香川県聯大会」を八月中旬に坂出で開催することを決した。「水平青年同盟」は、二三日に中村が支部長となって「結社届」を出した。二〇名ほど集まったが、弾圧を避けるために二名で届け出たそうである（以上、松本資料）。五月の第一三回全水大会（大阪）で、中村は香川の情勢と、秋に四国大会を挙行することを報告した（『水新』第八号、昭和一〇年六月五日付）。しかし、県水平社大会が開催されることはなく、四国大会も高知の水害を理由に断念した（松本資料）。

第一三回全水大会には、県水平社名で祝電が送られている。また、中村の村では一九三六年三月に支部再建大会を開催することが伝えられた（松本資料）。しかし、表6のように、一九三九年・四〇年に水平社が三計上されるのみで、警察は個人的な活動との認識であったと考える。

中村は、一九三四年から一九三九年まで全水中央委員を務め、一九四〇年一二月の全水拡大中央委員会にも出席した（『全水大会告知』）。一九三七年には、高丸（岸）とともに全水中国・四国協議会結成準備委員に選任され、一九三八年の第一五回全水大会（大阪）では、融和団体責任者の

表6　四国の全国水平社団体数

年	徳島	香川	愛媛	高知	他の水平運動団体
1929	1	13	15		高知3（日本水平社）
1930	1	13	13		
1931	2	13	11		愛媛1（その他）
1932		12	11		
1933	3	11	11		
1934	7		11		愛媛1徳島1(その他)
1935	10		11		
1936	6		11		
1937	13		10		愛媛1（その他）
1938	15		9		
1939	15	3	9		
1940	15	3	8		
1941	15		4		高知1（大和報国会）

『社会運動の状況』各年次により作成。空欄は記載なし。『社会運動の状況』によれば、1930年～1933年の全水内の勢力分野は、県水平社と徳島県水平社は全水総（旧）本部派、愛媛県水平社は旧本部派（1930～1931）、中間派（1932）、解消派（1933）に属した。

差別事例を報告し、差別問題の根本的解決を訴えている。一九四〇年一一月に開かれた大和《たいわ》報国運動(一九四一年八月、大和報国会と改称)発足大会にも出席した。そして、一九四二年一月、全水は「言論・出版・集会・結社等臨時取締法」による団体認定の届け出をせず、法的に解消した。四月には大和報国会も解散して、戦前の水平運動は終わりを告げた。

終戦後、第八九回帝国議会衆議院本会議で、松本治一郎は部落差別解消のために華族制度を廃止するよう訴えた(一九四五年一一月三〇日)。そのなかに、数日前「香川県水平社支部」から差別事件が起こったとの電報を受けて応援を送ったこと、高松市で開催された通信院の貯蓄奨励講演会において、講師が現在の日本の国際的地位を「世界の『えた』村の如し」と表現した差別発言事件であったことを述べている(「第八九回帝国議会衆議院本会議第四号」)。電報の送り主は、高松闘争以降の活動や松本と個人的にも親交があったことから、中村ではなかったかと考えたい。

一九四六年八月一日、中村の村に部落解放委員会支部が結成された。中村の強い勧めによるものと伝えられている。

【主な参考文献】(文中、引用を除く)
第五一回全国人権・同和教育研究大会香川県実行委員会編『記念誌』、一九九九年
香川県人権・同和教育研究協議会編『香川の部落史』、二〇一二年
山下隆章「香川における高松差別裁判糺弾闘争—香川県水平社は如何に闘ったか—」『しこく部落史』五、二〇〇三年
山下隆章「高松結婚差別裁判と香川県水平社」『水平社博物館紀要』六、二〇〇四年
山下隆章「全国水平社香川県支部連合会と融和運動」『部落解放研究』一五八、二〇〇四年
山下隆章「全四国水平社第二代執行委員長高丸義男」『部落解放研究』一六〇、二〇〇四年

山下隆章「普通選挙と香川県水平社」『部落解放研究』二〇四、二〇一六年

愛媛県の水平運動

水本　正人

はじめに

本稿では「愛媛の水平社から全四国水平社へ、さらに全国水平社へ」と展開する。その訳は、大きな流れをまず踏まえて、その上で、その都度、愛媛の水平運動を折り込んでいくことで、四国との繋がり、全国との繋がり、さらには水平運動の変化を明らかにすることが出来るのではないかと思ったからである。

キーワードとして、「解放令」「一視同仁」「人間主義」「自力主義」「同盟休校」「無産運動」「農民組合」「ボル派」「アナ派」「団結」「階級闘争」「衡平社」などを揚げておく。

注意として、「ボル」は「ボルシェビズム（共産主義）」「ボルシェビキ（共産主義者）」の略。「アナ」は「アナーキズム（無政府主義）」「アナーキスト（無政府主義者）」の略。

それから、文中の「資料」は、よく知られているものであるから、筆者が読みやすくしている場合がある。そのときは、必ずその旨を書いている。「史料」は、大半の人が知らないと思うから、原文で示している。

一　愛媛の水平社

(1)概要—人物を通して—

一九二三（大正一二）年四月一八日に、愛媛で最初となる水平社を拝志村に設立して、初期の水平運動を担った功労者である松浪彦四郎（一八九五〜一九八六）は、愛媛新報の記者でもあったから、『愛媛新報』（憲政会系の機関紙）の紙面に、水平運動について多くの記事を書き、社会に水平運動の理解・協力・賛同者を増やす一方、「私達は我々部落民に対して不合理な理不尽な差別的待遇をなし賤視観念を有する者に対しては、たとえそれが社会主義者であろうが、共産主義者若しくは無政府主義であろうが、資本階級又は貴族階級であろうが、官吏であろうが何であろうが飽迄戦う」と決意を記している。

しかし、松浪彦四郎は、一九二五（大正一四）年二月一三日の宇摩郡東部水平社発会式に出たあと、東京へ移住して、愛媛の水平運動から離れた。

松浪彦四郎が去ったあと、愛媛の水平運動の中心を担ったのは、徳永参二（一八八三〜一九三五）である。徳永参二は、全四国水平社執行委員長や全国水平社中央委員などを歴任して、全国水平社と朝鮮の衡平社との交流の橋渡し役をこなすなど重要な役割を担ったが、「天皇の赤子論」と「日本社会主義同盟のメンバー」という相容れない二つの思想を「我が物」にしていた。愛媛において特筆すべき徳永参二の活動は、一九二九（昭和四）年一月に取組んだ「松山連隊差別事件」である。徳永参二を中心に県水平社は、松山憲兵分隊長に申し入れをし、差別発言をした上等兵に謝罪させ、かつ連隊長自らが各中隊へ「差別事件が起こらないための訓辞」をすることを以て事件を解決した。徳永参二の一九二八・一九二九年頃の活動は目を見張るものがあった。しかし、一九三三（昭和八）年以降、徳永参二は水平運動から姿を消した。

愛媛の水平運動を牽引した松浪彦四郎と徳永参二が去ったあとも、愛媛の水平運動は涸れずに残り、一層左翼化していく。ただし、県水平社としての運動は出来ず、中予（松山など）・南予（大洲・八幡浜・宇和島など）と東予（今治・壬生川・西条・新居浜・三島・川之江など）にわかれた水平社支部中心の運動になっている。

中予・南予で中心を担ったのは、小林実（一九〇四〜一九九二）である。一九三二（昭和七）年に起こった「郡中村の村長の差別発言」の対応の仕方によく現れている。小学児童の同盟休校を無期限に実行して、要求を実現している。単に、村長に謝罪させて終わるのではなく、根本問題であった「農地をよくする」ことを実現し、村長を辞職させている。

その小林実のもとへ、一九三二（昭和七）年二月に、山下友枝（一九〇一〜一九七九）が訪れる。水平運動の教えを乞うための訪問である。山下友枝は、融和運動家も水平運動家も加入していた植村省馬の高知県自治団から運動の在り方を学んでいたから、小林実への訪問は最後の仕上げであったと思う。小林実への訪問から三年後、一九三五（昭和一〇）年三月一一日に、山下友枝は、愛媛県の融和団体である善隣会と関係を絶って、水平社岩松支部を立ち上げた。山下友枝は、一九三七（昭和一二）年三月三日に、東京で開催された全国水平社第一四回大会に、代議員として参加した。『海南新聞』は「荊冠旗を飾り　全国水平社大会開く　紅一点愛媛代議員山下友枝さん」と報道している。

戦後、山下友枝は、部落解放全国委員会中央委員（一九四六年）、部落解放同盟中央委員（一九五五年）、部落解放同盟愛媛県連合会委員長（一九五九年）など歴任した。

一方、東予では、三島の西原佐喜一（一九〇五年〜没不明）、小松の林田哲雄（一八九九〜一九五八）、壬生川の矢野一義（一八九一〜一九八二）らがいる。

西原佐喜一は水平社青年同盟に属し理論家である。『大衆時代』（一九二六年）に「水平運動と資本主義」と題して、五度に分けて文章を載せている。一九三二（昭和七）年に、西原佐喜一は、部落問題研究所を宇摩郡松柏村に設立して、『四国平民新聞』を刊行する。その第一号（一九三二年一月一〇日付）で、「再組織のために　愛媛県水平社大会を開け！！　県下全水平社を動員して　融和団体の策謀をケッ飛ばせ！」（見出し）と訴えている。その訴えの中で、愛媛県水平社第四回大会（一九二九年）で執行委員に選ばれた者が、その後、県庁に入り、融和団体を組織したり、堀江村と潮見村の水平社支部が、それぞれ解散して融和団体を組織したりと、融和団体の策謀に怒りを発している。その後、西原佐喜一は東京に移住して、一九三五（昭和一〇）年に『部落問題の過去・現在・未来』を刊行した。

林田哲雄は、矢野一義をはじめ水平社の人たちと連携して、部落農民を基盤とした日本農民組合愛媛県連合会を創設し、小作人の「耕作権」確立を目指して、所有権優先を主張する地主と闘っている。林田哲雄にとって、農民運動と水平運動は不可分の関係にあった。

矢野一義は、高松差別裁判糾弾闘争を通じて、水平社愛媛県連再建の要求が高まったのを機に、自宅（周桑郡壬生川）で県連再建準備委員会を、一九三五（昭和一〇）年六月に開き、同年八月二二日に第五回水平社愛媛県連再建大会を新居郡氷見町で開催した。再建大会では、準備委員会で決まっていた「育英奨励費に依る高等小学生の授業料と学用品の獲得斗争」を一層進めることになった。この大会で、矢野一義は執行委員長に選ばれた。

小林実によれば、矢野一義はトツトツとした口調で演説する人で、「労働者・農民の連帯」「団結と統一」「一日八時間制」「週一回の休日」「農民の耕作権と年貢の引き下げを闘い取ろう」と訴えた。

しかし、日中戦争拡大で戦時体制が強化され、全国水平社は最後の大会を迎える。

一九四〇（昭和一五）年八月二八日に、東京において開催された全国水平社の最後の大会である第一六回大会で、矢野一義は中央委員に選出された。

愛媛県では、特高資料の『社会運動の状況』によれば、一九四一（昭和一六）年の記録に「全国水平社愛媛県連合会の支部四、加入人員三三一名、中心人物矢野一義」とあり、これが水平社に関する最後の記録である。

⑵資料から

資料① 愛媛の水平社支部

一九二三（大正一二）年 四月一八日 全国水平社拝志支部発会式（温泉郡拝志村）
同 年 四月二三日 拝志村に愛媛県水平社本部を置く。
同 年 四月二五日 温泉郡小野村水平社支部創立準備会
同 年 四月二六日 八幡浜地方に水平運動波及→支部設立実現せず
同 年 五月 三日 伊予郡南伊予村に水平社支部設立
同 年 五月一五日 温泉郡荏原村水平社支部設立
同 年 八月二四日 温泉郡久米村水平社支部設立
同 年 九月二〇日 宇和島市に水平社南予支部設置計画→失敗
同 年一〇月一八日 周桑郡徳田村水平社東予支部設立
同 年一一月 二日 越智郡桜井町に水平社越智郡本部設置
同 年一一月一〇日 松山市持田支部設立
一九二四（大正一三）年 二月 七日 越智郡乃万村に水平社支部設立

同　年　二月二〇日　周桑郡壬生川町に水平社壬生川支部設立
同　年　七月一七日　新居郡氷見町で水平社講演会。八月中旬に氷見支部設立予定
同　年　七月二四日　温泉郡堀江村に水平社堀江支部設立
同　年　九月二二日　温泉郡潮見村で水平社支部発会式
同　年　九月二八日　越智郡大井村に水平社支部設立
一九二五（大正一四）年　二月一三日　三島町大山座で宇摩郡東部（三島以東）水平社発会式
同　年　六月　一日　水平社今治支部創立（今治市別宮）
同　年一二月　八日　南宇和郡城辺町に水平社支部設立
一九二七（昭和　二）年　二月二一日　宇摩郡松柏村で水平運動暴圧反対四国協議会準備委員会を開催。
一九二九（昭和　四）年　三月一〇日　温泉郡北吉井村に水平社支部結成
同　年　七月　七日　水平社喜多郡支部発会式（水平社大洲支部）
同　年　八月　九日　喜多郡菅田村に水平社支部設立
一九三〇（昭和　五）年　二月二三日　宇摩郡三島町に水平社支部設立
同　年一一月一一日　温泉郡正岡村に水平社支部設立
一九三五（昭和一〇）年　三月一一日　北宇和郡岩松町に水平社支部を組織

一九二三（大正一二）年から一九三〇（昭和五）年までは順調に水平社支部が増えていったが、一九三一（昭和六）年から一九三四（昭和九）年の間は水平社支部が一つも設立されていない。これは、全国水平社で「水平社解消論」が出たことや、徳永参二が水平運動から去っていったことなどの要因によるものと思われる。因みに、

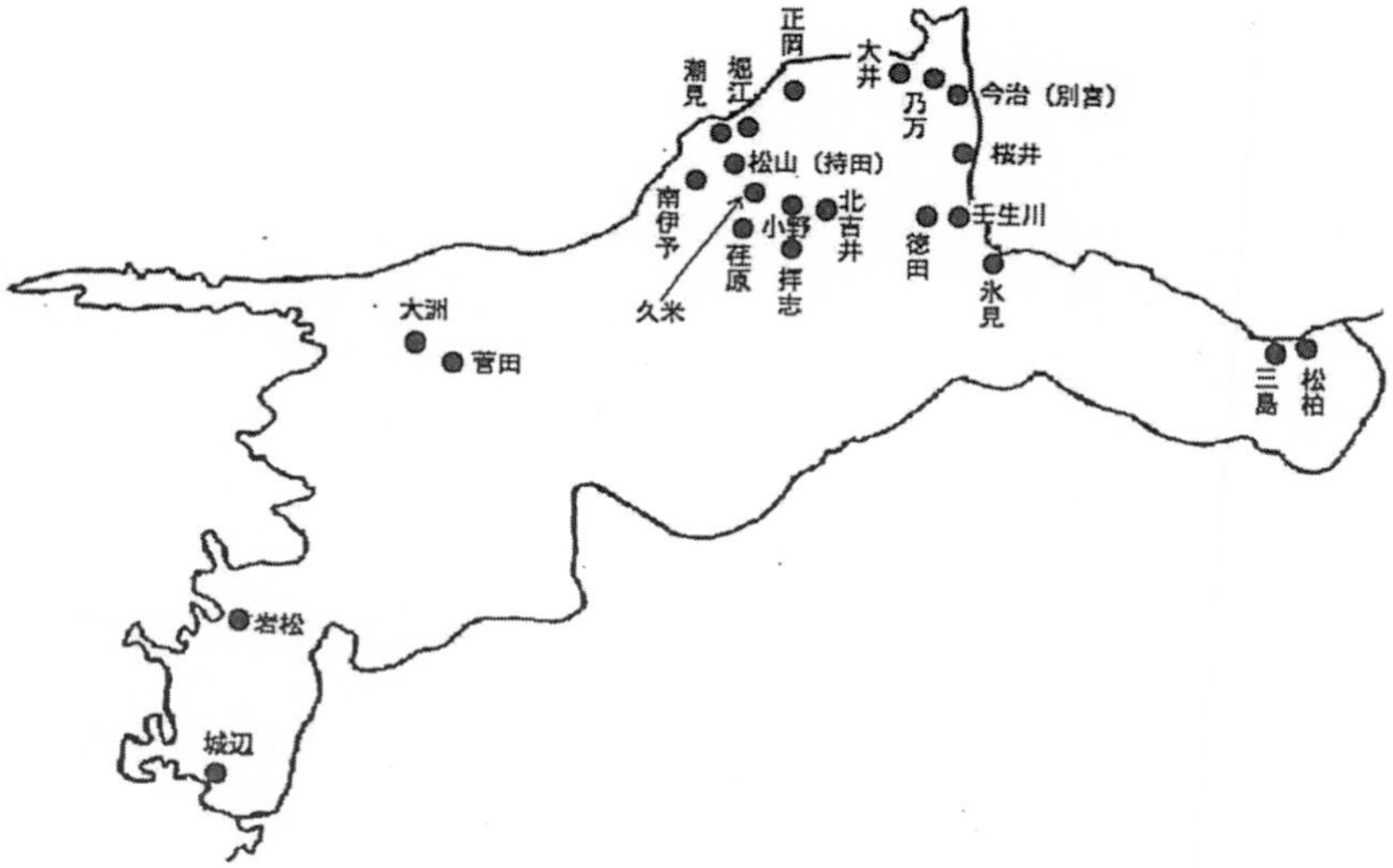

愛媛県水平社支部地図

特高資料の『社会運動の状況』によれば、愛媛の水平社は「全国水平社の解消派に属し」（一九三三年一二月末現在）とある。

ところが、高松差別裁判糾弾闘争が起こり、この闘争は全国的に広がり、愛媛でも最初に、周桑郡壬生川町、宇摩郡川滝村、温泉郡拝志村の水平社の人たちが立ち上がった。また、小林実などの闘いもあったが、愛媛県水平社はこれらを有効に組織する力がなかった。

この反省と、高松差別裁判糾弾闘争の影響を受けて、水平社愛媛県連再建大会を実現し、愛媛県水平社の再スタートが始まった。ただ、岩松支部の設立は、県連再建より五ヵ月ほど早い。全国水平社が直接に北宇和郡岩松町へオルグを派遣して、支部設立を支援している。因みに、『社会運動の状況』によれば、一九三五（昭和一〇）年一二月末現在の愛媛県の水平社は「支部一一、加盟者四三三名」とある。

資料②　愛媛県水平社支部地図

地図を見ると宇和島・八幡浜・新居浜が 水平社支部

の空白地となっている。

八幡浜は『愛媛新報』（一九二三年四月二六日付）の記事によると「西宇和郡八幡浜地方に水平運動波及のきざし」はあったが、それが実ることはなかった。

宇和島は『海南新聞』（一九二三年九月三一日付）の記事によると「水平社南予支部設置を声明、近く発会式の予定」であったが、これも実ることはなかった。

新居浜は、水平社の東予宣伝が浸透し、自修会（融和改善団体）等は危機感をもち、「水平運動に対する協議」（『海南新聞』一九二三年七月一三日付）を行い、その結果、水平社支部が設置されることはなかった。

資料③　愛媛と関わりが深い水平社大会

一九二三（大正一二）年四月一八日　温泉郡拝志村で、全国水平社拝志支部発会式
一九二四（大正一三）年九月二〇日　松山市三番町寿座で全四国水平社第一回大会
一九二六（大正一五）年一月一三日　今治市公会堂で愛媛県水平社第一回大会
　　同　　　　　　　年九月　五日　香川県観音寺町琴弾座で全四国水平社第二回大会
一九二七（昭和　二）年二月一三日　宇摩郡三島町で愛媛県水平社第二回大会
　　同　　　　　　　年三月　四日　松山市松前町朝日座で愛媛県中予大会。この大会は、県大会に準ずるものとして、愛媛県水平社第三回大会とカウントしている。
一九二八（昭和　三）年五月二六・二七日　京都市岡崎公会堂で全国水平社第七回大会
一九二九（昭和　四）年二月一五日　松山市一番町愛媛会館で愛媛県水平社第四回大会
一九三五（昭和一〇）年三月一一日　北宇和郡岩松町で全国水平社岩松支部設立

同　　年八月二二日　新居郡氷見町で第五回水平社愛媛県連再建大会
一九四〇（昭和一五）年八月二八日　東京芝協調会館で全国水平社第一六回大会

松浪彦四郎や徳永参二など愛媛の水平社の指導者は、まだ愛媛県水平社第一回大会の開催がなされないまま、いきなり全四国水平社第一回大会を開催している。愛媛県内の水平社組織を整えて、足元を固めてから進む、組織的な前進より、各個人の意欲や思いを重視した運動は、その指導者がいなくなると、当然、運動が下火になってしまう。そんな弱点を愛媛の水平社は内に抱えていた。

一九二四（大正一三）年九月二〇日の「全四国水平社第一回大会」は、まだ徳島県では水平社が結成されていなかった（増田智一の研究によれば、「徳島県の水平社は、一九二四年一二月二四日の加茂名水平社が最初」とのことである）から、「全四国水平社」と看板は掲げているが、実体は愛媛県・高知県・香川県の三県のみの大会であった。名実が伴なったのは、一九二六（大正一五）年の全四国水平社第二回大会である。実質、第二回大会が第一回大会ではないか、と思う。

一九二八（昭和三）年五月二六・二七日に開催された全国水平社第七回大会は、三・一五事件（一九二八年三月一五日に行われた日本共産党関係者の一斉検挙事件）で全国水平社からも逮捕者が出て、大変な大会であったが、全国水平社の中央委員であった徳永参二は、衡平社本部理事の出席を実現するなど、重要な働きをしている。この大会の後、同年七月の府県代表者会議を経て、「生活擁護闘争」が水平運動の核になっていく。

次の資料④について、『海南新聞』（一九二四年八月二一日付）によると、「壬生川町に揚った農民大会の烽!!水平社員と農民とより成る大会は今二十日午前十時開会熱弁を揮う」の見出しで、次のように報じている。ただし、読み易くするために、筆者が内容を整理している。

資料④　周桑郡壬生川町で水平社と小作人が農民大会

周桑郡壬生川町水平社員及び農民よりなる農民大会を、二〇日午前一〇時に壬生川町で開会。まず協議会を開き、議長と副議長を決めた。そして、次の三件を可決。

（一）農民の要求として、鉄道設置土地の売渡金全部の一割を、地主より小作に分与する件

（二）住友煙害賠償金額の使用明細を調査する件

（三）煙害交渉には、農民小作人より選定・調停し、小作人にもその一部を分与する件

続いて演説会に移る。林田哲雄氏は「農民運動の本質と根本問題」と題して、徳永参二氏は「農民運動と水平運動の提携について」と題して、各一時間にわたる熱弁を振るった。聴衆は約三〇〇人。

最後に、同地に「農民組合設置の件」を可決して散会した。

因みに、この席上、壬生川水平社支部長外執行委員数名は、この要求を貫徹することを誓約した。

水平社と小作人との関係がよく分かる資料である。水平社は、部落差別糾弾闘争だけではなく、農民との連携・支援をしている。また、全国水平社第七回大会（一九二八年五月二六・二七日）以降は、「生活擁護闘争」にも力を入れている。生活擁護闘争は、例えば、「小学生への育英資金の増額」を要求して、授業料と学用品を獲得する闘争などである。

二　全四国水平社―増田久江の訴え―

一九二四（大正一三）年七月一一日付の『愛媛新報』によれば、「十一日香川県で水平社大会、発会式と共に本県からも出席」の見出しで、次のように記している。ただし、筆者が読みやすくまとめている。

資料⑤　徳永参二・松浪彦四郎らのオルグ活動

愛媛県水平社本部はかねて四国大会を松山で開催する計画を立てている。その下準備として、徳永執行委員長・松浪同委員等数名で、六月中に高知・徳島の水平社を訪問して、提携をなした。香川県においては、まだ水平社がなかったが、その設置の仕方を助言して、いよいよ設立することになり、十一日に発会式をあげることになった。本県からも本部より執行委員長徳永参二外三名が、十日午後に香川県へ出向いた。香川県観音寺町で、発会式とともに大会を開くので、会場は観音寺駅前。（後略）

「六月中に高知・徳島の水平社を訪問」とあるが、増田智一の研究によれば、「徳島県における水平社結成は一九二三年（大正一二）段階の結成を完全に否定できないものの、四国各県よりはるかに遅れて一九二四（大正一三）一二月二四日結成されたことはほぼ間違いない」（増田智一著「全四国水平社軌跡」秋定嘉和・朝治武編著『近代日本と水平社』解放出版社、二〇〇二年刊）とあるから、徳永参二・松浪彦四郎らがオルグに入った一九二四（大正一三）年六月時点では、まだ徳島では水平社が設立されていない。もしかしたら、「水平社的なもの」（水平運動の動き）があったのかもしれない。

徳永参二・松浪彦四郎らの香川県・徳島県へのオルグ活動は、一定の成果があったが、四県参加の全四国水平社の実現を待たず、一九二四（大正一三）年九月二〇日に全四国水平社第一回大会を、徳島ぬきで愛媛・高知・香川の三県の水平社によって開催した。

第一回大会の様子を、『海南新聞』（一九二四年九月二一日付）、『愛媛新報』（一九二四年九月二一日付）、『愛媛新報』（一九二四年九月二二日付）、『水平新聞』（一九二四年一〇月二〇日付）を使って以下述べる。

大会の開催に先立ち、九月二〇日午前六時に三発の煙火を合図に、水平社同人一同は、七時半頃、相向寺に参集して、加藤拓川居士の墓に詣でて、九時半過ぎに「全四国水平社」「愛媛県水平社」と染め抜いた二本の旗を先頭に、「正義の聖戦に参加せよ」「全国三百万の兄弟団結せよ」「佳き日、祭壇に魂を捧げよ」「叩け鉄門は開かれん」等と大書した長旗を翻しながら、十数本の荊冠旗をかざして、石手川堤防を東上し、立花橋を渡って河原町に出て、湊町・大街道を過ぎて、会場である三番町寿座に繰り込んだ。

松山警察署は、多数の制私服警官を各所に配置して警戒した。

一〇時に開催。座長として松浪彦四郎が推され、指名で議長に徳永参二が決まった。

協議においては、「水平社第二期運動に関する件」「無産政党に対する態度決定の件」「社会運動取締法案に反対するの件」等の議案を審議可決し、「吾々は水平社未設の地方へ、巡回宣伝隊を組織して一斉に宣伝戦を開始する」外二項を決議した。

午後零時半より演説会となる。全国水平社本部から出席した西光万吉・米田富・南梅吉（中央執行委員長）をはじめ、奈良・高知・神戸・愛媛の代表や全国少年代表、全国少女代表の演説が行われた。愛媛の代表は徳永参二の娘である。これらの演説は「熱烈火の如き雄弁に二千の聴衆を陶酔せしめ、非常なる盛会裡に午後六時終りを告げた」と『水平新聞』は書いている。その中で、全国少女代表である増田久江（一三歳）の演説は次の通りである。ただし、筆者が『愛媛新報』の文章を読みやすくしている。（　）は筆者による。

資料⑥　増田久江の訴え

私は学校において、平常から（こう）いう事を先生から聞いております。「いかなる貧乏人の子でも、悪い事をしなければ善人である。また、立派な家に住んでいて絹の布団に寝ている金持ちの人でも、悪い事をすれば悪人である」と。

けれども、私たちの兄弟姉妹は、悪い事をしょうにも出来ない小さな子どもであっても、エタであるが故に、学校でも村ででも一般民の子どもと同じように遊んではくれないように、子ども等にまで差別的観念を与えなければならないのは、何故でありますか。

悪い事をしなくても、やはり悪い者のように排斥せられているではありませんか。

私には小さな妹があります。また、四つになる弟もあります。私の妹や弟たちは、まだ「部落民だ」ということを知りません。けれども、それがやがて一二・一三歳にもなって、今の私のように「自分はエタの子だ」と言って、世の中から排斥されているという事を知る頃には、冷たい世の中を見て、「どんなに悔やむだろう」と思うと、私は立っても居てもいられないのであります。

神様は私たちの何を咎めて、私たちをエタに生まれさせたか。神を恨む。仏を恨む。

しかし、まだまだ私たちのおじいさんやおばあさんは、子どもの時からもっともっと排斥されて来ただろうと思うと、立派な日本の国を「鬼の住む国だ」と思いました。

私たちは悪い事をしないでもエタであるが故に、世の中から排斥されなければならないという事を思うと、「学校へ行って立派な人間になれ」と聞いても、本気になっては、聞けないのであります。

「日本の国民は米国において排斥される」というて憤慨したり、騒いだりしているが、日本の国の中において六〇〇万の同胞が排斥されているではありませんか。

もし、日本が真に世界の一等国なら、私たちの叫ぶ水平運動にも、少し理解を持ってくれそうなものではないでしょうか。

皆さん、早く眠れる兄弟たちを揺り起こして、この間違った世の中を立て直させる運動に加わって下さい。

徳島県のある田舎に二人の姉妹がありました。親が病気にかかっていた時、そのお薬代も無かったので、姉妹は東京へ行って身売りをして、お金をこしらえた。その後、娘の孝心が天に通じたか、両親の病気は癒えた。娘は、東京で芸妓をしているうちに、ある大学生と親しくなって、卒業後、身請けをされた。男は、それから判事になったが、ある年、「妻の籍を入れる」と言い出し、一度、妻の郷里を訪れたが、その際、妻の里がエタであることを知って、「よくも俺をだました」と一言残して立ち去ったそうであります。

学問のある大学生や、人を裁く裁判官でも、こうして私たちを排斥するではないか。そうして、彼等は、私たち兄弟を精神的に殺しているではないか。

また、ある所では、学校へ行けば、除け者にされるために、学校を休んでお寺へ集まって勉強しておったので、本部の人が応援に行って解決したが、この有様をお寺へ行って見た人は、誰も泣かない者は無かった。

これは一体誰の罪か。これでも日本の国は有難い立派な国と言えるのでしょうか。

各地に起こる特殊部落民の排斥問題を見る度に、私たちは赤い血潮が煮えくりかえるような思いがいたします。

皆さん、こういう事が現在ある世の中において、私たち少年少女たちは、どうしたら良いでしょうか。泣いていたら良いのでしょうか。

「日本の国民がアメリカから排斥された」と言っては、アメリカに談判をし、損害賠償もとるじゃありませんか。それで、まだ効かなければ、兵隊も出すではないか。それなのに、国民一般は六〇〇〇万同胞に対しては、どうしているか。手も足も出ないように、縛っているではないか。

アメリカに対して、人種平等を叫ぶなら、まず同胞の手や足をほどいてやるのが、当然ではないか。畏くも、明治天皇は、私たち同胞から「エタという名を除けよ」とお命じになった。その御旨に背いて、我々六〇〇〇万の同胞を向こうに回して、軍隊まで出動させるとは、何のためでありますか。私たちの同胞は、どうしても自分で自分らを救わねばなりません。

私たち水平社の運動は、人類愛のためであって、決して争いのためではないことを述べて、この壇を降りるのであります。


増田久江の演説には、初期水平運動の人間主義の「人間の良識に訴える」人間への信頼がある。増田久江の演説を要約すると、「悪い事をしないのに排斥される。それでいいのか」「日本は欧米諸国から人種差別を受けて排斥されている。それを怒っているのに、国内の排斥を改めようとしない。それでいいのか」「学問のある人でも、相手が部落民と分かると排斥する。学問は人間を作るためにあるのではないか」「明治天皇は、部落民から賤称を除けとお命じになった。でも、その御旨に背いている」「水平運動は、人類愛のためであつて、決して争いのための運動ではない」など素朴ではあるが、核心をついた説得力のある演説である。

しかし、「差別は、体制によって生み出されている」という考えが広まっていくと、水平運動は体制を変える運動へと変わっていく。それに伴って、増田久江の出番はなくなっていった。

全四国水平社第一回大会を振り返って、『海南新聞』は、「言論　水平大会　悲痛なる宣言と其の運動の内容」と題して、「今次の全四国水平社大会が、秩序井然として紊れず、統一あり、而もその運動の内容が、幸いに確実性に富み、而して其れ等の指導者が、人格主義を常に高唱する人々である点に於て、多くの恵まれたる将来を有つことを疑はない」と記し、結びとして「全四国水平社大会が、確乎たる主義精神の上に基礎付けられたる一事を見て、深くその運動に敬意を表するものである」と、政友会系の新聞ですら好意的に書いている。

徳永参二は、この大会を経て、全四国水平社執行委員長（『愛媛新報』一九二五年二月一七日付に「四国水平社執行委員長徳永参次（（ママ））」の記述がある。また『海南新聞』一九二六年一月一四日付にも「四国水平社執行委員長徳永参次（（ママ））」とある）として、活躍の場が四国全体に広がった。

さらに、『水平新聞』一九二六（大正一五）年三月一五日付によれば、四国連合会として徳永参二は、全国水平社中央委員に選ばれ、第三回中央委員会（一九二六年二月二五日に、大阪市北区船場町の本部において）に出席している。これ以後の徳永参二は目を見張る活躍をする。

この項の最後として、注意すべきことを書いておく。

全四国水平社第一回大会（一九二四年九月二〇日、松山市において）以後、徳永参二は全四国水平社執行委員長になるが、全四国水平社第二回大会（一九二六年九月五日、香川県観音寺町において）以後は、香川県水平社の高丸義男が全四国水平社執行委員長になる。高丸義男は、翌年の一二月二日に愛媛県の今治市長を訪問している。『海南新聞』一九二七（昭和二）年一二月三日付によると、「一二月二日に四国水平社執行委員長高丸義男が今治市長を訪問した（要約）」とある。しかし、高丸義男は「四国水平社執行委員長」と語ったが、その資格はすでになかった。

『水平新聞』一九二七（昭和二）年一〇月一五日付によると、高丸義男は、一九二七年八月二〇日の香川県水平社拡大執行委員会において、「知事とグルになって反動団体公正会を組織した」として、香川県水平社を除名された、とある。

高丸義男が香川県水平社を除名された後、徳永参二が再び全四国水平社執行委員長になった。一九二八(昭和三)年二月二〇日の普通選挙で、労働農民党第二区候補者小岩井浄を応援する「全国水平社執行委員長　松本治一郎」をはじめ八名の名前が載った「水平社関係資料」に「四国水平社執行委員長　徳永参二」とある。

三　全国水平社—徳永参二の活躍—

(1)激動の時代・福岡連隊差別糾弾闘争

徳永参二が全国水平社中央委員なる前後は全国水平社にとって「激動の時代」であった。徳永参二は全国水平社第四回大会(一九二五年五月)で中央委員に選ばれる(『写真記録　全国水平社』解放出版社、二〇〇二年、八〇頁)。一九二四(大正一三)年一〇月、「遠島哲男スパイ事件」が発覚して、南梅吉委員長以下幹部が総退陣し、全国水平社青年同盟派が主導権を握り、南梅吉・平野小剣らは全国水平社本部から去っていった。

また、一九二六(大正一五)年から一九二八(昭和三)年にかけて、福岡連隊差別糾弾闘争が展開された。この闘争は全国闘争に発展していく。しかし、松本治一郎(全国水平社中央委員会議長)・木村京太郎ら十数名が「福岡連隊爆破陰謀」として、一九二六(大正一五)年一一月一二日に逮捕されてしまう。以後、この闘争は公判闘争として展開されたが、一九二八(昭和三)年一二月一〇日、大審院の上告却下判決により松本治一郎の有罪が確定した。松本治一郎は、一九二九(昭和四)年五月一〇日に入獄し、一九三一(昭和六)年一二月二六日に出獄した。松本治一郎は、未決拘置期間を含めて、約三年半獄中（徳川事件を含む）で過ごした。

さらに、一九二八（昭和三）年三月一五日に行われた日本共産党関係者の一斉検挙事件（三・一五事件）で、西光万吉・松田喜一・木村京太郎らが逮捕・起訴された。木村京太郎は、「福岡連隊爆破陰謀」の刑と合わせて、一九三五（昭和一〇）年九月まで獄中にあった。

このような状況下で、徳永参二が中央委員として活躍できるのは「福岡連隊差別糾弾闘争」に関わり、全国闘争へ持っていくこと。「遠島哲男スパイ事件」や「三・一五事件」は、徳永参二がどうこう出来る事件ではない。

徳永参二は四国連合会の代表であるから、「福岡連隊差別糾弾闘争」応援の輪を四国の中で広げていくことになる。無論、その先頭に立つ。

一九二八（昭和三）年に松山に帰って来た小林実は、『えひめ解放戦士の面影を追って』（一九八四年）の「徳永参二」の項で、徳永参二は「一九二六年　福岡連隊差別糾弾闘争四国の隊長となって活躍した」と書いている。

一九二七（昭和二）年二月一三日に、宇摩郡三島町エビス座で開催された第二回愛媛県水平社大会で、議題として「福岡連隊事件応援の件」を挙げ、担当者の説明のあと、徳永参二が補足説明をして、可決し、檄文起草を西原佐喜一・外一人に委ねている。

さらに、一九二七（昭和二）年三月四日に、松山市松前町朝日座で開催された愛媛県中予大会（第三回愛媛県水平社大会にカウント）でも、「福岡連隊事件応援の件」が取り上げられていて、全国水平社本部理事の木村京太郎、愛媛県水平社執行委員の西原佐喜一が順に立って、「軍隊に於ける差別待遇撤廃」を力説している。

『大衆時代』（一九二七年三月一一日付）は、「福岡連隊事件に就いては労農党福岡支部連合は弾圧を排して闘っている。本県の水平社も近く本部から弁士の派遣を乞うて各地に就て福岡連隊事件真相発表演説会を開き、議会に対し連隊内の差別撤廃、暴力取締法撤廃の請願をなし、結局階級的に深化しつつあるブルジョア議会の解散を要求するに至るであろう」と書いている。

「福岡連隊事件応援の件」では、徳永参二と西原佐喜一が中心となって活動している。松山地方裁判所管下の「社会運動の概況」（一九二九年七月）に、「昭和二年三月四日松山市に開催せる中予水平社大会に於ては徳永参二、西原佐喜一等主唱の下に労農党支持を可決し、政治斗争に進出せんと画策しつつあり」とある。

(2) 衡平社《ヒョンピョンサ》との交流①—徳永参二、衡平社第六回全朝鮮大会に出席—

一九二七（昭和二）年五月に開催予定であった第六回全国水平社京都大会は、アナ派の抵抗にあい、延期になり、同年一二月三・四日に広島市畳屋町の寿座で開催された。

徳永参二は、弟の徳永金時が広島市に居住していたから、そこを足場に、第六回全国水平社広島大会を成功に導くために、中央委員として精力的に活動したものと思われる。

一九二八（昭和三）年になると、広島市からの地の利も関係したと思うが、徳永参二は全国水平社の代表として、一九二八（昭和三）年四月二四～二六日まで、京城府慶雲洞の天道教堂内で開催された衡平社第六回全朝鮮大会に出席して祝辞等を述べている。

以下の史料①～史料⑤は、朝鮮の京城鍾路警察署が記録したもので、『朝鮮衡平運動史料集』（解放出版社　二〇一六年）に載っている。

まず第一日目の徳永参二の祝辞を取り上げる。

史料①　第一日目の徳永参二の祝辞

拍手裡ニ登壇

遙カニ玄海灘ヲ渡リ朝鮮衡平社ノ諸兄弟ト顔ヲ合ハスルコトノ出来タルモ喜フ自分一人ノ喜ヒニ止マラス日本水平社同人トシテ涙ノ出ル程嬉シイ此ノ永イ間吾々同人ノ歴史ハ実ニ血ト涙テ綴ラレタル真暗ナモノテアッタ。（此時最初ヨリ通訳ヲ誤リテ出発セル朴世淑ハ故ラニ虚偽ノ通訳ヲ為シ煽動的ニ亘リタルヲ以テ通訳ノ中止ヲ命ス）ソシテ血ト涙デ色彩セラレタル惨酷ナル生活ハ徳川三百年来踏襲シ来タリ非立憲的（中止）

通訳の朴世淑《パクセスク》は李東煥《イドンファン》（本名は李同安《イドンアン》）の妻である。通訳が正確でなかったようで、この後の徳永参二の通訳は李東煥が務めている。李東煥は書記長でもある。

朴世淑がなぜ「虚偽ノ通訳」をしたのか、理由は分からない。ただ、正確な通訳であったとしても、前半の海を渡って朝鮮へ来た感慨深さは朝鮮の人たちに伝わっただろうが、後半の「徳川三百年来踏襲シ来タリ非立憲的」の部分は意味が伝わったかどうか疑問だ。第一日目に、もう一度、徳永参二の出番があった。「水平社ノ情勢報告」である。拍手を受けて登壇した徳永参二は、次のように語った。

史料②　徳永参二の「水平社ノ情勢報告」

日本全国水平社ハ生レテ以来七ヶ年ノ星霜ヲ経タ其ノ間各種ノ迫害ヤ迫圧（圧迫）ニ遭遇シタルモ三百万ノ水平社員ハ血ト涙テ堅キ握手ヲ結ヒツ、今日ニ来タ其ノ闘争ハ吾々個人ノ為メニ非ラス吾子孫ノ為メ吾々ノ闘争ハ偉大ナル力ヲ現ラハシタ其間誤謬ガアリ又誤解ガアリ特ニ第三回全国大会ニハ指導方針ヲ誤リ分裂ヲ生シ種々ノ個人的糾弾トナリ、各種ノ弊害ヲ生シ為メニ懐柔政策買収政策等ニ左右サレ悪戦悪闘ノ末ハ方向転換トナッタ而シテ各地ニ一ツノ問題ヲ生スレバ中央部ニ於テ徹底的ニ調査シ其ノ結果ヲ全国水平社ニ激（徹）シ三百万ノ社員カ一丸ト団結シ解決セシメテ来リタリ、今日ノ水平社ハ其勢力ハ万国ニ響イテ居ル之レ一二ノ力テナク友誼団体即チ団体間ノ友達カアル各地ノ農民組合労働組合ト堅キ握手ヲ為シ総テノ事物ニ衝ッタ　自分ハ昨日入京シタ仔細ノ事ハ判ラヌカ朝鮮ニモ新幹会ヤ其他ノ青年会カ多数アル事ト思フ　諸君カ諸君ノ事件ヲ処理スル上ニ於テ諸君ノ生活ヲ脅カス侮辱ノアル場合ハ是レヲ友誼団体ト提携処理セラレヌ事ヲ望ム水平社カ何故提携ヲ望ムカ其効果ハ内部ノ組織カ完備スルト同時ニ外部ノ力カ偉大トナリ解放ノ力カ拡大スルカラテアル衡平社モ水平社ト仝様ブルモアレバプロモアル、然レトモ受クル差別ニ変リナイ（拍手）衡平社ノ兄弟諸君水平社ト同様団結ノ力カ必要テハアルマイカ一本ノ箸ハ易ク折レル十本十五本ノ箸ハ却々折レヌ（拍手）之レ団結ノ力ニ非ラサルヤ一昨年李東煥氏カ来ラレタ其時恰度水平社中央執行委員会カ開カレタ其時以来水衡提携ノ問題ハ生レテ居ル　昨年水平社大会ノ折リ金三奉氏カ来ラレタカ　遺憾ナカラ水衡提携問題カ上程サル、一時間前惜シクモ解散ヲ命セラレタ諸君糾弾分裂ヲ排シ大同団結シヨウ（拍手）ソウシテ吾々ノ戦線政治闘争迄突出セシメヨウ、自分ノ郷里ニハ村会県会議員トナッテ居ル計リテ無ク普選ノ当時五名迄モ候補者ヲ出シタ　然レ共衡平社ニ於テハ水平社ノ進歩ニ比較シ其ノ色モ見ヘンノハ遺憾タ

諸君糾弾分裂ヲ排シテ大同団結ニ進モウ（拍手）

言葉カ通センノテ血ノ出ル様ナ思ヒカスル　然モ言葉ハ通セヌトモ私ノ真心ハ能ク諸君ニ通スルト思フ　若シ通セン際ハ後日要旨ヲ謄写ノ上諸君ニ送呈スル考ヘテアル（了）

「仝様」＝「同様」。「ブル」＝「ブルジョア」、「プロ」＝「プロレタリア」。李東煥が渡日したのは一九二七年三月だから、「一昨年」は間違いで「昨年」である。

第三回全国水平社大会（一九二四年三月三日）では、全九州水平社から「綱領ノ一部改正ノ件」が提案された。

その内容は、朝治武著『水平社の原像』六一頁によると、

創立大会で可決された綱領第三項の「人類最高ノ完成」の上に「人間相互ノ理解ニヨリ」を挿入したい、というものであった。理由は「今迄ノ水平社ノ運動ハ自力主義ノ運動デアリ排他的ノ運動デアッタガ為ニ世間カラ非常ニ誤解ヲ受ケタノデアル、コレデハイケナイ」というものであった。議論はおおいに沸騰したが、採決の結果否決となった。

とある。「自力主義ノ運動」から「他の団体と提携して共に闘う運動」への転換を求めた提案は、自力主義の側に立てば、運動の主体性を失い兼ねない提案である。そして、他の団体との提携・団結は、全国水平社内に分裂を引き起こし兼ねない。この提案によって、全国水平社内でのアナ派とボル派の違いがより鮮明になった。

そうした時、「遠島哲男スパイ事件」が起こり、ボル派が主導権を握り、他の団体との提携へと方向転換することになった。この方向転換は、農民組合・労働組合だけでなく衡平社との提携へと広がっていく。そして、さらに政治闘争へと進んでいく。

日本において普選（一九二五年五月に普通選挙法公布。一九二八年二月に最初の衆議院議員選挙が行われる）でのもとでの政治闘争は弾圧の対象にならないが、朝鮮での政治闘争は「独立運動」と見なされ弾圧の対象になる。水平社と衡平社は、置かれている立場に大きな違いがあった。

徳永参二の「水平社との提携」を受けて、衡平社は、第二日目に、この件について討議して、結論を出した。

史料③　水平社提携ノ件

提携　必要ニ付キ徳永三二ヨリ説明シ堅ク握手シ一身同体トナリ迫害ニ対抗スルノ必要アリト力説シ李東煥之ガ通訳ヲ為シタルニ時期尚早説、保留説、非提携説、提携説ト岐レ長時間討議ノ結果五十八票対十二票ニテ提携ニ可決シ中央執行委員ニ於テ正式提携ノ日時場所等ヲ確定ノ上各衡平社ニ通知スルコト、ス

長時間討議して「提携ニ可決」した。徳永参二は大きな役割を果たした。ただ、徳永参二は「大同団結して政治闘争まで突出しょう（要約）」と呼びかけたが、衡平社は政治運動が許されていないから、衡平社が水平社と対等な関係を保ちつつ政治闘争へ「突出」することは、かなり難しい。この提携が、連帯へ、そしてさらに共闘へと発展させることが出来るのか、先が見えない状況下であったが、とにかく一歩踏み出すことが出来た。

第三日目（最終日）に、再び徳永参二は来賓として祝辞を述べている。

史料④　第三日目の徳永参二の祝辞

（前略）日本ノ穢多トカ朝鮮ノ白丁トカノ名称ハ或ル者ガ其名称ヲ附ケテ呉レタノデアリマス　吾々モ人間デアリマス　侮辱スルモノガアレバ水平社員四百万、衡平社員三十万ノ人ハ皆団結シ何処迄モ之ニ対抗スル積リデス　吾ガ天皇陛下ハ一視同仁ト仰セラレタノデアリマス　夫レニ拘ラス吾等ガコンナニ差別ヲ受ケルノハ　其間ニ或者等ノ策術ノ為メデアリマス　水平社員ト衡平社員トガ　互ニ握手シテ共ニ日本帝国ノ国勢ヲ四海ニ発揮スル様ニ努力サレムコトヲ御願ヒシマス云々

この祝辞に対して、朝鮮の人たちから「衡平社ト水平社ト握手シ日本帝国ヲ四海ニ発揮スル云々ノ理由ハ那辺ニアルヤ答弁ヲ求ム」と質問があった。徳永参二が答弁をしようとしたが、臨監警察官が止めさせ、そのまま余興に移った。

音楽・舞踊の余興終了後、閉会に当たり再び徳永参二が登壇して「別ノ辞」として「一句ノ歌ヲ歌ヒマス」と言って、次のように述べて歌った。

史料⑤　徳永参二の「別ノ辞」

先刻私ノ祝辞中失言アッタコトハ申訳アリマセン　謝罪致シマス　ソレデ吾々水平社ハ如何ナルモノデアルカ先ニ質問アリマシタガ　水平社ハ此ノ資本、帝国主義ノ大日本帝国々家ニ対シテ

と言ったところで、不穏の言動をしょうとしていると見られ、中止を命じられたが、徳永参二は「一句ノ歌」を歌って降壇した。「一句ノ歌」は簡単な一句であったが、拍手のため歌の文句は、警察官には聞き取れなかったようだ。

では、朝鮮の人たちは、なぜ「日本帝国ヲ四海ニ発揮スル」に、こだわったのであろうか。それは「朝鮮の独立が遠退く」からである。

「朝鮮の独立」と衡平社について述べる。

水平社員は原則「部落民のみ」で構成された団体であるが、衡平社社員は衡平社社則第四条に「本社員の資格は、朝鮮人は何人を問わず入社することができる」とある。

この違いは大きい。

一九二七（昭和二）年一月に起こった高麗革命党事件を主導した李東求《イドング》（懲役五年の判決を受ける）のように、ある目的のために衡平社を操縦しょうとして衡平社員になる者が出てくる。李東求は非「白丁《ペクチョン》」である。朝鮮の非「白丁」の人たちの中に、「朝鮮の独立なくして、『白丁』差別の解消はない」と主張して、衡平社を独立運動に引き寄せようとするが、果たして衡平社は、それになびいただろうか。

駒井忠之著「衡平社運動の射程―植民地支配からの解放をめぐって―」（『部落解放研究』二一二号二〇二〇年三月、部落解放・人権研究所、以下「駒井論文」と略す）は、「衡平社の側に、特に『白丁』出身の衡平社員に朝鮮独立運動を積極的に展開しょうとする姿勢がそもそもあったのだろうか」と問い掛け、それを検証している。そして、駒井論文の「六　おわりに」に、

> 衡平社運動において「白丁」出身者と非「白丁」出身者の目標には相当の相違があったことが確認でき、少なくとも張志弼など運動の主体となる「白丁」出身者にとっては、食肉や皮革といった「白丁」の産業的権益の確保と、「白丁」が直面している経済的困窮からの脱却が最重要の獲得目標であり、「民族解放」はあまりにも非現実的な目標であるばかりか、直接的に「白丁」差別や貧困問題の解決をもたらすものではないため、衡平社運動の射程には入れようとは思わなかったのではないだろうか。
>
> 【筆者注】張志弼《チャンジピル》。「民族解放」＝「日本の植民地支配からの解放」

と書いている。この結論をもっと端的に示す「事例」が駒井論文五頁にある。一九二六年に、衡平社を訪れた平野小剣が、「『白丁』出身の衡平社員である任允宰（イムユンジェ）が洩らした言葉（要約）」を回想している。その回想の言葉は、

僕は任君の言葉を思ひ出した。それはひとりこの言葉が任君ばかりの言葉ではあるまい。衡平社同人がひとしく考へてゐる悩みの言葉だと思ふ。

『朝鮮がもし独立したところで、それは両班や常民の解放だ。俺達ビヤクチンはそんなことで解放されるものでない―』

である。何と強烈な言葉ではないか。白丁《ビヤクチン》。ビヤクは呉音。チンは唐音。両班《ヤンバン》。常民《サンミン》。

衡平社が「朝鮮の独立」を志向していないとすると、徳永参二への質問は、衡平社員がしたものかどうか、慎重に見極めないといけない。そこで、『朝鮮衡平運動史料集』を丁寧に読むと、質問したのは来賓として、この大会に出席した新幹会《シンガンフェ》の白己満と権泰彙らであった。確かに衡平社員ではなかった。

新幹会は、一九二七年に結成された合法的な単一組織体である。新幹会は衡平運動を支持した。しかし、一九三〇年代に入ると、朝鮮で「解消論」が台頭してくる。「解消論」とは、金仲燮著『衡平運動―朝鮮の被差別民・白丁（ペクチョン）その歴史とたたかい―』（解放出版社、二〇〇三年）一一七頁によると、

社会主義運動の強化のために、既存の団体が自らの組織を戦略的に解体し、後に、ふたたび社会主義団体に統合して結成するというもの

とある。新幹会は自ら解体したが、衡平社は解体しなかった。衡平社は、政治運動に走らなかった。

このような性格を衡平社は持っていたから、徳永参二の失言が「水平社と衡平社との提携」を見直す事態には

ならなかった。

独立問題は、これくらいにして、もう一つ別の発言について述べる。

第三日目の徳永参二の祝辞で、朝鮮の人たちから質問はなかったが、「徳永参二の思想性が分かる」発言があった。

その発言とは「天皇陛下ハ一視同仁ト仰セラレタノデアリマス」である。

この発言が明らかになるまでは、徳永参二は、ボル派ないし、ボル派同調者と見られていた。とは言え、はっきりしているのは、廣畑研二著「日本社会主義同盟と水平社」(『解放研究』第二五号、東日本部落解放研究所、二〇一二年)によると、徳永参二は「日本社会主義同盟のメンバー」であったと言うこと。

日本社会主義同盟には、ボル派とアナ派がいたから、徳永参二がボル派と見られても少しも不思議ではない。しかし、「一視同仁」すなわち「天皇の赤子論」が出てくると、「徳永参二は一体何者なのだ」と思ってしまう。思想的には全く矛盾している。

しかし、である。徳永参二の生き様から見ると、全く矛盾しない。

愛媛で最初の全国水平社拝志支部発会式(一九二三年四月一八日)の演説で、徳永参二は、『愛媛新報』(一九二三年四月二〇日付)によれば、

「同情的差別撤廃を廃せよ」と題して水平運動に対する幾多の実証的差別に対して涙を揮って糾弾し、釈尊の平等主義に依り徹底的に団結の力に依って汚辱を糺し同情的差別感を排拒して絞首台の上に立っても関《かま》はないと生々しい反逆の気勢を上げた。

とある。徳永参二が、衡平社大会の「水平社ノ情勢報告」の中で述べた「団結」の萌芽がここにある。ただし、ボル派としての「団結」ではなく「釈尊の平等主義」による「団結」である。

愛媛で水平運動初期の中心を担ったのは、松浪彦四郎・徳永参二らである。

越智郡桜井町の小学校における校長・教員による部落差別事件（以下、「桜井事件」と略す）が、一九二三（大正一二）年一〇月四日に表沙汰になるまでは、愛媛県水平社本部は執行委員長を置かず、数名いる執行委員の合議制で決めていたようだが、桜井事件のとき、徳永参二は執行委員長になっている。

月日は前後するが、一九二三（大正一二）年八月二六日に、愛媛県水平社本部主催で「明治大帝の追悼法会」を拝志村第一小学校で行っている。『愛媛新報』（一九二三年八月二四日付）によると、

来る八月二十八日は明治天皇が一視同仁の大御心から明治四年八月二十八日太政官第六十一号の布告を以て「エタ非人廃止」の解放令を布かれて丁度五十二年目に相当するので、全国各地の水平社では之を記念する意味に於て明治天皇追悼会を執行する事となって居るが、本県水平社本部でも最初は提灯行列及び旗行列をやって三百万人の同族の為めに此のよき日を祝福しょうとの計画もあったが、折角の記念日をお祭騒ぎに終ってしまうのは余りに無意義だと云うので、協議の結果特に日日を繰上げ解放令の聖慮に畏み、来る二十六日午前十時より温泉郡拝志村第一小学校に於いて厳粛に明治天皇の追悼法会を執行し、午後協議会を開いて今後の方策を議決し、折角の記念日を意義あらしめる可く目下準備を取急いで居る。尚二十八日には各戸国旗を掲揚して祝意を表する由

とある。『愛媛新報』（一九二三年八月二九日付）によれば、八月二六日当日は、開始時間の変更（「午後二時より」

となる）や「明治天皇追悼法会」後の講演会や協議会は「時間其他の関係上延期」したが、「明治天皇追悼法会」はほぼ予定通りに執行された。「本部同人を始め各地支部代表者及び村内有志等」と「村長、学校長、保安組合長、警察官、青年団長、処女会長等」が参列している。村あげての法会になっている。

松浪彦四郎や徳永参二らが本気で「明治天皇追悼法会」を行っているのは間違いない。それから、当時の人たちが「明治四年八月二十八日太政官第六十一号の布告」を「解放令」と表現していることも忘れてはいけない。

さらに、『愛媛新報』（一九二三年一二月八日付）によると、一九二三（大正一二）年一二月五日に、「愛媛県温泉郡拝志村　全国水平社連盟愛媛県本部代表　徳永参二・松浪彦四郎」と連名で、知事・県会議長に地方改善費撤廃請願書を提出している。その請願書の中に「明治四年八月二十八日明治天皇陛下の一視同仁の大御心に依て解放され名称並に階級制度は撤廃されました」とか「畏多くも明治大帝に対し奉り四民平等の御諭告を侵犯するものでないかと愚考する次第であります。私達は陛下の御聖旨の有難きに鳴咽して身も魂も国の為めに朽ちなば朽ちよと励まし努めて居るものであります」等と書いている。これらが偽りの文章だとは到底思われない。

しかし、一方で、また月日は前後するが、『海南新聞』（一九二三年九月一二日付）によると、「松山地方で組織された　無産者同盟の宣言　共同福利の新社会建設」の見出しで、九月九日夜、某所で会合し、協議の結果、「無産青年同盟」を結成し、一〇日に松山警察署へ結社届を出したと報じている。

『愛媛新報』（一九二三年九月一五日付）によると、九月一六日に一番町県公会堂で、無産階級解放大演説会を開催することは、既報のこととして、その論陣と闘士を報じている。その中に「赤と紫の闘争（新聞記者）松浪彦四郎」「時代の趨勢と民衆運動（筋肉労働者）徳永鳴雪」と、松浪彦四郎と徳永参二の二人の名前がある。「鳴雪」＝「参二」。

『愛媛新報』（一九二三年九月一八日付）によると、九月一六日の無産青年同盟の演説会で、徳永参二の演説は、

『偉大なる権力』について官憲の暴を笑ひ、諧謔を交へて民衆運動の真理を述べ『注意』と制せられたが、無事論破した」とある。徳永参二の演説は、実見体談と銘打った、ある巡査と徳永参二の対談であった、と『海南新聞』（一九二三年九月一八日付）は報じている。

このように、徳永参二は無産者の側に立って行動し、発言している。

「一視同仁」と「無産青年同盟」が、徳永参二の中では矛盾していないようだ。

さらに言えば、徳永参二と同時代を生きた小林実は『えひめ解放戦士の面影を追って』（一九八四年、以下『面影』と略す）で、徳永参二の職業は「香具師（親分）」と記している。香具師の人たちは、会社勤めの労働者よりも経済的に不安定で、かつ、社会的偏見も受けていた。まさに「無産者の中の無産者」であった。果たして、ボル派運動家は、彼等のことが視野に入っていたであろうか。徳永参二はそれに気付いていたのではないか。共感という側面から捉えると、徳永参二は、国粋会総裁だった橘利八良の生き方に響くものを感じていたのではないか。

以下、『面影』を踏まえて述べる。

国粋会と言えば、奈良県での水平社の差別糾弾闘争（一九二三年三月）に介入して、暴力的妨害をしたことが、よく知られている。

国粋会の水平社への暴力的妨害を知った国粋会総裁の橘利八良は、全国の国粋会支部に対して、次のような指令を出した。

大日本国粋会は全国水平社と対立しないこと。
大日本国粋会は全国水平社の差別糾弾闘争を妨害するが如き行為は一切しないこと。

国粋会は襟を正して仁侠道に励むこと。

この指令を出した橘利八良の意図を端的に述べると「大日本国粋会の会員諸君は資本家の息子でも、大地主の子でもない。いわば君等も無産者である。その無産者の君等が、同じ無産者（水平社同人）を、棍棒・日本刀・ピストルをかざして殴り込み、威嚇するのは、世の中の悪徳強者を助けることであって、君等の最も誇りとする仁侠の道に反している」である。国粋会の会員もまた「無産者の中の無産者」であった。

橘利八良は、松山へ帰ってから、日本大衆党に加入し、執行委員になった。また、一九二八（昭和三）年二月、愛媛二区から労働農民党の公認で、衆議院に立候補した小岩井浄の選挙応援をしている。

また月日が前後するが、『海南新聞』（一九二三年六月八日付）によると、「国粋会松山支部愈近く発会式挙行」と報じている。

『愛媛新報』（一九二三年六月一三日付）によると、国粋会は松山支部設置につき市長に「国体を毀損する者を撲滅。水平運動に対抗するものではない」と述べている。さらに詳しくは、

本県にも社会主義者が相当族生し色々の運動に携はっているという有様で、国家の前途は頗る憂慮に堪へない、已むに已まれずして支部設置を決意した次第である。併しながら決して事を好むものではない、世間では水平運動に対抗して設けるのだなどと言う者があるが決してそうでもない。

と報じている。奈良の水国争闘事件から約三ヵ月後であるが、すでに国粋会総裁の指令が出ていたようである。

愛媛の水平運動を引っ張る徳永参二や松浪彦四郎らが、「一視同仁」を掲げる以上、国粋会は、彼等を「国体

を毀損する者」とは考えないであろう。国粋会の「水平運動に対抗するものではない」は、十分に頷ける。

さらに、全四国水平社第一回大会（一九二四年九月二〇日）の前日（九月一九日）付の『愛媛新報』は「本県水平社と国粋会と提携か　大会の協議に附す」の見出しで、

本県では水平社と国粋会が今度の四国大会を機会に提携するやの模様がある。既に国粋会の橘利八郎氏と、水平社幹部とは屢々会合を重ねて相互提携の準備が成っている。右について水平社幹部は語る「曽て奈良県では水平社と国粋会との間に紛擾があったがあれは全く感情上の問題からであった。本県と雖も国粋会を全然認容して提携する訳でない、国粋会と雖も差別観念を捨てないものあらば之は糾弾するに躊躇しない、只橘氏は我々運動に対して余程理解を有ってくれて、今若提携しても決して差支が無いようだから提携したらよかろうと思っているのであるが、何れ大会の協議に附した上でなければどうなるか分からない」云々

と報じている。「橘利八良」＝「橘利八郎」。実際に「提携」になったか、どうかは分からないが、国粋会と水平社が対立しない環境は整えられたと思う。同じ「無産者の中の無産者」同士、対立して得をするのは「悪徳強者」。ただし、「国体を毀損する」となると、国粋会は牙をむく。

(3)　衡平社との交流②——李東煥、全国水平社第七回大会に出席——

全国水平社と衡平社との「提携」の話は、八箇亮仁著「日朝被差別民の提携模索とその意義と限界——「階級闘争論」の陥穽——」（『部落解放研究』二一二号、二〇二〇年三月、部落解放・人権研究所、以下「八箇論文」と略す）によると、徳永参二の前に、香川県の高丸義男が、「全国水平社執行委員兼四国水平社執行委員長」（『東亜日報』の報

道）として、衡平社を二度（一九二七年一月八日と同年同月三一日）訪問して「提携」について話し合い、「衡平社員の渡日」に漕ぎ着けた。同年三月末に衡平社から李東煥（＝李同安）が渡日した。このとき、李東煥は高丸義男だけでなく、徳永参二とも接触している。李東煥は、大阪で開催された全国水平社中央委員会に出席し、全国水平社の組織的な闘争状況を確認して朝鮮へ帰った。李東煥は「衡平社の現状は水平社の活動に及ばない」として、提携を「時期尚早」とする意見を表明した。よって、一九二七年四月の衡平社第五回大会では、李東煥の意見に従い、提携は「保留」となった。

そして、衡平社第六回大会での「提携ニ可決」である。それを受けての全国水平社第七回大会である。徳永参二にとって、この大会で、衡平社との提携を深める必要があった。そのためには、何としても衡平社理事の第七回大会への出席を実現しないといけない。その思いが、次の徳永参二の手紙によく現れている。次の二つの手紙は『昭和八年　秘密結社衡平青年前衛同盟事件証拠品訳文集　光州警察署』の中に残されていた。

史料⑥　徳永参二の手紙(1)「広島の仮寓居へ通知を乞う」

衡平社理事御中

○○御○○奉賀候

今回全国水平社第七回大会御来援御出席の御氏名并に員数至急御通報願ひます（広島の小生現在仮寓居へ通知を乞ふ）

尚御地御出発の時は必ず日時電報にて御通知を願ひます左すれば小生は其の時刻を計り広島駅へ出迎へしますそして広島から同伴上京します（此の電報も広島の小生目下仮寓居の方へ通知を乞ふ）

電報は釜山乗船の節釜山より願います時刻違はぬ様小生は目下

広島市観音町五番地　徳永金時方　です
朝鮮衡平社四十万兄弟諸君
別紙の通り全国水平社第七回大会が開催されます
是非御来援を乞います
水平七年五月十三日
徳永参二

史料⑦　徳永参二の手紙(2)「広島市で下車せず京都まで御直来を願う」

至急飛報
謹啓
来る二十六日二十七日午前九時より全国水平社大会が京都市に於て開催されます是非御来援被降度き旨と尚御来援被下人の御氏名並に員数を前以て小生の仮寓居（広島市観音町五番地徳永金時宅にて小生宛て）御通信被下様尚何時頃御貴地出発の予定をも御通知願度さすれば其の御予報により小生は広島駅にて待受け「共に上京仕る様」詳細御通知申上候へ共未だ何等の御返事も無之故（前の書面が）貴社の手に入りしものなるや実に不安に存じ候間本書を重ねて書翰する次第であります
今から日時がなきため貴書の返信を広島市にて待つ訳にはいきませんから乍失礼小生は今から京都市全国水平社本部仮事務所に参りますから貴社より御来援の御方は広島市で下車せず京都迄御直来願度尚釜山からでも下関からでも（京都の全国水平社本部内小生宛）御電通被下候へば時刻を図り小生京都駅迄御出迎へ可仕候何分の返事御願致します
五月二十一日

全国水平社本部仮事務所ニテ

徳永参二

京都市上京区田中西河原町《キヨトシカミキヨクタナカニシカハラチヨ》

衡平社本部理事御中

注意として、史料⑥と史料⑦の二つの手紙は、一九二八年（昭和三）に書かれたものである。（注）として、「青→青、衞→衛、證據→証拠、國→国、會→会、假→仮、豫→予、廣→広、號→号」にしている。また、○は不明文字。

八箇論文によると、全国水平社第七回大会に衡平社から李東煥（＝李同安）が出席して、水平社と衡平社との提携の具体的方針として、「朝鮮衡平社へ代表派遣の件」「衡平社と緊密な共同闘争を図る為代表者会議を開催する件」「大会の名を以てメッセージを発表する件」などを提起したと言う。しかし、第七回大会二日目にアナ派との混乱で解散させられ、李東煥が示した具体的方針は大会で議論されずに終わった。さらに、解散後、岡崎警察署に李東煥は同行を命じられて三日間の検束を受けた。

徳永参二は、全国水平社の体たらくに嘆いたことだろう。提携を呼びかけた側が、自ら崩してしまった。徳永参二の働きは無に帰してしまった。

少し脇道にそれるが、徳永参二の手紙がなぜ朝鮮の光州警察署にあったのか。

以下、高淑和《コウスツカ》著（翻訳：吉田文茂、監修：水野直樹・髙正子）「衡平青年前衛同盟事件について」（『部落解放研究』二〇八号、部落解放・人権研究所、二〇一八年）を踏まえて展開する。

この事件は、一九三二年（昭和七）の年末に、光州の衡平社員の集団部落である光州邑須奇屋町の「中善文外数名の検挙」で始まった。朝鮮全土で検挙者は一〇〇余名に達した。七ヵ月間ほどの取り調べで、一四名だけが

「衡平青年前衛同盟という秘密結社を組織した」容疑で、「治安維持法違反」で起訴された。光州地方法院の判決は、一人のみ懲役二年六ヵ月で、残りの一三人は無罪だった。検事側は不服として無罪になった二人を除いた一二人を大邱覆審法院に控訴した。しかし、大邱覆審は「衡平青年前衛同盟」ついては一二人全員を無罪とした。（一人のみ別件で懲役二年六ヵ月）。そして、この事件は終了した。

結局、「衡平青年前衛同盟」は実際には存在しなかったのである。警察によるデッチあげであったようだ。ただ、警察関係史料には、高丸義男が京城に来たとき、「衡平社本部に集まって共産運動との提携に関して協議した」とか、徳永参二が衡平社全朝鮮大会に参加するために、一九二八年（昭和三）四月二二日に京城へ来て、「日本共産党朝鮮支部を組織するように勧めるので承諾して入党推薦書に記名して捺印した」などがある。しかし、起訴された者は、裁判で「左様ニ警察テハ供述シタカ夫レハ拷問ノ為虚偽ノ供述テアリマス」と述べているから、警察が事前に作っていた筋書であった可能性が大である。勿論、辻褄合わせの筋書である。筋書を裏付ける資料として、徳永参二の手紙も光州警察署が集めていたものと思われる。

実際に、高丸義男や徳永参二が日本共産党の指導のもとで、動いていたとしたら、一九二九（昭和四）年四月一六日に起こった二度目の日本共産党弾圧事件（四・一六事件）で、高丸義男と徳永参二は検挙される筈だと思うが、検挙されていない。

諸々のことがあって、徳永参二は、『水平新聞』二三号（一九二八年一二月一日付）に、

名だけの理事ではダメだ！　愛媛水本　徳永参二

（前略）運動の振わない原因は経済の行詰り、明確なる運動方針未確立等々いろいろあるだろう。しかし私はその大きな一つの基因として内部に於ける欠陥をあげたい。（中略）内部に於ける欠陥とは水平運動自体

の内部ではなく、総本部内部の欠陥を言うのである。

それは全国代表者会議で選任された理事諸君が、責任に対して不忠実であるという事が抑も水平運動の全体に及ぼす破滅の基因であり、又等閑にすべき問題ではない。（中略）吾人が推した現七名の理事は決して有名無実の理事でなかった筈だ。ブルジョア運動でない限り、如何なる苦も嘗め迫害も恐れず全国水平社の仕事を完全に遂行し得る、尤も勇敢にして果断なる闘士を理事とした筈である。

然るに理事中、真に完全に仕事を遂行していない人々を見る。当然そこには理事間の不統一は免れない。（中略）今日の水平運動の上から吾人は凡からく総本部理事諸君の実不実が運動全体に及ぼす盛衰の力の大なる事を極論すると共に、茲に理事諸君の献身的の活動を望んで止まない。（後略）

と述べている。徳永参二は「水平運動の沈滞の原因は、水平社本部理事にある」と声を上げたのである。「苦も嘗め迫害も恐れず」とか「尤も勇敢にして果断なる闘士」とかと徳永参二の要求水準は高い。ただ、三・一五事件（一九二八年三月一五日）、松本治一郎の大審院の判決（一九二八年一二月一〇日）、さらに迫り来る四・一六事件（一九二九年四月一六日）など、当時の社会情勢を考えると、本部理事が無暗に動けない現実もあった。

その後、徳永参二は水平運動の力点を愛媛に移して、「恐れず」を実践した。

一九二九（昭和四）年一月に取り組んだ「松山連隊差別事件」は、付け焼き刃でない「天皇の赤子論」を踏まえて、徳永参二他二名は松山憲兵分隊長と会見し、分隊長の「誠意をもって憲兵隊で調査し解決するから」という言質を引き出した。

また、徳永参二他六名は、一九三一（昭和六）年一一月一二日に、愛媛県東宇和郡下宇和村稲生で起こった「共有山林分割に絡む差別事件」（以下、『稲生事件』と略す）を解決している。この事件は、『水平新聞』一三号

（一九三一年一一月二五日付）によると、稲生区共有山林四〇町歩分割の際、差別されたので事情を善隣会へ訴えたが、「時期を待て」の一点ばりで要領を得なかったので、全国水平社の闘争戦術を仄かに聞いて、児童の同盟休校を決議した。それに驚いた当局は部落外へ警告して、部落は山林の分割の権利を獲得することができた。その後、稲生区内の全集落（稲生には、集落が五つあり、その一つが部落）が金策のため全集落決議で共有山林を担保に、銀行からお金を借り、それぞれが使用した。返済の段になり、部落外の集落は区共有財産の内から支払うことにして、部落だけは「個人の懐から出せ」と稲生区長が命じた。そして、「借入金を支弁せねば分割した山林の権利を揚棄せよ」と言って来た。ここに至って、部落は青年を中心に結束して、一一月一日に全国水平社愛媛県連合会に応援を求めた。連合会では緊急委員会を開いて、徳永参二他六名に調査せしめたが、想像以上の侮辱を受けている事実が分かった。よって、一一月一〇日に該地に急行し、部落内に闘争事務所を仮設すると共に支部へ檄を飛ばした。すると、一一月一二日に、部落外の代表七名が謝罪し、全部の要求を受け入れた。

この年（一九三一年）の一二月一〇日に、奈良県桜井町の繁栄座で、全国水平社第一〇回大会が開催された。代議員として参加した徳永参二は、愛媛の情勢について、稲生事件を報告する前段に「運動は萎縮してゐる。その原因は従来の水平主義式運動より階級的な運動に質的発展を遂げたためである」（『融和事業年鑑・昭和七』）と述べている。徳永参二は階級的な運動に歩み寄ったが、「原点である初期水平社の精神を忘れてはならない」と警告しているのである。

月日が前後するが、『思想研究資料二十八輯』によれば、一九三一（昭和六）年一〇月九日、松山市内の部落における差別事件に関し、同部落の招聘により、徳永参二が、この事件の解決に奔走しているとある。とにかく、徳永参二は、一九三一（昭和六）年末までは精力的に活動している。

「社会運動の状況」によると、「昭和六年十二月現在　全国水平社連盟本部（全国水平社の旧本部派に属する）の支部十一、加入人員五六三名、中心人物徳永参二」とある。

おわりに

徳永参二の歩みを踏まえて、愛媛の水平運動を展開する結果となった。徳永参二は、無産者の側に立った運動から階級的な運動へ進んだが、「階級闘争」そのものにどっぷり浸かった訳ではない。初期水平運動にあった「一視同仁」や「自力主義」を持ち続けた。

『愛媛新報』(一九二四年八月二一日付)によると、「県水平社が南予支部設置に失敗した」ことを訊かれると、徳永参二は「南予には如何に立派な保安組合其他の理想的な公共団体があろうとも南予に瀕々と起る差別事件をどうしても否定することは出来ない」とか「我々同族は我々自身に依って解決されねばならぬのです」と述べ、今後も南予へ関わり続けると語っている。一九三一(昭和六)年の「稲生事件」は、まさに「自力主義」による解決であった。

また、『平民』(一九三〇年三月二七日付)によると、北宇和郡明治(あけはる)村豊岡農民組合支部員が徳永参二に「非常な不満をもっている」と記し、徳永参二は本当に小作人の側に立っているのか、と問われる内容であるが、「徳永君は本県水平社の幹部であるのみならず旧労農当(党カ)時代には輝ける無産運動の闘士として我々貧乏人救助のため努力した人であるから決して右様の事はあるまじく」としつつ、「全国農民組合予土協議会では更に慎重に調査を進めている」としている。運動には矛盾は付き物であるが、徳永参二は苦しい局面に立たされたようである。『平民』は、労働農民党南予支部評議会の機関紙である。

【参考文献】
論文
①三宅清昭「愛媛県水平社の創立者」（『愛媛民報』、一九九三年三月）
②増田智一「全四国水平社の軌跡」（『近代日本と水平社』解放出版社、二〇〇二年）
③水本正人「愛媛の高松差別裁判糾弾闘争」（『しこく部落史』第五号、四国部落史研究協議会、二〇〇三年）
④山下隆章「全国水平社香川県支部連合会と融和運動―『四国同胞新聞』の果たした役割を問う―」（『部落解放研究』一五八号、部落解放・人権研究所、二〇〇四年六月）
⑤廣畑研二「日本社会主義同盟と水平社」（『解放研究』第二五号、東日本部落解放研究所、二〇一二年）
⑥竹森健二郎「植民地朝鮮における衡平社と大同社の活動―『朝鮮衡平運動史料集』を中心に―」（『佐賀部落解放研究所紀要』第三四号、二〇一七年）
⑦高淑和（翻訳：吉田文茂、監修：水野直樹・髙正子）「衡平青年前衛同盟事件について」（『部落解放研究』二〇八号、部落解放・人権研究所、二〇一八年三月）
⑧吉田文茂「解題　高淑和「衡平青年前衛同盟事件について」」（同右）
⑨渡辺俊雄「朝鮮衡平運動史略年表について」（同右）
⑩吉田文茂「衡平運動家の人物像―「衡平青年前衛同盟事件」史料から見えるもの―」（『部落解放研究』二一〇号、部落解放・人権研究所、二〇一九年三月）
⑪水本正人「徳永参二が衡平社本部理事へ出した「全国水平社第七回大会へ来援」願の手紙」（『部落史研究報告集』第二三集、八幡浜部落史研究会、二〇一九年）
⑫駒井忠之「衡平社運動の射程―植民地支配からの解放をめぐって―」（『部落解放研究』二一二号、部落解放・人権研究所、二〇二〇年三月）
⑬八箇亮仁「日朝被差別民の提携模索とその意義と限界―「階級闘争論」の陥穽―」（同右）
⑭渡辺俊雄「衡平社社則第四条をめぐって」（『部落解放研究』二一三号、部落解放・人権研究所、二〇二〇年一一月）

書籍

①『第四巻　水平新聞複刻版』解説：木村京太郎（世界文庫、一九七二年）
②『愛媛近代部落問題資料・上巻』高市光男編著（近代史文庫大阪研究会、一九七九年）
③『愛媛近代部落問題資料・下巻』高市光男編著（近代史文庫大阪研究会、一九八〇年）
④『写真記録　全国水平社六十年史』部落解放同盟中央本部編（解放出版社、一九八二年）
⑤『郷土に生きた人びと—愛媛県—』近代史文庫編（静山社、一九八三年）
⑥『えひめ解放戦士の面影を追って』小林実（一九八四年）
⑦『夜明けの証言—小林実回顧録—』小林実回顧録刊行委員会編（一九八五年）
⑧『愛媛の部落解放史』愛媛の部落解放史編纂委員会編（愛媛県同和対策協議会、一九八六年）
⑨『松本治一郎伝』部落解放同盟中央本部編（解放出版社、一九八七年）
⑩『生誕百十周年を記念して　四国水平社執行委員長　徳永参二　—終焉の地・宇和島から—』秋本良次（宇和島市教育委員会同和教育課、一九九三年）
⑪『部落問題・人権事典』部落解放・人権研究所編（解放出版社、二〇〇一年）
⑫『水平社の原像』朝治武（解放出版社、二〇〇一年）
⑬『写真記録　全国水平社』部落解放同盟中央本部編（解放出版社、二〇〇二年）
⑭『全国水平社を支えた人びと』水平社博物館編（解放出版社、二〇〇二年）
⑮『衡平運動　朝鮮の被差別民・白丁（ペクチョン）その歴史とたたかい』金仲燮（解放出版社、二〇〇三年）
⑯『自由と解放を求めて—松山地区における解放運動の歩み—』（部落解放同盟松山市連絡協議会、二〇〇四年）
⑰『部落解放運動の歩み　一〇〇項　ビジュアルブック』部落解放・人権研究所編（解放出版社、二〇一一年）
⑱『朝鮮衡平運動史料集』監修：金仲燮・水野直樹（解放出版社、二〇一六年）
⑲『心に響く人権の言葉集』（四国部落史研究協議会、二〇一九年）
⑳『朝鮮衡平運動史料集・続』監修：金仲燮・水野直樹（解放出版社、二〇二一年）

高知県の水平運動

吉田　文茂

一　高知県水平社の結成

(1) 高知県水平社創立前後

一九二〇（大正九）年時点における高知県の被差別部落は、戸数五四七七戸、人口二三三五三人で戸数は全国一一位、人口は全国一〇位であった。職業別構成では、農業の占める割合が三三・一％で最も多く、次が漁業で二三・五％、以下、力役二〇・八％、工業九・三％、雑業八・四％、商業四・六％、官吏〇・四％の順となっている。全国と比べると、農業は全国の四八・五％よりも少なく、漁業は全国一位を占め、力役は全国六位、官吏は兵庫の二六名についで二一名の二位となっている。

高知県水平社が結成されるまでの部落改善のとりくみについては、『高知の部落史』（高知県部落史研究会、二〇一七年）に詳しいので省略するが、全国的な部落改善の流れは高知県内にも浸透し、優良部落として表彰される部落も出てくるようになる。そのなかで、他県よりも早くに融和団体・高知県公道会が一九一九（大正八）年一〇月に結成される。名称からも想像されるように、帝国公道会の中心人物であった大江卓の肝いりで結成されたのが高知県公道会であり、総裁に山内侯爵、会長に県知事、副会長に内務部長と警察部長、評議員に各課長、支部長に各郡長、副支部長に警察署長とまさしく官製の団体として出発した。したがって、一九二〇年代前半に結成された他県の融和団体とは大きく異なり、一九二二（大正一一）年に結成された全国水平社との提携も念頭に置く全国融和連盟に対し、高知県公道会は唯一全国融和連盟には参加せず、全国水平社とも距離をとっていた。むしろ、全国水平社の結成された一九二二年には幹部講習会を開催するなど、対抗的位置関係にあったともいえる。このような状況下で、高知県での水平社結成が模索されるのである。

高知県水平社創立の中心となったのは弘岡中ノ村（現在の高知市春野町）出身の国沢亀《すすむ》（一八九四—一九三四）であった。彼は一九二三（大正一二）年三月京都で開催された全国水平社第二回大会に参加したことを契機として高知県での水平社組織設立を計画する。すでに第二回大会で、外に人種差別撤廃を唱えながら内に差別を保持する日本社会の矛盾を鋭く指摘しつつ、差別に呻吟する被差別部落民衆の立ち上がりを訴えていた。また、部落民衆をユダヤ人と同列に並べることによって、いわば擬似民族としての決起を呼びかけ、日本から独立した自分たち部落民衆の国家建設を訴えるなど、当時の水平社内部に見られる部落民衆を民族になぞらえる論調の影響を強く受けていた。

第二回大会後高知に戻った国沢は水平社結成に向けて奔走する。まず、三月六日に県庁を訪問して小幡豊治知事らと県水平社創立に関する懇談をおこない、三月下旬には四月五日の高知県水平社創立大会と翌六日の有馬頼寧講演会の開催の手はずが整えられていた（しかし、有馬の来高は実現しなかったと思われる）。そして、予定通り四月五日、高知市細工町芳栄座において高知県水平社創立大会が開催され、宣言、綱領、決議が可決され（『大阪朝日新聞（四国版）』一九二三年四月七日）、本部を高知市外小高坂におき、委員長には国沢亀が就任した。

このように順調にスタートをきったかに思えた高知県水平社であったが、結成直後につまずいてしまう事件が起こった。一九二三（大正一二）年四月一一日に開催された長岡水平社創立発会式には国沢亀も参加して演説をおこなったが、その演説内容が「安寧秩序を紊すもの」とみなされ、臨検の警察官によって演説の中止命令を受けたのである。しかし、国沢がそのまま演説を続行したため、逮捕命令が出されることになるが、そのなかを国沢はいったんは逃げきってしまう。しかし、翌日に高知市の路上で警察官相手に格闘したあと、逮捕されてしまったのである。結局、国沢は治安警察法違反および職務執行妨害の罪で起訴され、求刑一〇ヵ月に対して、一審では一九二三（大正一二）年五月一〇日に懲役八ヵ月の判決が出され、二審では同年六月二日に懲役八ヵ月、執行猶予三年の有罪判決が出された。

しかも、この国沢の逮捕という出来事から一ヵ月もたたない時期に、県内務部長と警察部長連名で「水平運動に関する注意通牒」（『大阪朝日新聞（四国版）』一九二三年五月一日）が発せられ、高知県の水平運動は厳しい局面に立たされることとなる。通牒は「水平運動の主張は概して正しい」としつつも、「往々にして盲動的団体運動に参加し、以て威嚇的手段に出づるものがある」との理解のもと、高知県では顕著な動きはないものの、「万一軽挙妄動を為す者あれば厳重に之を取締り、断乎たる処置を執らなければならぬ」と限定的ながらも水平運動に対して厳しい方針で臨むことをうたっている。また、一方で「旧来の陋習を破り相互の融和を促進」し、「自奮心を誘導して其の偏見を除去せしめ、着実穏健なる施設と相俟つて融和の実を挙ぐる」よう努力すべきとして、融和政策の推進もあわせてうたっている。このように水平運動の弾圧と融和運動の推進というセットで臨む県の方針が高知県水平社結成間もない時期に明確に示されたのである。その後、水平社の大会には警察官が多数動員され、厳重な警戒のもとでやっと大会が開催される状況が続いていくことになる。

ただし、裁判での有罪判決や水平運動取締方針が国沢のその後の運動に大きな方向転換をもたらすことはなかった。翌一九二四（大正一三）年四月七日に開催された第二回大会は数百名の聴衆が集うなか、高知市中島町の高知座で開催され、宣言、綱領、決議がそれぞれ採択された。この大会終了後の演説会では、中村水平社の山本正美（一九〇六―一九九四）、部落改善運動家の吉本代次郎（一八七五―一九六〇）、弁護士の黒川政清、山田水平社の山岡虎喜（一八九二―一九四三）と演説が続き、その後を本部より来高の泉岡国忠と下阪正英が締めくくっている（『高知新聞』一九二四年四月八日）。また憲政会高知支部からも祝詞がおくられ、高知県水平社が県内の既成政党や部落改善家など一定の人びとの支持を得ていたことが見てとれる。

その後も、高知県での水平社大会の開催にあたっては、栗須七郎や山田孝野次郎、前田平一など多数の県外弁士が応援にかけつけ、大会を成功に導いていったが、その結果、高知市およびその周辺地域を中心に水平社の主張を浸透させていく試みは一定功を奏し、水平社支部結成に向けて何らかの動きのあった地域は二桁に及んだ。しかし、実際に支部組織として機能したのは山田水平社などごくわずかに過ぎず、内務省警保局「大正十五年中ニ於ケル水平運動ノ状況」（不二出版復刻版『社会運動の状況大正十五年版』一九九四年）ではピーク時の一九二六（大正一五）年段階における水平社支部数は四、加盟人員は二二八人にとどまっていた。そして、一九二六年を境にして高知県水平社の活動は停滞していき、一九二八（昭和三）年以降、高知県の水平運動は休止状態を迎えることとなる。

(2) 高知県水平社の思想的位置

全国水平社が創立されて以降、全国水平社内部では思想的対立が繰り広げられ、分裂の直前にまで至ることになる。その全国水平社内部にはアナキスト（無政府主義）グループ（アナ派）とボルシェビキ（共産主義者）グループ（ボル派）以外に保守派、あるいは水平主義派などいくつかの潮流が存在していた。そのなかで、高知県水平社は水平主義派に属し、ボル派とは一線を画していた。

委員長の国沢は、一九二六（大正一五）年五月二日、三日に福岡で開催された全国水平社第五回大会に出席し、水平主義の立場からアナ・ボル両派の論争に果敢に挑んでいった。「青年部統一の件」や「規約改正の件」において国沢はボル派と意見を異にしたが、国沢とボル派の対立が鮮明になるのは、アナ派も巻き込んで論争となった「無産政党支持の件」をめぐってであった。この提案にボル派が賛成したのはいうまでもないが、アナ派は「権力のある所必ず支配と被支配がある」と権力否定論の立場から無産政党支持に強く反対した。しかし、同じく反対の立場ながら、権力否定論ではなく、水平主義の立場から国沢は無産政党支持に反対した。国沢は「今日彼の友誼団体と云ふもの、中には真実らしく差別の不合理なる旨を云為して居りますが、是は単なる表面のごまかしで其の内面に巣喰ふ賤視観念は依然として存在して取去れないのであります。彼等は自分達の運動を発展させる為に水平社に秋波を送ってゐるにすぎない。斯うした連中と何うして提携することが出来ますか、吾々は飽迄吾々の力によって絶対の解放を期せなければならないのであります。又一部同人間には彼の唯物史観を基調として経済運動乃至政治運動へ転換しようとせられ居ますが、それは水平運動の趣旨没却するもので断じて排斥しなければならない」（「第五回全国水平社大会状況に関する件」秋定義和・西田秀秋編『水平社運動―一九二〇年代―』、一九七〇年所収）とボル派を念頭において痛烈な批判を展開した。彼の考えの根底にあったのは、自らの解放は自らの力でかちとるという初期水平運動の精神であり、ボル派の如く政治運動への進出を図ることは、水平運動の精神からの逸脱としか映らなかったのである。彼にとって、水平運動の精神からはみ出すことはけっして許されるべきことではなく、むしろ「排斥」の対象でしかなかったのである。

その後、国沢は同年八月二八日に兵庫県住吉で開催された「共産主義者の駆逐」をめざす水平社有志の会合である全国水平社協議会に参加し、「共産主義者の駆逐」の件の提案をおこなっている（『大阪朝日新聞』（神戸版）一九二六年八月二九日。兵庫部落解放研究所編『兵庫県水平運動史料集成』部落解放同盟兵庫県連合会、二〇〇二年所収）。住吉水平社主催のこの会合は反ボル派の結集を図ろうとしたものであり、国沢がそれに積極的に参加したということは、自らの反ボル派の立場をより一層鮮明にしたといえる。また、同年九月五日に開催された全国水平社四国連合会第二回大会にも国沢は参加しているが、この大会では高知県提出議案「共産主義に対する件」をめぐって「議場一時期混乱」に陥り、「高知県側の席総立となって退場せんとし再び喧噪混乱」（『大阪朝日新聞』（四国版）一九二六年九月七日）という事態を惹起した。この高知県からの提出議案「共産主義に対する件」が共産主義の排撃を目的とするものならば、混乱という事態も理解できる。当時、香川県や愛媛県では無産政党支持グループの勢力が強く、高知県から共産主義排撃を目的とした議案が提出されたとすれば、混乱は言わば必至であった。

(3)差別糾弾闘争の展開

水平運動の生命線が差別糾弾闘争であることは多言を要しない。高知県水平社も多くの差別事件に対して糾弾闘争を展開しており、その中から小説『南国』の差別記載への糾弾闘争を取り上げ、高知県水平社がどのように糾弾闘争を展開しようとしたのかを見ておきたい。

小説『南国』は室津鯨太郎（本名は川口陟）による本文四七七頁の長編小説で、一九二六（大正一五）年に南人社から定価一円八〇銭で出版されている。この小説は、著者が「此の拙い一篇は、此一篇で纏つた一部の小説として書いたものではない。少くとも三部作五部作として之から書かうと用意して居る私の労作の一序曲に過ぎない」と記しているように連作の初篇として書かれたものであり、室戸地方の一漁村を舞台に、山上家という富裕な一家の三代にわたる盛衰が二〇年ほどの期間にわたって描かれている。

『南国』は、著者の説明の如く、特定の主人公は存在せず、場面ごとに登場人物も変化していく。小説の冒頭では慶左衛門と万右衛門の兄弟が登場し、万右衛門の妻の丑の妹の鶴の縁談をめぐる親族間の葛藤が記される。鶴は障害者であるが、その鶴の縁談の相手が犬神統であることによって葛藤が生じるものの、結局は、丑・鶴姉妹の母である林の一存で結婚が実現するのである。その後、江藤新平の護送にまつわる出来事を挿入しながら、数年単位で話はすすんでいく。林とその息子の蘭平、養子の在介を中心に、結婚、離婚、そして子どもの成長の様子が語られる。蘭平、在介ともに戸長をつとめ、仕事にかかわる内容も描かれるが、中心となるのは山上家の人間模様である。その人間模様をリアルに描くためか、室戸の各村々の様子や漁業、自然災害である台風の被害の様子などが詳細に描かれ、そのなかに、被差別部落の様子も挿入されている。特に、部落の様子を記さなければ、山上家の人間関係が描けないということではなく、そのあたりも水平社の糾弾の対象となった要因であったかもしれない。

被差別部落に関する記述はあわせて六ヵ所にわたり、習慣や性質、ふるまいなどの違いがことさらに強調された記述となっている。明治になって新しい時代を迎えたなかでの一旧家の没落過程を描くために、このような部落に関する記述が必ずしも必要であったとは考えづらく、さらに「穢多」の語を使用する必然性はまったくなかったと言ってよいであろう。まさに水平社による糾弾の流れは避けるべくもなかったのである。

一九二六（大正一五）年六月六日に開催された高知県水平社連盟大会での「小説『南国』中の差別的文字を撤回せしむる件」の可決を受けて東京府水平社と提携しつつ、糾弾闘争が開始されるが、この水平社の糾弾に対して、著者の室津は当初は小説の真意は続編も含めて評価してほしいと読売新聞紙上で主張していた（『読売新聞』一九二六年七月一二日（一一日夕刊））。ところが、それからわずか一週間後に、高知県水平社、東京府水平社、全国水平社三団体あての「謝罪状」を読売新聞に掲載し（『読売新聞』一九二六年七月一九日（一八日夕刊））、糾弾闘争は終わりを告げる。室津が短期間で翻意した理由は不明であるが、このことによって『南国』の続編は刊行されず、高知県出身者による部落問題をテーマとする長編小説の刊行は幻となった。

ところで、差別糾弾闘争を展開するにあたって、その解決方法として差別者からの謝罪状を要求することはしばしば見られたが、同時に、差別事件をスムーズに解決するために、警察官の協力を仰ぐことも頻繁におこなわれていた（宮田法立「労働運動から水平社運動へ―高知・弘岡水平社に参加して―」『聞き取り　水平社の時代を生きて』解放出版社、一九九四年には、具体的な差別事件の起こった際に、伊野警察署長を利用して解決に導いた事例が紹介されている）。

(4) 高知県水平社による地方政党結成の動き

全国水平社全国大会で無産政党支持について強く反対した高知県水平社であったが、政治そのものへの関心がなかったわけではない。一九二六（大正一五）年一月九日、一〇日の二日間にわたって土佐普選連盟主催で開催された高知県青年擬国会には高知県水平社関係の人びとが多く参加した（『高知新聞』一九二六年一月八日）。擬国会には数多くの建議案や決議案が上程されたが、そのなかに部落問題にかかわる議案が三件提案されることになっていた。ひとつは「部落改善廃止に関する建議案」であり、もう一つが「因習的差別撤廃法案」、そして最後が宮田実と国沢亀の共同提案の「水平問題に関する決議案」であった。これらの議案内容や提案理由は不明であるが、「部落改善廃止に関する建議案」は内務省の部落改善政策への反対の意思表示と考えられるし、「因習的差別撤廃法案」は当時融和団体が提唱した差別言動取締法制定の動きと連動しているようにも思われる。さらに、「水平問題に関する決議案」は水平運動の趣旨への賛同もしくは部落問題に関する積極的取り組みを求める内容とも考えられ、模擬国会ではあるものの、施策のなかに部落問題を位置づけるべく奮闘しようとしていた高知県水平社の活動家の姿が浮かび上がってくる。

その他、政府提出予定の労働組合法案に対しては、森岡深太の質問が予定されていた。森岡は一九二四（大正一三）年の大阪市電争議に参加した経歴を持っており、法案に対する思い入れは強かったものと思われる。ただし、労働組合法案の内容が不明なため、法案を支持する立場であったかどうかは定かではない。また、第一日目の井上首相の施政方針演説に対して、藤沢行俊が質問をおこなう予定であったし、二日目の施政方針演説に対しては、国沢が質問をおこなう予定であった。

一日目は施政方針や各種議案をめぐって論戦が繰り広げられ、午後に野党側より内閣不信任案が提出され、わずか一票差で否決される。しかし、井上熊兄内閣は総辞職し、佐竹晴記が首相に就任して二日目を迎えることとなる。二日目も高知県水平社の活動家は法案の提案をはじめ、論戦に積極的に参加していく。「公娼廃止に関する建議案」を近藤豊行が、「衆議院議員選挙法中改正案」を浅野正澄がそれぞれ提案することが予定されていた。さらに、政府提出の「軍備拡張案」に対しては宮田実の反対討論が予定されていた。

青年擬国会の詳細は不明なものの、藤沢をはじめ、森岡、近藤、浅野、宮田はそろって高知県水平社の主要な活動家であり、かれらが建議案の提案や討論への積極的参加を予定していたということは、大会での正式な手続きを経ていたかどうかは不明なものの、事実上高知県水平社としての機関決定での参加であったと考えても何ら差し支えないであろう。

いずれにしても、青年擬国会の実施が高知県内の青年層の政治進出意欲を喚起したことは間違いなく、こぞって参加した高知県水平社もこれ以降、政治運動への積極的進出へと大きく舵を切ることとなった。早くも青年擬国会が終了して一ヵ月もたたない内に、高知県水平社は地方政党結成を試みる。『土陽新聞』（一九二六年二月六日）は「来る十日いよ〳〵結党式を揚げ既成政党の前をはり、一大政党を造り大々的運動に著手し、次の総選挙には必ず両区より二名の代議士を当選さす可く必勝を期する」との話に続けて、党の名称は「立憲自由党」で二月一〇日に結党式を挙げ、県内の「労働組合や農民等と提携し全無産階級の為大なる政治運動を続ける」ことになったと報じた。

新党の「立憲自由党」という名称については、名前からすると労働者や農民を基盤とした無産政党からは程遠い印象を与える。すでに前年の一二月には即日結社禁止になったとはいえ、農民労働党が結成されていたし、その後、新たな無産政党の結党が論議されていたことをあわせ考えると、国沢は全国的な無産政党とは一線を画した地方政党の樹立をめざそうとしていたと思われる。自由党という名称は古色蒼然とも言えるが、少なくとも、労働者や農民が主体となって結党される無産政党への水平社の加入という、いわば政治的に吸収されることを嫌って、自らが主導権を握った形での政党の結成を目論んだといえる。すなわち、国沢が全水大会で批判した労働組合や農民組合との提携ではなく、水平社自身による政党の結成によってその政党へ労働者や農民の糾合がめざされたのであり、その意味において「労働組合や農民等と提携し全無産階級の為大なる政治運動を続ける」ことも決して矛盾した行動ではなかった。

結党式は予定より遅れて、二月一七日におこなわれることとなる。『土陽新聞』（一九二六年二月一七日）に掲載されたプログラムは、

開会の辞　香美郡代表浅野正澄
主旨の説明　水平社委員長国沢亀
綱領朗読　吾川郡代表森岡深太
宣言朗読　土佐郡代表西森鶴吉
決議文朗読　長岡郡代表近藤豊行

となっており、高知県内各郡代表者による結党式というスタイルをとっている。これは、県内の被差別部落民の総意によって新党が結成されることをアピールするねらいもあったと思われ、まさに文字通り水平社自身による手づくりの地方政党の結党であった。

国沢ら高知県水平社のメンバーによる立憲自由党の結党そのものに関しては、直前の様子が詳細に報じられていることから、間違いないものと思われるが、結党後の活動に関しては実際におこなわれたかどうかかなり怪しいものがある。新聞の残存状況が悪いため、詳らかにしえないという限界があるにせよ、結党から四ヵ月後に開催された高知県水平社連盟大会において政党や政治運動にかかわる案件や論議がおこなわれた形跡がまったく見いだせないのは不思議としか言いようがない。結党後の記録が残されていないということは、結党はしたものの、実際には機能しなかったと考えるのが自然ではないだろうか。

一九二六（大正一五）年一月に開催された青年擬国会は土佐普選連盟主催ではあったものの、憲政会系の高知新聞社が後援となり、憲政会が事実上バックアップした一大セレモニーでもあった。そのため、憲政会と対抗する政友会系の土陽新聞社は一年遅れながらも、自らが主催となって、「昭和時代に順応すべき純真な青年を作ること」を目的として高知県青年議会を開催した（『土陽新聞』一九二六年一二月二五日）。この土陽新聞社主催の高知県青年議会に対しても、高知県水平社の活動家は積極的に参加していく。今回も、被差別部落の青年、とりわけ水平社の活動家の政治運動への参加を促す契機となったのである。水平社関係者では、土佐郡選挙区から大黒敏周が、高知市選挙区から国沢亀が、幡多郡選挙区から浅野正澄が無所属で立候補することになっていた。無所属の候補者名しか判明していないため、高知県水平社関係者で自由青年会や青年公民会から立候補した者がいたかどうかは不明であるものの、前年の青年擬国会同様、高知県水平社として積極的に参加していった可能性は高い。

このような青年擬国会や青年議会への積極的進出は、地域における雄弁会への水平社活動家の積極的参加につながり、延いては水平運動や部落問題に対する民衆の意識喚起にも結びついていった。どのような演題で弁論がなされたかといえば、たとえば、一九二七（昭和二）年九月三日に吾川郡芳原村で開催された吾南広陵弁論大会（『土陽新聞』一九二七年九月一〇日）では、国沢亀「社会思想と立憲思潮」、国沢正直「新興勢力の威力を示せ」、宮田実「宇宙一呑」があり、同年一一月七日に弘岡下の村で開催された吾南広陵弁論大会（『土陽新聞』一九二七年一一月一二日）では、笠原義明「水平運動に関して余の意見」、宮田実「普選拡張論」、国沢正直「水平運動とは」の弁論がおこなわれている。

二　水平運動と融和運動との交差

(1)水平運動と融和運動との接近

一九二六（大正一五）年をピークとする高知県の水平運動であったが、その動きはかろうじて翌一九二七（昭和二）年にも続く。同年一一月一九日の北原泰作による天皇直訴事件の衝撃は大きかったと見え、二三日の新聞報道を受け、それへの対策も含めて第六回県下水平社大会準備会を二七日に開催したが、その様子を『大阪朝日新聞』（徳島高知版、一九二七年一一月二九日）は、「高知署の制服私服巡査多数の臨監のもと、「高知水平社は久しく鳴を静めてゐたが第三師団の直訴問題から再び思想的に緊張し、たまく高知鉄道の内紛から社員国沢、藤沢両氏に対する差別問題起り近日大会を開催するはずになつてゐるが二十七日午後六時から市小高坂の高知県水平社本部なる国沢氏宅に第六回水平社大会準備会を開催し」たと伝えている。この記事が高知県水平社の動静を伝える最後の記事となっている。

これ以後、委員長の国沢亀が水平運動から離脱することにより、高知県の水平運動は事実上停滞期を迎える。そして、国沢が水平運動から離脱し、融和運動に接近していくのと並行するように、他の水平運動家も国沢と異なる形で融和運動への接近を図っていくことになる。

一九二八（昭和三）年五月に県内一市七郡で開催された融和事業協議会には、各地域における融和運動の指導者に混じって、高知県水平社の活動家が多数名前を連ねている（高知県公道会機関誌『公道』第二巻第八号、一九二八年六月）。注目すべきは、協議会に参加した水平運動家の多くがその場で積極的に発言をおこなっていることであり、例えば高知県公道会の会員募集に関して発言した水平運動家は「県下の教育者を網羅し警察官吏へ勧誘する様に願ふ」と述べるなど、融和運動の伸張に協力的な姿勢をとっているのが特徴的である。

このような水平運動家の融和運動への参入は前年の一九二七（昭和二）年頃から見えはじめるが、象徴的なできごとは一九二八（昭和三）年一〇月に五台山竹林寺で開催された融和事業従事員講習会に吉本代次郎や松井繁吉などの古くからの融和運動家と並んで多数の水平運動家が参加したことである（『土陽新聞』一九二八年一〇月一八日）。確かに一九二〇年代後半高知県の水平運動は下火となっていたが、雪崩を打つかの如く挙って融和運動へ加わっていったのである。それも水平運動の活性化のための戦略というものではなく、むしろ水平運動を放棄して融和運動を積極的に推進するかの如き姿勢が如実にあらわれていた。ただ、同時に水平運動家の大半のメンバーは、一九二六（大正一五）年ころに結成された自主的融和団体の高知県自治団にも加入して、社会への「融和」や「差別撤廃」を街頭で訴える活動も同時に展開していた。

この高知県自治団は日下村出身の植村省馬主宰で「内部の自覚向上を図り外部の理解反省を促し以て徹底的改善と解放を期し進んで融和の実現を期する」ことをめざした団体（高知県教育センター同和教育研究部編『植村省馬

資料集』日高村、一九八六年）であったが、とりわけ民衆の無自覚に反省を迫る活動は水平運動家や一部の融和運動家を引き寄せる魅力を有していた。

自治団が結成される以前、高知県でも部落単位もしくは町村単位での融和団体は数多く存していたが、自治団のように高知県全体をその活動範囲として部落差別撤廃に取り組んだ融和団体は県公道会を除いて他にはなかった。まさに「官」の公道会に対する「野」の自治団である。つまり、自治団は官製の融和団体である高知県公道会と高知県水平社のどちらにも与せず、それぞれと一定の距離を保ちつつ、終始在野で自主的な活動をおしすめたのである。理念的には水平運動とは距離を置いていたが、かといって県公道会と一体化した活動を展開したわけではなく、対立することもしばしばであった。

自治団は創立「趣意書」で自らの活動をアピールするとともに、「綱領」や「決議」、「団則」を策定し、さらに「機関紙」も発行するなど、運動体として必要な体裁をほとんど整えていた（高知県自治団に関する資料は、高知市立自由民権記念館所蔵の「植村省馬関係資料」に拠る）。

「趣意書」で強調されたのは「惰眠せる同人を覚醒」することであり、その自覚のうえにたった「高知県民の提携と価値開拓の新文化運動」を展開することであった。つまり、最初に内部の自覚、続いて外部への啓蒙啓発という流れで運動をすすめようとし、新たに展開する自治団の運動を自ら「新文化運動」と呼んだのである。

綱領は、「一、聖旨ノ普及徹底ヲ期シ熱烈至誠ノ全国的運動ヲ喚起ス」、「一、人類愛ノ真理ヲ把持シテ人生途上ノ罪悪ノ絶滅ヲ期ス」、「一、官民一致彼我提携以テ目的ノ貫徹ヲ期ス」の三項であり、融和運動の特徴を兼ね備えていた。決議は「一、溢ル、愛ヲ以テ絶対無抵抗主義ヲ信条トスルコト」、「一、無理解者ニ対シテハ合理的手段ニヨリ真ノ理解ヲ与ヘルコト」、「一、内部ノ自覚向上ヲ図リ外部ノ理解反省ヲ促シ依テ以テ徹底的改善ト解放ヲ期シ進ンデ融和ノ実現ヲ期スルコト」であるが、第二項の「無理解者」は差別者も含むと考えられ、差別者への対応として「合理的手段」に訴えることをうたっている。「合理的手段」とはあくまでも合法的なものとして考えられ、実際に差別事件が惹起した際には「合理的手段」による解決を図ろうとするものであった。

自治団の活動のなかで注目されるのは、融和促進の宣伝活動と機関紙『融和新報』の発行であった。宣伝活動は三月一四日や八月二八日の「記念日」に、自治団独自あるいは高知県公道会と協力しながらおこなうビラの撒布や路傍演説、自転車ないしは自動車遊説などであった。機関紙『融和新報』第一号（一九二八年一〇月一三日）では、機関紙発行の趣旨を述べるなかで、水平運動と対比しながら自治団の展開する融和運動の位置づけをおこなっている。水平運動については「第一次的使命」を終えたとし、いたずらに解放を叫び、ひたすら糺弾をおこなう水平社のあり方を批判し、解放とともに「自己の修養」につとめて自己を「何人も尊敬せざるを得ない者」まで高めることを第一義的な課題としてとらえていた。ここでの「自己」とは被差別部落民のことであり、差別の対象となる自分たち部落民が自己修養を経て誰からも差別されない、尊敬される者となることを前提として、「差別者の覚醒」が可能となると考えたのである。この点は、出発点として「内」の改善を最優先課題とする植村の考え方が反映しているものと思われる。ただし、水平運動から距離を置いていることのみで、官製の融和団体である高知県公道会と同一歩調で運動をすすめていったと考えることは適切ではない。確かに、県公道会に対して「吾等はこれに敬意を致すと共に自らも又立ちてその驥尾に附し」と、敬意を表して公道会に追従するような素振りを見せてはいるものの、「彼（県公道会のこと…筆者）は官、我（自治団のこと…筆者）は野に在りて、相呼応して、県下に一彩の力を致し、一日も早く融和の完成を期す」と、あくまでも公道会は公道会、自治団は在野において差別撤廃に取り組むと別々の道をことさら強調しているようにも思われる。実際、「記念日」における融和宣伝活動のように、一致できる場合には共同歩調をとっているものの、見解の異なる別の局面では県公道会との対決も辞さない姿勢を見せており、衝突することもしばしばであった（自治団と公道会との軋轢については、

拙稿「自主的融和団体・高知県自治団の軌跡」参照)。

自治団に積極的に参加していった水平運動家は凪辺寿太郎(一八九七―一九八一)や国沢三郎、宮田実(一九〇一―一九九八)、近藤豊行、大黒敏周などであったが、高知県水平社の委員長をつとめた国沢亀や藤沢行俊は自治団の活動には参加していない。つまり、同じ水平運動家でも自治団に参加した人びとと参加しなかった人びとに分かれたのである。国沢亀や藤沢行俊がともに政友会の院外団として活躍するのが自治団結成時期と同じであることから、政治へのかかわり方の差が自治団への参加の有無を左右した可能性も考えられる。いずれにしても多くの水平運動家が自治団に加わったことは水平運動から融和運動への流れに拍車をかけたことだけは確かである。

(2) 一九三〇年頃の被差別部落の生活状況

一九三五(昭和一〇)年の「全国部落調査」(中央融和事業協会、一九三六年)によると、高知県の被差別部落は、戸数七二〇六、人口三七七〇九人であり、それぞれ全国第一一位、第一〇位であった。職業別構成においては、農業の占める割合が全国平均六四・二%に対し、高知県は四七・八%と一九二〇年段階同様、大都市を含む府県に次いで小さな値を示している。これは漁業に従事する割合の高さに関係し、全国での漁業の占める割合が二・九%に過ぎないのに比し、高知県では四〇・〇%を占めており、全国の漁業に従事する戸数五七四一戸の内、二八八五戸と約半数を占めていた。なお、主要業態別部落数調査の内、漁村部落が最も多いのは広島県の四二部落、次いで愛媛県の三一部落であり、高知県は一七部落と部落数では全国第三位であったが、漁業に従事する戸数では、愛媛県の三倍以上、広島県の二倍に相当していた。

このような高知県の被差別部落の生活状況に関しては、久保田愛蔵「部落の経済的窮状とその挽回策」(『融和事業研究』第十一輯、一九三〇年七月）が、「没落過程を辿ることを余儀なく」させられている状況について詳しく紹介している。

まず、「漁民の生活」として、高知県中東部の部落を取り上げているが、その部落は戸数三四七戸、人口三四一六人で、農業四一戸、工業（主に竹細工）三二戸、商業一二戸、それ以外の二五九戸は漁業に従事するという典型的な漁村部落である。普通漁船は八二、機械船は一二艘を有しているが、「普通船と称する和船は僅に日和に波打際に出て網を敷く程度のものであり、機械船と称しても遠洋漁業には間に合はぬ程度のもの」であり、漁獲高も僅かであった。そのため、副業に依存せざるを得ないが、その副業がいつしか本業となり、女性、子どもの従事するケースが増大し、それにつれて家庭の中での果たす役割も大きくなっていった。竹細工に従事するのは三二戸、麻裏の表づくりに六〇戸、草履編みに三二〇戸が従事しており、一日平均の収入は竹細工で五〇銭、麻裏表が二五銭、草履一六銭というのが当時の相場であった。また、三四七戸中、失業者数は農業で三五人、漁業で六二人、工業二七人、商業五人、その他四二人の合わせて一七一人を数えていた。

同じく「漁民の生活」では、高知県東部の戸数一五六戸、人口六七二人の漁村部落も取り上げている。職業構成は、人力車夫四戸、商業一三戸、工業（竹細工）一七戸、漁業一〇九戸であり、普通漁船一五、機械船七艘を所有していたが、一日の賃金は男八五銭、女七〇銭程度であり、約半数は常に失業状態という有様であった。

久保田はこのような漁村部落の実態を「斯ういふ生活者が身に襤褸を纏ひ、流木を獲得して之を薪とし、一般人間生活の態を為し得ないことは寧ろ当然であるが、これが飾けなしの底を突いた漁民部落の実情である」と述べているが、高知県内の多くの漁村部落はそのような困窮化の下に置かれていたのであった。

「山村部落の実状」では、高知県のほぼ中央部に位置する戸数六八戸、人口四七〇人の部落を取り上げている。この部落は農業四戸、商業七戸、それ以外の五七戸は檜笠の製造に従事しており、近隣の部落と並んで工業を主とする部落であった。檜笠の製造は専ら手工業のため、製造量も限られており、さらに材料不足や販路の拡張の困難さなども伴い、失業する戸数も三〇戸を数えるに至っている。久保田は、このような状況を「住民日常の生活、住居、服装などを観察するのに、実にその有様は悲惨を窮めて居る。垢じんだ粗衣はもとより、その住居に於いて六八戸中一〇戸内外を除いては悉く小舎住ひの姿であり、その生活は到底現代文化の最低水準にさへ達し得たるものとは云へない」と生活の困窮振りを強調している。

「竹細工を業とする部落」では、戸数一〇二戸、人口六一〇人の高知県中央部の部落を取り上げている。所有する田畑が少ないため、ほとんどの家庭が竹細工を本業としているが、竹細工に従事する日数を三日とするならば、その販売に一日、材料の入手・運搬に一日かかるなど、「実際収得する所は自ら過小ならざるを得ず、僅かの貯へも余力も、これを将来に向つて用ふるには無力」というのが実態であった。久保田は、さらに筆を進めて、「或る時この地で会合を催すに司会者が住民を集める方便として福引ありの広告をして人々の集つた後にマッチの小箱一個宛を與へたのを見たことがある。司会者の態度もさること乍ら、彼等がこの小箱一個を会合数時間の埋合せとして甘んじて受け不服らしくもなく見えたのには聊かその頭脳のほどが怪しまれた」と、部落の人びとに対する差別意識を端なくも露呈する一方で、部落の困窮が極まっている有様を象徴的に浮き上がらせている。

「自由労働、交通業者の部落」では、戸数一八〇戸、人口一〇八〇人の高知市内の被差別部落を取り上げている。農業二七戸、工業四戸、商業六戸以外の九四戸が交通業に従事する部落であるが、交通業の大半は人力車夫であった。ところが、自動車の普及に伴い、人力車の利用は減り、家庭生活が「壊滅の悲運に立ち到らざるを得ない」状態にまで至っていることを指摘している。

その他、「山商人、小売人、行商人の調査」に言及したのち、県内の失業状況について記している。県内の失業者三〇〇〇余人に対し、部落の失業者数は一七八七人と県全体の失業者数の半数を上回り、困窮化が進行している実態を浮き彫りにしている。そのような状況に対して取るべき手立てとして、久保田が提案していることは「土地を與へよ」と「漁民部落には船を與へよ」であったが、その提案も具体性の点においては乏しく、唯一「組合事業に於ける好成績」を挙げている長浜町の例をあげて、組合事業の有効的活用を促すにとどまっている。

この久保田の現状認識は、当時の高知県公道会の主事にも共通しており、中村悳「漁民部落の生活をのぞく」（『融和事業研究』第二十輯、一九三二年一月）、中村悳「高知県下の部落の窮状と其対策」（『融和事業研究』第二十三輯、一九三二年九月）は昭和恐慌下における高知県の部落の生活状況を克明に描いている。たとえば、「此の家には畳が一枚もない。板の間に襤褸を敷いて寝転ぶ。垢に染んだ着たなりの着物と細帯一本の前掛姿はその生活の内容を窺はせる」と窮迫した部落の様相を記し、「こゝに生活と云ふべきものはない。動物的な生存すら六ヶしい、が、これは悉く困窮と無智の致すところである」として、部落の窮状打開には「困窮」からの脱却と「無智」の克服の二点が必要であることを示唆した。また、北代実「経済更生私見」（『融和時報』第八四号、四国各地版、一九三三年一一月一日）も「死か生か二の一だ、飢餓線上にある吾等の部落とは二三年も前のことであつた。今日の部落はもうそんな時代を通り越して窮して通ずべき機会にブッカッてゐるのだ」と、窮迫した被差別部落の経済状況を記し、「開闢以来の地方改善応急施設の大予算も、実は吾等の負債の、利払いにも足らない」と、公道会主事さえも一九三二年度から実施された地方改善応急施設事業が部落の窮状打開にさほどの効果を発揮しなかったと述べている。したがって、効果の薄い事業に期待するのではなく、「自分の強く尊き魂を頼りとして自ら立上り得る事を確信してゐる、自覚せる同志は茲に勇敢の更生の第一線に活躍してゐる」と述べ、「自力更生」による部落経済更生運動の高まりを期待していた。

(3)「差別言動取締令」制定運動の展開

全国的に差別言動取締法（令）制定運動が下火となる一九三〇年代、高知県においては一九三〇（昭和五）年を起点に一九三四（昭和九）年までの五年間にわたって制定運動が高知県公道会内部の葛藤を惹起しつつ繰り広げられていった。最終的には差別言動取締令の制定は実現されることはなく、その意味では運動は失敗に終わるが、制定運動の展開過程を通じて、運動の指導者であった岡崎精郎（一八九八―一九三八）の許には多くの部落出身者が結集していく。とりわけ、県内各地で水平運動に参加した人びとや地域の融和運動家、労働運動家、農民運動家など、さまざまな社会運動家を結集しえたことは、農民運動と水平運動との提携をはじめ、戦前における高知県社会運動の横断的結合にも一定の影響を及ぼすこととともなった。

一九三〇（昭和五）年四月一一日、高知県公道会第一一回総会が開催され、初めて公道会総会の場で「差別言動取締令」について論議がたたかわれ、秋山村から「総ての差別的言動に対する法律的取締を為す為に差別取締法を国又は県をして制定せしむる事」が議題として提出され、秋山村長岡崎精郎が自ら提案説明をおこなった（『融和時報』第四二号、四国各地版、一九三〇年五月一日）。その後、協議がおこなわれるが、この件は国沢三郎、藤沢行俊、岡崎精郎の三人を起草委員として陳情書を作成することが決定された。三人は公道会職員も含めて陳情文を起草し、知事宛に提出した。

内容は県の警察犯処罰令中に「因襲的偏見ニ依リ人ヲ侮辱シ又ハ文字言語、形容等ニヨリテ差別意識ヲ助長シタルモノ」を「拘留三十日未満又ハ科料二十円未満ニ処ス」の一項の追加を求めることであった。差別言動が数多くあることの事例として、「一．雇傭関係、不成立又ハ解雇、二．借地借家其他取引関係ノ不均等、三．各種請営業ノ不利不振不能、四．居住移転、自由ノ阻止制限、五．神祭仏事宗教其他社交上ノ排擠《はいせい》、六．養子縁組婚姻其他人事上ノ破壊」が掲げられ、部落の人びとに対する「絶大ナル被害ノ除去」と「其ノ苦痛ヨリ生スル幾多ノ自暴自棄的ナル罪悪ヲ未然ニ防止スルコト」の二点が、取締令制定の根拠とされたのであった。

しかし、知事には一顧だにされず、再び翌年の公道会総会に持ち込まれることとなった。一九三一（昭和六）年四月二四日、高知県公道会第十二回総会が開催され、「差別的言動を弄する者に対し県令警察犯処罰令中へ処罰条項を制定せられん事を望むの件」が融和団体秋山村兄弟会から提出された（『融和時報』第五五号、四国各地版、一九三一年六月一日）。提案者は前年同様、岡崎がつとめている。

差別言動取締令制定に関して、三一年度は大きな変化が見られた。再度知事宛の「陳情書」を作成し、さらに民政・政友両党議員を訪問した結果、県会で全会一致を以て「差別言動取締令」制定に関する意見書の採択に成功したことである（「昭和六年 高知県通常県会議事速記録第九号」昭和六年一二月一二日）。

また、一二月一〇日に開催された県町村長会でも満場一致で差別取締令制定を県に要望することが決定され、その実現は知事に委ねられることとなった。

しかし、岡崎らの努力も空しく、「差別言動取締令」実現に向けてのそれ以上の進展はなく、翌一九三二年度を迎えた。二年間の取り組みが功を奏せず、捗々しくなかったので、三二年度は制定運動を更に強化することから始められた。

一九三二（昭和七）年四月三日、高知県差別撤廃期成同盟が誕生する。趣意書は「五箇条の誓文」と「解放令」を冒頭に掲げ、六〇年に亘る取り組みを一定評価しつつ、「然りと雖も其実績実功の是に共はざるは余りにも悲しき事」であり、対外的には「東方の君子国」を自認しながら、内部に「一部同胞を不当にも賤視し差別」することは「余りも大きな矛盾であり、余りも大きな悲劇」であると見做した。そして、部落差別を「単なる人道問題」ではなく、「実に由々しき社会問題」であり、「極度の憤激をさへ感ぜざるを得ない」と差別の撤廃に向けて徹底的に取り組むことを力説している。差別言動に対しては「合法的手段」＝「差別言動取締法」の威力により「国民融和の最もよき日」の実現をめざそうとし、その差別言動取締法制定への道筋として高知県差別撤廃期成同盟を結成し、「警察犯処罰令」に差別言動取締の一項の附加を試みんとしたのである。

結成大会では、宣言文及び綱領が採択され、規約、役員の選出が行われた。綱領は、「一．建国の大義を闡明し一視同仁の叡旨を宣揚す、二．差別を撤廃し社会生活に於ひて機会均等の実を挙ぐるため融和運動をして愈々積極的たらしめ国民親和の完成を期す、三．差別の言動を為したる者に対しては合法的社会制裁を加へ且つ厳に之を取締るべき法律の制定を期す」であり、特に第三項が差別撤廃期成同盟の性格を明瞭に示している。「差別言動取締令」制定実現のため、公道会総会での対応策を論議し、微温的態度を排し、総会で「差別言動取締令」制定が可能になるまで徹底的に対決する姿勢を示していった。

この高知県差別撤廃期成同盟は、委員長に岡崎精郎、書記長に前年一一月に結成された土佐青年融和連盟幹事長をつとめる岩村捷を擁し、委員には颪辺寿太郎、大黒貢、寺田一、田中喜代馬、村上亀義、藤崎薫など二四名が名を連ね、顧問には植村省馬、国沢亀、北代実など、県下の水平運動、融和運動に深く関わってきた人びとの大半を網羅しており、「差別言動取締令」制定運動を担った層の性格が浮かびあがってくる。

このような制定運動は一定功を奏し、知事をして「県令ニ代ルヘキ訓令」を同年八月二八日を期して出さしめ、制定運動の第一段階は終わりを告げた。しかし、八月二八日の訓令は差別撤廃への努力を県民に求めるだけのものでしかなかった。

高知県差別撤廃期成同盟を中核とする差別言動取締令制定運動は大々的に展開されたが、それでも最終目標の県令制定には至らず、翌一九三三（昭和八）年の高知県公道会第一四回総会では、「昨年発布の訓令を一層強く警察部長に徹底する様各警察署長に訓示書の配付を願ふこと」を附加条件として「陳情書を知事に提出する事、陳情起草委員は公道会に一任」することが決議される。さらに、一九三四（昭和九）年の第一五回総会でも、「差別言動取締に関する県令制定の件」が五たび議題として提出されるものの、県令制定の実現までには至らなかった。これ以降、高知県公道会の総会に差別言動取締令制定の件が議題として上程されることはなく、差別言動取締令制定は幻に終わった（ただし、一九四〇年代になると一部にその動きが見られる）。

三　農民運動と結びつく水平運動

(1)農民組合による部落問題へのアプローチ

戦前高知県における小作争議数は一九二〇（大正九）年から一九二九（昭和四）年までの一〇年間の平均が六・九件であるのに比し、一九三〇（昭和五）年から一九三九（昭和一四）年までの一〇年間の平均は四六・五件と、七倍近くに増加している。全国的には一八四二件から四七一三件へと約二・六倍の増加であるから、高知県の小作争議は一九三〇年代に大幅に増加していることがわかる。全国平均以上に高知県で一九三〇年代に小作争議が大幅に増加した理由の一つとして、一九二〇年代の日本農民組合の運動が高知県では一部を除いて殆ど展開されず、一九三〇年代に入り全国農民組合（以下、全農）の運動の浸透、組織化がすすみ、小作争議が華々しく繰り広げられたことがあげられる。

一九三二（昭和七）年七月二六日、高岡町昭和館で総本部派の全国農民組合高知県連合会（以下、全農県連）の結成大会が挙行された（全農県連の運動については、岡崎和郎『高知県農民運動史』和田書房、一九九九年が詳しい）。大会のスローガンは、「小作料をまけよ」「土地を農民へ」「全国農民組合高知県連合会結成大会万歳」などであり、宣言・規約とともに、「農村消費組合確立に関する件」、「土地取上、立入禁止、動産不動産の差押絶対反対の件」、「帝国主義戦争絶対反対の件」、「ブルジョア農村救済運動排撃の件」、「農村窮乏打破運動に関する件」、「ファッショ反対の件」などの議案が採択された。役員には、執行委員長に岡崎精郎、執行委員に板原伝、西原貞、岡崎和郎などが選出され、組織は最大時で二三支部三五班、組合員数は一五〇〇名を数えた。一九三五（昭和一〇）年の時点では、三地区一六支部、組合員一一〇七人であったが、一六支部中少なくとも四支部は部落農民を含んでいたと考えられる。

同じ頃、高岡郡斗賀野村を中心に全農全国会議高知県評議会の組織化が進み、組合員四〇〇名を数え、幡多郡平田村への進出も図っていた。この全国会議派の組織は部落農民が多数を占めていた。

全農県連第二回大会は高知県における戦前最大の小作争議である仁西《にさい》争議への弾圧によって獄中生活を強いられていた岡崎和郎の出獄に合わせて、一九三四（昭和九）年三月一日に高岡町昭和館で開催された。この大会で提案、可決されたのが「因襲的差別絶対反対の件」で、「ブルジョア融和運動に徹底的反対」を表明し、かつ「階級的立場」を「厳守」した上での「因襲的差別反対斗争」宣言であった。そこでは、「同じ貧農として同じプロレタリアートとして同じ同志として吾々はこの解放運動を積極的に斗はねばならぬ」として、民衆内部の差別―被差別の関係には触れないまま、「同じ」仲間として差別撤廃のために闘争することの意義を強調した。この提案の可決を受けての具体的な行動は「新執行委員に一任」となり、一〇日後に開催される全農全国大会での提案につながっていった。

一九三四（昭和九）年三月一一日から三日間にわたって東京で開催された全農第一三回全国大会では、全農県連として「因襲的差別反対の件」を提案した。岡崎精郎が提案説明を行い、原案通り可決されるが、大会での論議の有無については不明である。岡崎はこの大会で中央常任委員に選出され、全国大会後の三月一四日に開催された全農第一回常任委員会で「全水全国大会に対する件」が討議された結果、「四月一三、四日の全水全国大会へ総本部を代表して杉山委員長若しくは岡崎常任を派遣し祝辞をのべること」が決定されている。

京都で開催された全水第一二回大会には、最終的には杉山元治郎が全農を代表して出席し、「我が全農は全水の誕生と時を同じうして生まれた。そして組合員の中には部落の兄弟が多数占めている。社会運動の幾多の団体のうち、全農と全水は単なる友誼団体であったばかりでなく、兄弟の如くむしろ形を変えた同一のものである」と祝辞を述べた。岡崎も同大会に出席したが、彼の場合は、高知県の代議員としての出席であった。

さらに、翌一九三五（昭和一〇）年にも前年同様に部落差別撤廃に向けての取り組みがすすめられた。同年三月二〇日に高岡町昭和館で開催された全農県連第三回大会において、弘岡支部から「因襲的差別反対斗争の件」が提出される。可決されたかどうかは不明であるが、前年同様に全国大会でも提案されていることから、この件については可決されたものと考えられる。なお、この大会では「前年度闘争報告」のなかで、後述する長浜町長差別事件について「全水と全農との共同闘争」として報告されており、注目に値する。

四月六日、東京で全農第一四回全国大会が開催され、全国会議派の復帰が実現したが、高知県連は前年に引き続く形で「因襲的差別絶対反対の件」を提案している。残念ながら大会での議論はおこなわれなかった模様であり、議案そのものも可決されたかどうかも不明である。

県ないしは全国大会での部落差別撤廃をめぐる提案とならんで注目されるのが、メーデースローガンへの部落問題の掲示である。高知県のメーデーは他県に比べて開始が遅く、一九二七（昭和二）年にやっと第一回のメーデーが挙行され、戦前は一九三五（昭和一〇）年までわずか九回の実施にしかすぎない。そのなかで、唯一、一九三四（昭和九）年の高知県のメーデーにおいて、部落問題を視野に入れたと考えられる「民族的封建的差別撤廃」がスローガンの一つとして掲げられた。他の年度については、掲げられたスローガンがほとんど不明の場合もあり、部落問題に関するスローガンの掲示が一九三四年のみであったとは断定できないが、この「民族的封建的差別撤廃」がメーデースローガンに加わった要因として、全農県連の存在を抜きにして考えることはできないであろう。

(2)全農県連委員長の部落問題認識

全農県連委員長の岡崎精郎は地主の家に生まれ、画家をめざした青年期を経て、宗教的求道者の時期から、農民運動への参画、秋山村長への就任と、多岐にわたる活動をすすめていた。部落問題との出合いは、地元小学校での青年団雄弁会における水平運動家の演説に接したことであり、それは部落問題について自らが無自覚であったことを痛烈に反省する場でもあった。自ら部落問題に無関心であり、部落解放のために何ら取り組んでこなかったことを「私自身の罪悪として、義務の怠慢として、謝罪し懺悔」することにより、自らの無意識の内にある差別性にメスを入れるとともに、他者の差別言動に対して「もし言ふ者があれば、それがよし父であれ、母であれ、非難」する立場へと大きく変化したのであった。そして、その自覚は、居村である秋山村をはじめ、高知市内などでの部落差別撤廃を呼びかける街頭行動になって現われた。また、部落内に入っての清掃活動を主とする社会奉仕活動や座談会、部落問題をテーマとした雑誌『生命』の発行などにも精力を注いでいった。

『生命』は本文二二頁の小冊子であるが、全編にわたって部落問題に関する岡崎の考え方が示されており（目次は「一 道徳命令、二 吾が同胞よ、三 手を結ばう、四 手を結べ、五 神」の五章で構成）、部落問題との出合いにはじまり、いわゆる水平運動承認論に立脚しての彼の持論が展開されている。人間の価値については、地位、富、血統を否定し、能力・人格によって人間の価値は決定されると語り、「神」のもとでの平等、いわゆる「神」との一体化を志向していく道が説かれた。

また、秋山村長時代の頃であるが、高知新聞に掲載予定の原稿と思われる草稿「差別の絶対的廃止へ」と題する小文が残されている。そこでは、水平運動や融和運動が行き詰まっている状況について、それは決して部落問題の解決を意味するものではなく、むしろ差別意識は「国衆意識ノ成長ト共ニ益々甚シク」なっていると分析し、水平運動や融和運動の「衰微」している今こそ、「真実ノ差別根絶ニ向ッテ邁進シナケレバナラヌ」と差別撤廃に向けての並々ならぬ決意の程が示されている。そして、小文の後半部においては、部落問題の根本解決は「残留スル一切ノ封建主義ト一切ノ資本主義ノ克服及ビ廃止」と社会主義への道程を視野に入れた主張を展開している。

(3)県会議員選挙での部落民有志による推薦

岡崎精郎は県会議員選挙に三度立候補した。一度目は一九二九(昭和四)年一一月吾川郡の補欠選挙に社会民衆党から立候補し、七九八票の得票で落選。一九三一(昭和六)年一〇月は同じ吾川郡区に全国労農大衆党から立候補し、一〇四八票の得票で落選。一九三五(昭和一〇)年一〇月には吾川郡区に社会大衆党から立候補し、一七二一票の得票で次点となり落選するが、翌一九三六(昭和一一)年七月三〇日選挙違反で当選者が失格になったことにより、繰上げ当選となる。

この三度の立候補で岡崎は小作料の引き下げ、土地取り上げ反対などを選挙政策に掲げ、「(無産者が)利益をまもり権利を主張し生活を向上する為には多数の無産者が自分自身政党を作って、自分自身の力で努力する外にないからであります」と無産者の立場からの立候補を強調していた。その三度の立候補のなかで、部落問題との関連が見られるのは二度目の立候補のときであった。

一九三一(昭和六)年一〇月の県会議員選挙では、吾川郡区は三人の定数に対し、五人が立候補し、岡崎精郎は全国労農大衆党から推されて立候補し、選挙運動を開始した。全国統一の府県会議員選挙がおこなわれた年でもあり、水平社としては福岡県の花山清をはじめ、九人の立候補者の組織的支援につとめたが、その水平社から推薦された九人のなかの一人が岡崎であった。

県内においては、「吾川郡全部落民有志代表」からの推薦を受け、推薦文を選挙ビラ「岡崎精郎の宣言」（「岡崎精郎・和郎関係資料」高知市立自由民権記念館所蔵）に掲載した。

親愛なる我部落民諸君の魂に訴へます

それは実に永い間誠に呪はしき差別と迫害の下にいたましくも闇から闇へ葬られました。従つて私共の社会生活の上に『経済上、職業上、政治上』何等の力をも與へられてゐないのであります。この呪はしき不合理なる一切の差別相の存在の罪こそ実に従来の政治家共が当然負はねばなりませぬ。時に部落問題を口にすると雖も誰か一人部落民解放の為に真に政治的使命を果さんとした政治家があつたでしやうか？

かつて侍下人の解放は侍自身の手に依つて遂げられた様に特種部落の解放は私達部落民自身の結合の力に依つて政治闘争の中に割込まねばなりません。そこに私共の解放の道が開かれます。今回の県会議員選挙に全国労農大衆党から立候補された岡崎精郎君こそ私共の望みを託し得る唯独りの人なりと確信致します。同君は私共の上に加へられるこの不当なる差別を自己の責任なりとして、大正十四年以来私共と共に生活し、私共の苦（し）みを自己の苦しみとなし私共の悩みを自己の悩みとなし私共の為めに自身を捧げて、あらゆる苦難を排して勇敢に闘ひ続けられて居ります。今、岡崎精郎君必勝の為にはお互ひに旧き情実の一切を捨てゝ真心からの熱意を以て支持されんことを切望いたします。

この推薦文からは、岡崎が部落の側からどう評価されていたのかをうかがい知ることができる。一水平運動家との出会いを通じての部落問題とのドラスティックな邂逅以来、近隣の部落はもちろんのこと、高知市内の部落を歩き、清掃活動をはじめとする奉仕活動に専念した。それも岡崎一人ではなく、妻鶴子と二人しての自己犠牲とも言える社会奉仕活動であり、活動への精励は徹底を極めた。部落に入り、共に寝居して決して自己の安楽を省みることはなかった。そういう岡崎を評して秋山の部落の人々は「神様」と呼んだのであるが、この推薦文からも「大正十四年以来私共と共に生活し、私共の苦みを自己の苦しみとなし私共の悩みを自己の悩みとなし私共の為めに自身を捧げて、あらゆる苦難を排して勇敢に闘ひ続けられて居ります」と岡崎に絶大の信頼が置かれていたことを読み取ることができ、それは全農県連の中での岡崎の位置と相俟って、全農県連が部落問題に積極的にアプローチしていった最大の要因として岡崎の存在がいかに大きかったことかを見事に物語っている。

四　全国水平社高知県連合会の運動

(1)長浜町長差別事件

一九二七年以降、運動上から姿を消した高知県水平社であったが、全農県連の部落問題への積極的関与を受けて、水平社組織の再建が取り組まれていく。ただし、一九三三年に起こった高松結婚差別裁判糺弾闘争(高松闘争)には幡多地方では積極的に参加していくが、高知県全体を見ると、これといった動きは見られない。闘争真っ最中の八月一六日に小松頼正が闘争本部に高知県の情勢報告をおこなっている(「史料紹介　高松地方裁判所検事局差別事件/闘争日誌」『水平社博物館紀要』第二二号、二〇二〇年)のみで、全農県連内部で高松闘争について論議された形跡も見られない。それは、当時、委員長の岡崎が仁西争議によって獄中生活をしいられていたことと関係が深く、実際に全農県連が積極的に水平社との提携を模索していくのは、岡崎が出獄した一九三四（昭和九）年一月からであった。同年四月の全水第一二回大会に岡崎を含む三名の代議員が派遣され、そのうちの一人の大黒貢（一九〇六―一九七五）が大会後に中央委員に選出されている。

それから一ヵ月後の同年五月に高知市長浜で銭湯への入湯をめぐって、部落差別事件が起こる（全水高知県連のビラ「大原資料」）。「部落民たるを以て銭湯入湯拒絶」が事の発端であるが、その拒絶者が町長の父であったことから町当局への差別糾弾闘争へ発展していったのである。地元の矢野鶴馬から全水県連に連絡があり、全水県連本部では大黒貢、藤崎義男の二名が全農県連の原上権次郎と協力し、ビラ撒き、町長交渉へとすすんでいった。しかし、町長は対抗的態度に出で、特高も全水との連絡役をつとめていた矢野鶴馬を検挙するなど「高圧的態度」に終始したため、水平社として「被差別者の強制的取調べ反対の大陳情」をおこなった結果、町長自身が父親の差別的言動を陳謝し、問題解決につながったということである。

この糺弾闘争は、全農県連第三回大会で「吾川郡長浜町長のオヤヂの差別事件に対し一五〇名の大衆が動員された。高知署は弾圧の態度に出たが町長の陳謝で解決した。これは全水によって斗はれたそれに吾々は応援した。全国水平社の組織の網が高知に張り巡らされる事に吾々は協力しなければならぬ」と「全農と全水との共同闘争」として一定評価されたが、実際には全農県連と全水県連との組織としての共同闘争として展開されたとは言い難いものであった。全水として糺弾闘争をおしすすめた大黒貢や藤崎義男はともに全水県連の幹部でありながら、全農県連の幹部もつとめており、彼らが運動をすすめていくことはそのまま全水の運動となり、かつまた全農の運動ともなりえたのである。そして、それが単に共同闘争と表現されたに過ぎなかったのである。

このように、組織としては確固とした組織はほとんどなく、まして全県的な広がりも見せてはいないものの、一九二七年から実に七年ぶりに「全国水平社高知県連合会」という組織名が登場したということの意味は大きかった。大黒貢から西本利喜（一九一五―一九六七）と高知県選出の中央委員が水平社という名称を受け継いでいくことになる。

(2) 部落農民の農民運動

全農県連は多くの部落農民を有しており、部落問題へも一定の関与を示したが、県連の役員にも部落農民が多く就任した。一九三二（昭和七）年の全農県連結成時点では執行委員クラスに部落農民は名を連ねていないが、一九三六（昭和一一）年の総本部派と全国会議派との合同時には常任執行委員七名のなかに大黒貢、寺田一の両人の名前が見られる。

一九三四（昭和九）年一一月三〇日、吾川郡小作人大会が開催され、「凶作から農民を救へ」「困窮生活打開」をスローガンに掲げて二〇〇人の農民が結集するが、この吾川郡小作人大会の開催を担ったのが大黒正郷（一八八一―一九五三）、貢父子であった。

一九三四（昭和九）年の風水害による稲作被害状況の打開と全農の運動の再建を企図して、吾川郡内の小作人を結集して小作人大会の開催準備がすすめられた。まず、同年一一月二一日、秋山村隣保館で吾川地区第一回班代表者会議が開催され、全農高知吾川地区委員会が確立し、地区委員長に大黒正郷が選出され、書記局は大黒貢、甲藤馨、原上権次郎の三人で構成されることとなった。同時に、吾川郡小作人大会の開催が決定され、「大不作に泣く吾々小作農民として貧乏生活打開、此の窮境切抜けのため」に小作人大会を開催する旨の大会案内状が作成された。そして、全農の組合員には「家内総出で参加せよ」との指令が出され、檄が飛ばされた。

当日の様子は「吾南小作農民が挙げた／困窮生活打開の炬火／全農吾川地区小作人大会」と新聞記事でも報道

され、吾川郡内の小作農民を結集しての大会は盛大に開幕した。一一月三〇日午後八時、二〇〇人の小作人が秋山村公会堂に集まり、原上権次郎の「本大会は吾川郡における歴史的なまたかつてなき大会である」との挨拶に始まり、「一 凶作地小作料五割以上減免獲得の件、二 西瓜跡不作減免四割以上獲得の件、三 政府米安値払下要求カンパの件、四 小作保護法制定要求カンパの件、五 農民一ヶ年間食料差押禁止法獲得の件、六 秋山四町歩立入禁止争議解決促進闘争の件」の六件の議案を満場一致で可決した。

この吾川郡小作人大会の主たる議題は風水害の打撃を最小限に留めるべく、小作料減免闘争に立ち上がらんとすることであり、大会名で衆議院及び貴族院議長宛に「小作保護法及農民一ヶ年間食料差押禁止法ノ速カナル通過ヲ茲ニ要請ス」との要請書を提出した。部落問題については直接俎上にはのぼらないが、地区委員長に大黒正郷が就任し、書記局に大黒貢、会計に笠原正美、地区委員に寺田一、国沢安春が選出されたことからもわかるように、吾川郡小作人大会は部落農民が中心となって企画、運営された大会であった。

なお、大黒貢が全水委員長の松本治一郎に宛てた一九三四（昭和九）年一〇月二日付書簡（「松本治一郎旧蔵資料」福岡県人権研究所）には九月に発生した室戸台風での県内の被害の様子（県全体では甚大な被害を被ったが、部落は安芸町と須崎町では一定の被害はあったものの、それ以外の地域では被害は小さかった）について記した後、県内の水平運動の組織状況について報告をおこなっている。最初に長浜町長差別事件が無事に解決したことを報告し、続いて高岡郡浦の内の差別事件、吾川郡戸原の差別事件と連続して差別事件が発生したが、ともに「大勝利的解決」で終わったことを報告している。続いて、高知県内の支部組織の状況について、現在支部のあるのは吾川郡秋山村、高岡郡井関、同戸波村、土佐郡神田村、朝倉村、高知市小高坂で、結成できそうなのが吾川郡長浜村、安芸町、高岡郡須崎町と記している。そして、近く全水高知県連の第七回大会を開催するための準備に取りかかっているので、松本の来高を依頼している。最後に初代委員長をつとめた国沢亀の死去について「ダラ幹」が病気で死亡したとして「アワレト言フモ、ヲロカナルモノ」だと手厳しいコメントを記している。

⑶全農と一体化した水平運動の展開

一九三四（昭和九）年の全水第一二回大会への代議員の派遣に引き続き、翌一九三五（昭和一〇）年も代議員の派遣が計画された。全水県連は派遣するための費用のカンパを「第一三回大会へ高知県からも代議員を送れ、大会費代議員旅費募集カンパを起せ」と呼びかけた。この呼びかけに応えて、全農県連は旅費募集カンパへの協力決議を行い、全水支部も秋山支部及び中ノ村支部でカンパ活動に着手したが、全水支部として示された秋山村と弘岡中ノ村にはともに確固とした全農支部が存在しており、被差別部落を含めた村単位で結成された農民組合支部が水平社の活動の基盤そのものであったのである。そのため、全水秋山支部（全農秋山支部）、全水中ノ村支部（全農中ノ村支部）と表現されただけであった。

また、旅費募集カンパ呼びかけのビラの最後に、「付記」として、全農県連書記局による全農県連常任あてのメッセージ「全農県連常任諸君はメーデー当日までに連合会まで五十銭づゝ御持参願ふ」という一文が添付されており、全国水平社高知県連合会名で出されたビラであるにもかかわらず、実態としては全農県連に依存せざるを得ない状態であったことを見事に物語っていた。

一九三五（昭和一〇）年五月四日・五日に大阪市で開催された全水第一三回大会には代議員として吉川村出身の西本利喜が参加した。当時、西本は弱冠二〇歳であったが、全水全国大会への代議員として参加し、そのまま中央委員に選出される。西本の香南地方での水平社とのかかわりをうかがわせるのは、同年三月一四日の国民融和日に対する「反動融和運動撲滅闘争」であった（『水平新聞』第六号、一九三五年四月五日）。「高知県香南支部に於ては、反動融和運動撲滅闘争を目ざましく戦つてゐる」として、三月一四日の国民融和日に吉川村にやってきた高知県公道会主事の汲田松之助と土佐融和青年連盟幹事長の植村政吾に対して論戦を挑んでいる。香南支部では女性二人を含む一三人を動員しての論戦という戦術がみごとに的中し、「村民大衆の前に真の見方は誰であるかをはつきりと知らしめた」と勝利宣言をおこなっている。そして、香南支部の活動からさらに進んで、全県下部落青年に「水平新聞読者会」を提唱するまでにいたったとされる。このように、『水平新聞』の記事からは、融和運動と対峙して大衆の支持を得ながら闘う水平社の姿が浮かび上がってくるが、実際はそれほどでもなかったようである（『融和時報』第一〇一号、四国各地版、一九三五年四月一日）。

新たに中央委員に選出された西本は中央委員としての職務（中央委員会への出席）をきちんと果たしていく。全国大会後の五日に開催された第一回中央委員会（大阪）、八月二〇日の第二回中央委員会（大阪）、翌一九三六（昭和一一）年一月二六日の第三回中央委員会（福岡）、三月二一日の第四回中央委員会（大阪）と毎回欠かさず出席している（『水平運動史の研究』第四巻、部落問題研究所、一九七二年）。中央委員会での議事に西本がどのような態度で臨んだのかは不明だが、第四回中央委員会では各地の地方情勢報告がなされるなか、西本は「闘士の不足と交通の不便は吾々の運動の上に一大障害となってゐて、県下の密接なる連絡がとれないのは遺憾である。香美郡（香南地区）に就いて見れば、昨年の水害当時救援運動を活発に展開したが其の後全農との連絡の下に、小作法制定の署名運動を起した」と、高知県の情勢報告をおこなっている（『社会運動通信』一九〇四号、一九三六年四月二日）。中央委員とはいっても、西本自身が単独で高知県内のすべての被差別部落の状況を把握するのは困難であったことは想像に難くなく、また小作法制定の署名運動にいたっては全農県連の運動に名を連ねただけに過ぎなかった。水平社として独自に署名運動を展開する組織的力量を有していたわけではなかったのである。なお、この第四回中央委員会で西本は緊急動議として「青年部対策委員会設置に関する件」の提案をおこなっている（『水平運動史の研究』第四巻）。

なお、報告中の「昨年の水害当時救援運動を活発に展開した」とあるのは、一九三五（昭和一〇）年の風水害の際に、「私達の部落香南地方では、お上のお情に頼らず幡多郡地方の兄弟を俺達兄弟の手で救へ！と労働救援を起し少しづつのお金やお米でも持ち寄つて見舞品を送る準備中である」と、香南支部として特に被害の甚大であった中村町への支援を準備中との報告のことと思われる（『水平新聞』第一二号、一九三五年一〇月五日）。

以上のように、農民組合との密接な提携のもと、はじめて水平社としての活動も可能であったとはいえ、このような水平社と農民組合との関係のなか、西本も水平運動に登場するのであった。西本が水平社に深くかかわる契機としては、当時全農県連の委員長をつとめていた岡崎精郎の影響が強かったことは間違いなく、西本の実兄の植は後年、「吾川郡春野町秋山村の労農運動をしている県会議員をした人（岡崎精郎）で、その人にいろんなことを教えてもらって、だんだん今で言えば、左翼、社会主義か共産主義か、ああいう風な傾向になっていった人が居って、水平運動という、福岡の松本治一郎、参議院の副議長をした人の所へ行って、水平運動という部落を解放する運動に首を突っ込んだ」と回想している（一九八〇年二月四日、吉川小学校における西本植の講演）。

どういうきっかけで西本が岡崎精郎と知り合ったかは不明であるが、農民運動をつうじてということであるならば、一九三四年頃に二人は知り合い、その後、西本が運動に参加していったと考えるのが自然である。二人の深いつながりについては西本から岡崎精郎宛の一九三六（昭和一一）年一一月二九日付書簡（前掲「岡崎精郎・和郎関係資料」）からもうかがい知ることができる。直近に発生した稲生村の差別事件についての報告をおこない、漁業組合の合併問題やその他の差別事件などもあわせて「何卆御心配下されん事を県下五十六部落になりかはりまして懇願致します」と記している。

この書簡は全国水平社総本部書記局から香南支部宛の書簡（便箋三枚）の裏に書かれており、「高知県香美郡吉川村　全国水平社高知県連合準備会」のスタンプ印が捺されている。文面からは西本の岡崎への全幅の信頼感が伝わってくる。この書簡には香南地方における差別事件について書かれた文書も添付されており、西本から岡崎への報告文書の体裁をなしている。西本と岡崎との関係については、この書簡以外にも岡崎の葬儀の際の弔辞（前掲「岡崎精郎・和郎関係資料」）からも親密な関係が読み取れる。

西本から岡崎への書簡の添付文書のなかに「現職警察官の差別暴言」と書かれたものがある。後半部分が欠落しているが、一九三六（昭和一一）年一一月三〇日に発生した赤岡警察署巡査による差別発言についての報告文書である。この差別事件については、『水平新聞』第二二号（一九三七年一月一日）に「現職警官の差別／罰棒転勤で解決」の見出しで紹介されている。内容は、赤岡町の漁業組合員が吉川村の漁業組合の漁業権区域内に網を入れた件で、訴えを受けた赤岡警察署では部落のなかに駐在している巡査が取り調べをおこなったのだが、取り調べの最中に、差別暴言を吐き、威嚇したというものであった。取り調べに当たって、再三再四、「おんしらあ　それが穢多根性と云ふぞ」と頭から怒鳴り散らし、胸倉をつかんでゆすったりするので、その苦痛を訴えたところ、「漁師がこれ位の事で何が痛かりゃ、穢多根性を出すな」と聞くに堪えないような差別暴言を吐いたのであった。トラブルそのものは両者間の示談で解決したものの、本来ならば「部落問題に最も精通してゐなければならぬ巡査としてあるまじきこと」として、「県会の問題として当局の責任を問はんと糺弾闘争を展開せん」としたところ、あわてた赤岡署では直ちにその巡査に「罰棒転勤」を命じて内密に処理しようとした。全水香南支部からは総本部に応援を要請し、一二月一八日に松田喜一らが来高して県庁に警察部長を訪問して事件の顚末を述べ、差別撤廃に関する、将来の善処方針の確立を要求したところ、警察部長から「誠意ある回答を得」ることができたとして、この事件の糺弾闘争は打ち切られることとなった。「誠意ある回答」の中身は不明であるが、「罰棒転勤」という人事を了承したものと思われる。

五　戦時下の水平運動

一九三八（昭和一三）年一月六日の岡崎精郎の葬儀では、西本は「全国水平社高知県連合準備会」の代表として弔辞（「岡崎精郎・和郎関係資料」）を読み、岡崎の病床見舞の際に「私の手を握つて、西本よ、病ひの為めに倒れたくない。犬死はしたくない、もう一度、起ち上がつて、苦難な歩を続けてゐる百姓の為め、封建的な遺制に悩む六千部落三百万被圧迫部落民の為めに、闘かはなければならない。それが自分に与へられた歴史的使命であるのだ」と岡崎が述べたことを伝えている。西本にとって、岡崎から受けた影響は計り知れないものがあったとみえ、戦後の部落解放運動の出発日には岡崎精郎追悼演説会が開催される予定（『高知新聞』一九四五年一二月二四日）であったし、日農香長協議会の機関紙「土地と自由」創刊号には岡崎への追悼文を掲載している（『高知新聞』一九四八年二月二日）くらいである。

その後、西本は一九三八（昭和一三）年一一月二三日に大阪で開催された全水第一五回大会に代議員として参加し、酒井基夫、木村慶太郎、山口賢次とともに大会書記に任命されている（「第十五回大会報告」一九三八年一二月一〇日、『水平新聞』世界文庫復刻版所収）。ただし、同大会で選出された中央委員にはその名を連ねていない。また、同年一二月一五日に広島市で開催された全水中国・四国協議会準備会にも参加し、颪辺寿太郎とともに高知県の準備委員として選出されている（秋定喜和・渡部徹編『部落問題・水平運動資料集成』第三巻、三一書房、一九七九年）が、これ以外に、西本が全水の一員として活動した記録は確認できないし、高知での活動の足跡も残っていない。また、大和報国運動に関しても西本がかかわったという記録は残っていない。

したがって、先述の西本の書簡と『水平新聞』での赤岡警察署警察官の差別事件の報告以外、高知県内での水平社の活動について知るすべはなく、大和報国運動高知県本部の動向について、一九四一（昭和一六）年三月三一日に県本部大会が開催されたことを見てとることができるくらいである（『部落問題・水平運動資料集成』第三巻）。

高知県本部大会

大和報国運動高知県本部にありては、三月三十一日県本部大会を開催せるが、出席者常任理事寺岡貞美ほか約六十名にして、中央本部より招聘せる代議士松本治一郎、陸軍中将島本正一より大和報国運動に関する講演あり、決議文「吾等は聖旨を奉体して一億一心大和報国の実を挙げ明朗なる東亜の建設に協力せんことを期す」並びに推進員を決定し散会せり。

参考文献

・高知県教育センター同和教育研究部編『植村省馬資料集』日高村、一九八六年
・高知県部落史研究会編『高知の部落史』解放出版社、二〇一七年
・美馬敏男編『近代高知県部落史資料一』一九八二年
・山下典昭・河崎章雄編『高知県水平運動等史料集』一九八四年
・吉田文茂「高知県水平社運動の軌跡」（部落解放研究所編『水平社運動史論』解放出版社、一九八六年）
・吉田文茂『透徹した人道主義者　岡崎精郎』和田書房、二〇〇八年
・吉田文茂「高知県水平社と国沢亀」（『部落解放研究』一九一号、二〇一一年三月）
・吉田文茂「高知県水平社の政治運動への進出」（『水平社博物館研究紀要』第一四号、二〇一二年）
・吉田文茂「続・高知県水平社の政治運動への進出」（『水平社博物館研究紀要』第一五号、二〇一三年）

・吉田文茂「自主的融和団体・高知県自治団の軌跡」(『部落解放研究』一九七号、二〇一三年三月)
・吉田文茂「西本利喜と高知の部落解放運動」(『高知市立自由民権記念館紀要』No.二一、二〇一三年)
・吉田文茂「同和奉公会高知県本部の活動」(四国部落史研究協議会編『しこく部落史』第一八号、二〇一六年)

Ⅱ 各論

青年活動家の日記から見た加茂名水平社

──史料紹介を中心に──

板東　紀彦

はじめに

青年活動家の日記とは、一九〇二（明治三五）年一〇月二八日に徳島県名東郡加茂名村《かもみょう》（現徳島市）の被差別部落で誕生した井藤正一が満二一歳の年に書き始めたもので、一三冊残されており徳島県立博物館が保管している。最初の手帳五冊には一九二三（大正一二）年〜一九三二（昭和七）年の九年間、続いて当用日記帳八冊には一九三三年・一九三五年〜一九四〇年・一九五九（昭和三四）年の八年間、合計一七年間が記されている。ここでは、この日記群を「井藤正一日記」と呼んでおきたい。

本稿で紹介するのは、手帳の第一冊（一九二三年五月二日〜一九二四年八月二〇日）と第二冊（一九二四年八月二一日〜一九二五年一二月三〇日）である。この二冊の手

「井藤正一日記」の全容

帳から、加茂名《かもな》町青年団福井支部の活動と、その活動のなかから立ち上げた加茂名水平社（一九二四年一二月二四日創立）を中心に紹介したい。

一　加茂名町と井藤家

(1) 加茂名町

一九一五（大正四）年一一月一〇日に加茂名村は町制を施行して加茂名町となったが、徳島市に隣接した近郊農村としての性格を残していた。また、江戸時代以来の藍作地帯であり、藍染めの原料葉藍の栽培が盛んであった。ところが、一九〇三（明治三六）年からドイツの化学染料の輸入が激増し、大打撃を受けた藍作地帯は桑園や水田に転換していった。生糸は日本の輸出の主力製品であったので、桑葉の増産が要請されていたことも背景にあった。加茂名町では、一九一六年頃から桑園が急速に拡大するとともに、多くの農家が養蚕に参入していった（吉田孝雄「加茂名の養蚕」、『加茂名を語る・加茂名小史第五集』所収・一九八七年）。

そのいっぽう、加茂名町には交通の要衝としての側面があった。町内には江戸時代以来の主要街道である伊予街道・讃岐街道と国有鉄道徳島線（徳島・池田間）が貫通し、街道沿いには町屋が軒を連ねていた。一八九九（明治三二）年の鉄道開通（徳島・鴨島間）により開設された蔵本駅周辺には、やがて歩兵第六二連隊が駐留することになり、小口組徳島製糸所など製糸・織物工場も進出してきた。それにともない料亭・旅館・飲食店を中心に歓楽街が形成され、陸軍御用商人の店舗も加わった。また、県内屈指の繭の集散地としても成長してきた。

加茂名町は桑園・水田風景が広範に拡がった農村であると同時に、近代化・資本主義化が急速に進行する連隊と製糸の町でもあった。

(2) 井藤正一

井藤正一は一九一六(大正五)年三月に加茂名小学校高等科を卒業後、家業に専念する。そのかたわら、青年団活動に参加し、部落の青年・児童を対象とする夜学会・自習会の支援や指導に尽力した。県内各地の青年団が主催する雄弁会には青年団支部の仲間とともに参加し、自身も部落青年の思いを訴える演説をした。また、向学心が強く月謝六円三六銭を早稲田大学へ送付して通信教育の講義録発送を依頼し(一九二三年一二月三一日、以下特に断らない限り「井藤正一日記」)、その後の日記には農作業を終えて夕食後に講義録に取り組む様子が散見できる。彼の知識欲旺盛な面は毎晩の読書にも示されており、栗須七郎『水平の行者』・高橋貞樹『特殊部落史』など水平運動に関するものはもちろん、『二宮翁夜話』・『中庸』・『明治大帝』や仏教書・歴史書からトルストイまで実に幅が広い。酒も煙草もたしなまず、唯一の道楽といえば書籍の購入と読書であった。そのいっぽうで、一九二三年頃の日記には将来に対する不安・絶望や性の悩みなど精神的な苦悩を綴っている。

その後、井藤は一九二九(昭和四)年に町会議員に当選し、農事実行組合長や県融和団体連合会・県同和奉公会の役員を務めた。アジア太平洋戦争後は県同和会副会長・徳島市議会議員・加茂名農業協同組合長などを歴任した。一九六〇年三月二九日に心臓病で死去、満五七歳であった。翌年五月、部落解放に生涯を捧げた井藤の功績を顕彰するために、井藤が建設に尽力した市立鮎喰隣保館(現加茂名中央会館)の敷地に胸像が建立された(森本安市『同和教育の師父　井藤正一先生伝』・一九六二年)。

(3) 井藤家の家業

井藤家は水田一町・畑五反を所有する農家で、苞《つと》を集荷する業も兼ねた。戸数一二八戸・人口八四一人（一九〇九年調、徳島県『特殊部落改善資料』一九一〇年、『日本庶民生活資料集成』第二五巻所収）の被差別部落のなかで、井藤家は四、五軒しかない自営農であった。こうした井藤家の資産を築いたのは祖父庄三郎で、彼は村会・町会議員を四期務めた地域を代表する人物であった。井藤家は米・麦の他に玉葱・里芋・馬鈴薯・甘薯・桑などを栽培しているが、次に苞と桑を取り上げたい。

苞は瓶苞《びんづと》とも呼ばれ、酒・醤油の一升瓶やビール瓶を輸送するときに壊れないように瓶に被せたもので、麦藁で円錐状に編んだカバーのことである。この苞を集荷・出荷する作業を井藤正一が一手に担っていた。

次は、「井藤正一日記」に最初に記された日の全文である。

日記　五月二日　旧三月十七日　水曜日　一時曇大風
五時起床。朝、田宮（名東郡加茂村）迄馬之種付に行けり。帰りて苞之荷造りを為せり。後、草を野に苅りて、帰りて苞之買入れを為「し」（欠カ）後終業。冷水浴を為したり。夕食後、『中庸』を少し読て後、二宮尊徳先生之書を読み、午後九時就寝せり。　（一九二三年五月二日）

毎日の月日の下には、農作業に欠かせない旧暦の月日を必ず記入している。田畑を鋤く馬を一頭飼育しており、子馬が生まれると売却していたようだ。田畑で農作業する以外の時間の多くは、買入れた苞を二五個づつ束ねて荷造りする作業や、それを新町川河岸にある中洲港（徳島港、現徳島市中洲町）へ運搬する前日には荷車へ積込む作業に追われた。「五時五分起き、中洲え二回苞を運搬し、帰りて荷造り・掃除・買入了し湯入り」（一九二三年九月六日）とあるように、早朝から加茂名町・中洲港間約六キロメートルを二往復している。荷車を馬や自転車で牽いた形跡はないので、井藤ひとりで牽いたと思われる。この九月には七日間で九往復している。

井藤家が苞の集荷業をしていることもあり、井藤の部落では内職として苞作りが盛んであった。部落には小作農のほか、町内が交通・物流の要地ということから人力車夫や馬車・大八車牽きなど運送に従事する人もいた。生活が決して楽ではない人々にとって、苞作りは重要な現金収入源であった。こうした被差別部落の人々を、本稿では部落民と記す。

なお、井藤は二宮尊徳の書物を盛んに読んでいる。日露戦後の地方改良運動以来、政府は町村再建・国民教化のために尊徳の報徳思想「協同一致・勤倹力行」に着目して町村に浸透させた。また、少年「二宮金次郎」を模範的国民像に仕立てて修身の教科書に登場させたことも背景にあると思われる。修身教科書にもっとも多く登場したのは二宮金次郎と明治天皇であった。

次に、桑葉の収穫を日記から紹介する。

五時十五分起き、世多礼に桑摘みに行き、即時帰りて新旧両堤の間の桑摘みをし、苞之荷造りをし買入を了し掃除を［し］、湯に入り夕食後、叔母上宅にて一寸立寄り、帰り高□君の来訪に依り種々談じ、日記を付け笛を吹きて、九時半床入。理想に向ふて進まんか否や、昏迷する事有。噫々、如何する［ら］《（欠カ）》ん。

（一九二三年八月一二日）

世多礼と新旧両堤間の二ヵ所で桑摘みをしたとある。作業は相当の重労働であった筈だ。井藤家は養蚕をしていなかったようである。「桑を売渡し契約書を書いた」（一九二五年九月二日）とあるように、収穫した桑葉はすべて売却したものと思われる。高□は日記に頻繁に登場する青年団活動の仲間であり、加茂名水平社創立メンバーでもある。二人の間で何が話合われたのだろうか。彼の「理想」を昏迷させるような出来事があったのだろうか。

二　部落改善事業と二諦相資会《にたいそうしかい》

(1)徳島県の部落改善事業

一九〇九（明治四二）年四月、徳島県は部落改善事業に着手し、矯風奨励事務嘱託として採用した光善寺（勝浦郡小松島町）住職の能仁達朗に県内の被差別部落を巡回・講演させるとともに（『融和時報』復刻版第一巻・一九八二年）、県内務部長が「特殊部落民調査」を郡市長に指示した（一九〇九年一一月二五日「徳島毎日新聞」）。前年には、日露戦後の国家・地方財政の疲弊や思想・風紀の混乱を背景に、国民の協同一致と勤労を呼びかける戊申詔書が発布された。それを受けて第二次桂太郎内閣が地方改良運動を開始し、その一環として部落改善事業が始まったのであった。

一九〇九年三月、板野郡長が「戊申詔書趣旨実行概目」を三八項目にわたり訓示している。一二番目に「特殊部落の改善をなすこと」と指示している。他に本稿に関連する項目として、青年会・夜学会の振興、社寺合併の断行、就学児童の保護、子守教育の実行がある（『吉野町史別冊　解放の歴史と同和教育』・一九七三年）。

県内では明治四〇年前後から被差別部落を自主的に改善するために、部落の有力者や青年が部落改善団体・青年会（団）を結成して部落改善運動を進めていた。この部落の人々による自主的な運動を、政府や県・郡・市町村は行政の枠内に取り込みながら地方改良運動・部落改善事業を推進した。差別される原因は環境・生活・衛生・風紀が不良な部落側にあるとして、部落内部の改善に終始したのが部落改善事業であり、差別する側の社会の構造・意識にまでは踏み込むことはなかった。

こうした部落改善事業が転換を迫られた契機が、一九一八（大正七）年の米騒動と一九二二年の全国水平社創立であった。米騒動の翌々年政府は一九二〇年度に地方改善費五万円を予算計上し、そのうち四万三〇〇〇円は一六府県に交付した。これが、徳島県に配分されたのである。ただ、政府の危機感とは別に、この地方改善費は従来通り部落内部の改善事業に充てられた。

次は、一九二〇年七月二四日に名東郡が郡内の町村あてに告示した「名東郡部落改善事業奨励規定」である。

第一条　部落改善の目的を以て団体を設置し、第二条の事業を経営したるときは、其成績に依り五拾円以内の奨励金を交付す

第二条　奨励金を交付すへき事業の種類、左の如し

道路・下水道の修理　　共同浴場　　会堂又は集会所の建設　　学校児童就学・出席の奨励

（内務省社会局「部落改善の概況」一九二一年、前掲『吉野町史別冊』所収）

名東郡は町村に部落改善団体を設立させ、会堂建設など第二条に示した事業を団体が実施すれば五十円以内の奨励金を交付するというものである。

やっと、被差別部落に対する差別的偏見・弊習を一般社会から除去し、部落内外の融和を推進する事業に、政府が着手したのは一九二三年度地方改善費の予算成立からである。それは全国水平社創立の翌年のことであり、政府が水平運動に対抗するためであった。こうして、政府・地方行政が部落解放のために開始したのが融和運動であり、そのための施策を融和事業（または地方改善事業）といった。

一九二三年四月、井藤正一の部落に建設中であった二諦相資会堂の落成式が開催された。青年を代表して井藤が県知事を目の前にして述べた所感は、部落改善事業や一般社会に対する怒りであった。

四月二十八日落成式に際に《（シカ）》所感を述べんとした物《（ママ）》

兼ねて属《(矚カ)》望せし二諦相資会《(にたいそうしかい)》堂も漸熱誠なる有志諸君之努力により漸く其の竣工を告げ、知事閣下を始め歴々の御方之臨場を仰ぎ盛大に落成式を挙行するコトになりました。不肖私も其之の千歳《(載カ)》一遇の盛典に遭ひ、［此の式場の］末席を汚す事を得たるは身之光栄之大慶に存ずる次第で有ります。実に本日は吾等か永久に忘れんとして忘る能はざる紀念日［なの］であります。芽出度くも有り、且つ悲しい日なので有ります。何故に吾か部落に限り講堂建設之要求を余儀なくされたか。之れ吾等に未熱《(熟カ)》不練之点が有る為では無いでしょうか。近来差別徹《(ママ)》廃之声か盛んに社会に喧伝されて参りましたか、差別徹《(ママ)》［廃《(欠カ)》］とは何んで有あ［ります］か。維新以来、平等の政策之下に同権［を］有する今時代に於て、殊さらにかゝる声を発するは却って吾等に対し差別的を表明して居るのです。四民なる大正の今日に於いて、尚且つ本町之如きは役場吏員すら一人も、本村出身の人にして其の出役を見ないとは何たる矛盾でせう。諸君、将して此の社会が平等なものと言えるでしょうか。封建時代の専政《(ママ)》制治の下に差別的圧迫を理の当然として甘じて居た時代はいざ知ら［ず《(欠カ)》］、廿世紀の御代に生れたる我々はかゝる惨《(ママ)》酷なる社会に対しては、胸中の噴問《(憤悶カ)》を抑制する事は出来ないのです。如何に満場の諸君、吾等は是より大いに教育の普及と言ふ事に注意すべきで有ります。子弟之教育に全力を傾倒して、大人物を養成するか部落改善之近路であらうと考えるので有ります。とりは［け《(欠カ)》］青年・処女諸君の努力如何は、本村の進退に大いなる関係を有するは言を俟たずして明らかであります。されば、諸君は此の講堂に《(ママ)》くもの巣を張らさない様に有益に使用して、諸君の汗油の結唱《(ママ)》によりて築かれたる講堂を《(ママ)》、永久に文化向上の機関として効果あらしめられん事を切望して已まないので有ります。最後に望みまして、部落改善委員の方々の健康を祈する次第ですあります。（一九二三年四月二八日、日記の冒頭に記載）

明治維新以来の四民平等政策により、部落民も同じ権利を有しているはずの大正の今、なぜ差別撤廃が喧伝されなければならないのか、なぜ部落が講堂建設を要求する必要があったのかを、行政や社会に厳しく問い質している。そして、部落に対しては、児童教育への全力傾注と青年男女の活発な活動を要求している。なお、井藤は自身の住む被差別部落のことを「本村」「村」と呼んでいる。本稿でも適宜使用する。

(2)二諦相資会

一九一九（大正八）年七月以来、徳島県は県内の被差別部落と関係する郡町村官吏・小学校長・宗教家を召集して部落改善協議会を開催してきた。同年一一月には、県は宗教家との間で、各部落に二諦相資会を設立する協定を結んだ（前掲『融和時報』復刻版第一巻）。二諦相資とは、仏教信仰で得られる真理を真諦、世間の道徳など種々の教えを俗諦とし、真俗二諦が相依り相資け合い相対的な真理に導くという教えで、特に浄土真宗で主張された。

次は、一九二〇年一二月末頃に名東郡が二諦相資会の設立状況を県に報告したものである。

指導者の努力と部落民の自奮により、既に□□・□□両部落の選奨を見、他部落又何れも改善の緒に著しきを以て、各部落一斉に二諦相資会部会を創始し、改善事業を行はしめむとし、本秋来奨励中の処、□□部会の組織成り、□□戸主会、□□一心会・戸主部会を二諦相資会部会と為すの議調い、他の四部も又明年一月中に創立すべき見込なり。今後此二諦相資会各部落部会を指導啓発し、奨励規定に依り其事業を奨め、益々改善の実績を挙げしめむとす。

（「部落改善の概況」、前掲『吉野町史別冊』所収）

選奨とは、一九一五年二月一一日に加茂名村青年団福井支部が内務省から、同日に上八万村青年団が徳島県から活動成績佳良として表彰されたことを指している（『徳島県教育沿革史』・一九二〇年）。名東郡は各部落の戸主会を二諦相資会の部会として編成し、改善事業を実施する部落改善団体としたのである。郡内では一九二〇年末までに加茂名町など三町村内で三部会が設立され、翌年一月中には四部会設立の見込みであると報告している。

加茂名町の二諦相資会堂建築は二諦相資会の部会が事業主体となったはずで、一九二二年度の地方改善事業費を投入して建築された。この年度の会館・会堂事業に対して県が支出した補助金が「地方改善事業補助状況」（県融和団体連合会『徳島県融和事業概要』一九三七年、『徳島県部落史学習史料集・近代Ⅱ』所収・一九八二年）に掲載されており、「加茂名町　事業費四四八七　補助額五一八」となっている。二諦相資会堂建築事業費四四八七円、県補助金五一八円で、残りは国・名東郡・加茂名町が負担した。二諦相資会堂は会堂と呼ばれて、部落の行事や児童の自習会の会場として利用されるいっぽう、青年団福井支部など団体の活動拠点となった。

六時十分起床。本日は村立公堂に於て入仏式挙行。雅《（稚カ）》児練をなせり。終日、細雨降りて鬱陶敷《（ママ）》しかりき。妹トメ事も雅《（ママ）》児になりて、家族皆会堂に行けり。後に叔母のみ留守して有［り］き。僕は姉上之宅に終日二宮尊徳之書を読み居たり。（中略）夕食後、種々の書を読みて寝に就けりて《（ママ）》。今夜、月並説教会有れど、我会計係なれど入仏式費集金之余金にて用を足すべく由にて、出席せざりき。時に九時。（一九二三年五月八日）

会堂には阿弥陀如来画像を安置した仏壇があり、毎月八日には本願寺派遣の布教師が説教する月並説教会が行われ、「村」の人々の信仰の拠点になった。井藤は説教会の会計を担当していた。

三　加茂名町青年団福井支部

(1) 創　立

一九〇五（明治三八）年九月に内務省、一二月に文部省が地方青年団体の設置を奨励する通達を出した。青年団体が夜学校を設けたり、軍隊を支援する活動に注目したからである。青年団体を通じて青年の思想・風紀を教化し、地方行政を補完する組織として育成しようとした。一九〇八年一〇月、名西郡長が町村役場・小学校に「本郡各町村　青年会準則」を通達している。その第二条には「本会は青年の智徳を啓発し、健全なる生活をなすへき準備をなさしむるを以て目的とす」(『徳島県教育沿革史』・一九二〇年)とあり、青年教化の意図がみえる。その結果、徳島県内では一九一〇年前後(明治四〇年代から大正初年頃)に青年会(団)の設立が急速に進んだ。

一九一一年二月一三日に加茂名村青年団発会式が行われた。青年団員の確保には、小学校教員のテコ入れが相当あったようだ。発会式七日前の加茂名小学校教員の日記には「本村青年団創立の件に付き、島田西分と中鮎喰方面に出張」(同年二月六日、高田豊輝『小学校教員高田牛太郎の日記』・一九九六年、以下『高田日記』と略す)とか、六年後のことであるが、「午後四時より蔵本城ノ内・川添方面へ青年団の入会募集の為出張」(一九一七年一月三一日『高田日記』)とあり、小学校ぐるみの支援があった。

福井支部は、村青年団発会後「直に当地に支部を起し宮□□□を支部長とし、町役場吏員の後援を得て本県嘱托《ママ》能仁達朗と稲塚逸次は彼等の父となり母となり、鋭意之が指導督励」(前掲『徳島県教育沿革史』)して成長していった。内務省表彰を受けるまでになった福井支部の活動の背景には、能仁と稲塚(加茂名小学校長)の指導と町役場職員・小学校教員の全面的な支援があったことがわかる。ただ、これは同時に町村長・小学校長の意向で、青年団や支部の活動が制約される側面もあった。やがて大正デモクラシーの潮流を背景に、一九二〇(大正九)年一月に内務・文部両大臣の共同訓令により、青年自身による自主・自立的な運営を認めることになり、加入の上限年齢も二〇歳から二五歳に引き上げられた。一九二三年五月から書き始めた「井藤正一日記」には、能仁や稲塚校長(一九二五年四月一日退職)はほとんど登場していない。福井支部に加入する青年の人数は不明であるが、加茂名水平社創立後の一九二五年三月に開催された支部総会は「出席者四十余名」であった。こうした支部の活動に刺激され、「村」には処女会・婦人会・戸主会が設立された。

それでは、加茂名町青年団福井支部の活動を紹介しよう。

(2) 役　員

（前略）今夜、夕食中高□君の参りて、僕を当村青年団幹事に推薦したるにより、今晩学校に幹部総会有るから出席する様との事なれ共、我快からず。出席せざりし。

（一九二三年五月一九日）

「加茂名小学校で町青年団の各支部幹事が集まる幹部総会がある。井藤君を福井支部の幹事に推薦してあるので出席してほしい」と高□が言ったことに対し、突然の依頼に立腹したのか拒否したようだ。井藤が支部の主要メンバーとして活動していることは日記の内容から理解できるが、どのような役割を担当しているのかは不明である。月並説教会の会計係以外に、彼の役職が明確にわかるのは、次の記載である。

六時三十分起床。［■］■基金の内より弐拾円程預金下けて支払ひ（会費の）をして、縄綯い苞の買入了し冷水浴・夕食後、会堂で役員選挙を行ふ。余支部長に任ぜらる。種々協議の上散会した。帰りて日記・床入十時〇分。

（一九二四年一二月二七日）

加茂名水平社創立の三日後の記事である。選挙で選ばれ、青年団福井支部の支部長に任命されたと記している。それに対して、福井支部と組織的には重なる加茂名水平社の役員についてはいっさい触れていない。なお、基金から支出して会費二〇円の支払いをしていることから、それまで井藤は支部の会計係をしていたと思われる。翌年、「高□君に会計の引渡しをし」（一九二五年一月七日）、会計は高□に引き継がれた。一九二五年二月二日に開催された町青年団幹部総会に井藤と宮本小三郎・増□□の三人が、同年二月七日の町青年団・処女会連合総会には井藤が支部を代表して参加している。

(3)夜学会

加茂名町で勤労青年を対象とする夜学会の初見は一九〇五（明治三八）年で、「夜学会開会、稲塚君講師となる」（同年二月一七日『高田日記』）とあり、場所は不明である。その後、西名東・蔵本三谷（または庄山路）・福井・小学校で開催されており、一九一二（大正元）年一〇月一日には「今夜より各方面夜学校開始せり」（『高田日記』）とあるように、夜学会が各方面で一斉に開始されている。小学校教員は夜学会開始が近づくと夜学生募集に出張し、夜学会では交代で修身・国語・算術・農業を教えた。夜学会に対して青年団各支部の支援もあったと思われるが、実態は小学校が運営していたのではないだろうか。

井藤の「村」で夜学会が始まったのは一九〇八年であったようだが長続きせず、一九一一年再出発して毎年一二月より翌年三月上旬まで井藤庄三郎（井藤正一の祖父）の納屋を会場にして開催した（前掲『徳島県教育沿革史』）。二年後の一九一三年は一二月一日から三月上旬までの期間実施しており、一九一九年九月までは会場は不明だが「村」で開催されていたことが確認できる（『高田日記』）。ところが、翌一九二〇年に「本校にて男子補修校開校式あり」（同年一二月一三日『高田日記』）とあるように、各方面の夜学会が小学校に併設された実業補習学校として統合されたようである。このことは、四年後の井藤の日記にも出てくる。

> 六時起床。発動器にて籾を摺る。米の精理（整カ）を付けた。夕方名東本郷の寺□氏の宅え行く。産米の検査申し込みに。掃除をし入浴・夕食後、井□□さんの宅え行き水平の雑誌を貰ひ、会堂え寄る。明晩より学校にて青年の夜学補習学校か開かれるに依り、青年を会堂え集めて其の注（忠カ）告を為して居た所え、満期兵の三君来る。（後略）　（一九二四年一二月四日）

小学校で開催の夜学補習学校に参加する「村」の青年を会堂に集めて注意を与えている。学習態度などを注意するとともに、「部落外の者に負けるな」などと激励したのではないだろうか。翌年の日記には「夕食後、青年の補習学校通学を奨励して廻った」（一九二五年十二月九日）と、三日連続奨励に廻ったことを記している。出席率が良好でなかったのだろうか。しかし、青年たちは福井支部の支援を受けながら夜学会・補習学校で学力・農業技術を身に着けるいっぽう、会堂で井藤ら先輩との間で交わす議論のなかで成長していったと思われる。なお、水平雑誌は、貸していたものを返却してもらったようだ。また、満期兵は徴兵検査で現役兵となり三年の兵役期間が満期となった退役兵で、町内に駐留する歩兵第六二連隊を除隊したのではないだろうか。

(4) 児童の自習（修）会

一九〇一（明治三四）年四月九日、加茂名小学校は子守教育を開始した（『高田日記』）。稲塚逸次が校長に赴任した翌年のことである。戊申詔書の実行項目とされる以前から、部落の内外を問わず子守・丁稚奉公などで不就学・中途退学の児童を解消することは大きな課題であった。一一月からは高田牛太郎が毎週金曜日の第六時間目に子守教育を担当している（一九〇一年一一月六日『高田日記』）。やがて、子守教育は特別教育と呼ばれるようになった。大正期の数字であるが、井藤の「村」の学齢児童一七七人のうち不就学児童は二五人であった（『徳島県教育沿革史』）。一九一四（大正三）年に小学校で実施した特別教育は、九月二五日より一〇月三〇日まで午後一時間程度指導した。この時は四十七人が出席した（同年一〇月二三日『高田日記』）。

一九二三（大正一二）年に会堂が完成すると、日頃から部落の児童に対する教育普及を主張してきた井藤たち青年団支部の仲間は、夕食後に児童を集めて自習会を開始した。自習会について井藤日記の初見は「夕食後、会堂にて児童の自修会を見」（一九二三年一〇月二二日）たという記事である。別の日も「夕食後、会堂に児童の自修会の応援を為し」（同年一〇月二五日）、「夕食後、会堂にて児童の自修会■［にて］指示・教訓し」（同年一一月二〇日）などのように、一日も欠かさず参加している。自習会は一週間に六日実施する週もあり、井藤たちは相当の意気込みを持って開始したようである。ところが、一二月に次のような記述が登場する。存続困難というのである。

（前略）尚開催中の自修会も長続き無き見込みなり。誠に前途悲観すべき物有るを覚ゆ。噫々、何たる世の中ぞ。何たる[redacted]惰児の集会ぞ。嘆し。（一九二三年一二月二一日）

井藤は児童の学習態度や学習意欲に対して立腹しているようだ。小学校教員の姿が見えないので、青年だけで指導していたと思われる。その後、自習会は「今夜は本日依り自修会休会」（一九二四年五月一二日）と記されているように、翌年五月一一日まで存続している。この間、児童と青年の両方ともが相当の我慢や頑張りを見せたのではないだろうか。以後も自習会は続き、一九二五年二～四月に約二ヵ月間実施した後、一一月一日から再開している。再開一〇日後に「夕食後、宮本君を訪れ会堂え行きて自習会の担当を決めたりした」（一九二五年一一月一一日）とあり、自習会の運営について協議している。

一九二三年六月、「当夜少年之者、団を組織して来れ《く》と申来れり。実行を先にすべく諭し帰し」（同年六月二四日）という記事がある。「少年団を組織する以前に、補習学校や自習会でまず学力を付けることが大切だ」と、井藤は言いたかったのかも知れない。

(5) 雄弁会

井藤が雄弁会で演説した日の日記である。

（前略）今夜は小学校に本町青年団大会（雄弁）の催さる、に出席し、「地底之叫び」と言ふ演題之下に演説し、帰りて午後十一時半日記して就寝せり。当夜は非常に教育向上を切に感ぜり。（一九二三年六月二一日）

町青年団主催の弁論大会が加茂名小学校で開催された。井藤は演説内容を後日書き留めている。

本年六月二日土曜日、同四月二十八日夜、本町青年雄弁会に際し、吾人の弁じたる者《（ママ）》、参考の為に書記し置く。

（七月二十八日夏祭の日）

（前略）先帝陛下御親政の当初に於て社会の改良か行はれ、四民の階級を廃して平等の政策が布かれる事になったのは、今更事新しく申す迄も有りません。然し、爾後五十有余年を経し大正の今日、今尚依然として其の差別の根跡《（ママ）》を止むる有るを見ては、実に慨嘆に耐えない次第で有ります。人種は平等で有るし、人類は同権で有る。神様の前え出たなれば等く可愛かられる身で有りながら、吾等特殊部落之人間は生れながらに一般社会より有らゆる方面に於て圧迫せられ冷遇を享け、殊更に此の小さい胸を苦しめつゝ成長したので有ります。継親の虐待に耐え兼ねて泣きつゝ暮す継児を有［す］る一昔の如き此の社会か、将《はた》して平和で有りましょうか。幸福で有りましょうか。巴里の万国講和会議に於て、我か全権大臣は人種平等案を提出した。此の提案は不幸にも米国国務卿ヒューズ氏の反対に依りて徹回《（ママ）》せられたが、実に此の提案こそ我等六千有余万の同胞の理想なので有ります。万国に向って人種平等を唱える我か国民か、国内に於て等し［く］《（欠カ）》国に生を享けた吾等一部の同胞を虐待し排斥するとは、矛盾も又甚しいの《（とカ）》言はざるを得ないので有る。表面には差別徹廃《（ママ）》大いに宜しいと讃辞《（ママ）》を呈しなから、裏面に於て排斥して居る。（中略）されは大いに此の後進なる不遇の地位に有る者に同情して、大いに之が向上発展を助くべき筈なるに豈《（ママ）》に図らんや。却って是が進歩を阻害せんとするか如き輩の有るのは、実に奈何《（遺憾カ）》の極みで有ります。聞く所に依りますと、名前は申しませんか学校職員の中には、部落の子弟で有ると殊更に冷淡なる態度にに《（衍）》出で、懇切なる教授を成さんと言う事で有ります。私はかゝる不合理的なる人間は我本町教育界、否な《（ママ）》本県教育界より一掃したいので有りますから、社会の状況にして永久に持続せられなば、必ずや近き将来に於て波瀾重畳の幕が切って落さるゝは火を見るより明かで有ります。深き眠りに入った者も一度は醒める時か来るので有ります。況んや社会の圧迫により、殊更に身を狭め黙し居たる者に於ておやです。如何に、満場の諸君よ。諸君にして真に国家を思ふ信念か有りましたなれば、否な《ママ》博愛・謙譲の心か有ったなれは、宜く伝統的因習を打破して精神的差別徹《ママ》廃を期し、真に平和なる社会の創造に力《つと》められん事を切に要望して已まない次第で有ります。私は之を以て終りと致します。

（一九二三年七月二八日）

ベルサイユ講和会議で人種差別撤廃案を提出した国が、国内においては被差別部落を存続させ、同胞を虐待・排斥している矛盾を批判したうえで、小学校教員の差別行為に言及している。こうしたことを社会がいつまでも放置すれば、重大な事態に発展すると警告している。なお、小学校教員については、演説の三日後「夕食後、講堂に於て有志諸君を集し、教員退職問題に付き協議し、温和之処置を執る事に決定し」（一九二三年六月五日）、さらに高□・宮本両君と協議を重ねた後、二諦相資会長の了解を得て落着したようだ。ところが、翌年「本日、庄の駐在所の来りて、不合理なる教育家の事に付きて尋ぬる所ありたり」（一九二四年三月七日）とあり、警察から照会を受けている。

また、井藤は一九二三年一〇月一八日名西郡高志村で「私の叫び」、一九二四年一〇月一六日町青年団庄山路支部主催の雄弁会で「解く」という演題で演説している。同じ福井支部の増□□も、一九二三年九月二六日阿波郡市場町で「民族の開《ママ》放と皇国之発展」、一九二五年七月二六日徳島公園千秋閣で水平運動について、いずれも県青年弁論大会で演説している。

井藤をはじめ福井支部の仲間は各地の弁論会に参加し演説することを通じて、「真に平和なる社会の創造」や水平運動に対する論議をよりいっそう深めていったものと思われる。

(6) 消防・夜警・祭礼

一九一一（明治四四）年に加茂名村青年団創立とともに福井支部をはじめとして各支部が発足するが、支部の青年は青年団に編成される以前は若衆組とか若連中と呼ばれる若者組を構成していた。江戸時代以来の組織である若者組は、居住する集落（小字を範囲として、一般的には部落と呼ばれている）に対して村仕事を負担していた。それが消防・夜警・祭礼なのであり、青年団に編成後も負担は続いていた。

福井支部が発足すると、ポンプを購入して消防隊を組織した（『徳島県教育沿革史』）。ポンプを購入したのは加茂名村役場であろう。ただ、福井支部の消防隊はやがて加茂名町の公設消防組に吸収されていく。「消防引渡しの儀に行き戸主会協議員と会見」（一九二五年二月九日）とあるので、吸収はこのときだったのかも知れない。

次は火災の記事である。

（前略）午後六時過ぎ、村内の藤□と言ふ小家に火災起る。弐戸を焼失す。消防器は拾余台来る。鎮火した後、青年団及び消防手ニて夜警に任に当る。二十五日の午前五時散会して、彼の女宅に行き床に入れり。

（一九二五年一月二四日）

消防器とは手動の腕用ポンプと思われる。一〇台余りが来たとのことで、福井支部の消防隊以外に各地域の消防隊が駆け付けたのだろう。鎮火後は、午前五時まで井藤など福井支部の青年と消防手が夜警をした。火災の二日後の二六日には役員会と消防の演習を実施し、「青年総会をして消防の役割を決めた」（同年二月一二日）とあるように、福井支部は消防を担う体制を確認している。なお、「彼の女宅」とあるのは、一九二四（大正一三）年に妻帯した井藤が結婚後の当面の寝所を妻の実家に置く「足入れ婚」であったことを示している。また、夜警については次のような記事もある。

（前略）今夜は秋気《季カ》演習に来て居る四三連隊の兵士四名、我家に宿泊したので其の接待をして居た。在郷軍人・青年合同の夜警事務所え行く。不寝にて夜警に努めた。　　（一九二四年一一月一七日）

演習のために徳島県に来た歩兵第四三連隊（香川県善通寺町）の兵士は加茂名町・徳島市付近の民家にも分宿したようだ。同月一二日には兵士三〇人程が「村」の会堂に宿泊している。兵士が宿泊すると、その地域の青年団と在郷軍人会は合同で不寝番を務めた。演習場では婦人会とともに兵士に湯茶の接待もしていたようである。夜警・接待など青年団が先頭に立って役割を果たした。加茂名水平社創立の一ヵ月程前のことである。他には、井藤は衆議院選挙の前日に会堂で夜警をしている（一九二四年五月九日）。会堂は投票と関係があったのだろうか。選挙の結果、護憲三派が大勝し、翌年に加藤高明内閣によって治安維持法と抱き合わせで普通選挙法が成立する。

次は祭礼についてである。

五時半起床。夜なべの苞を荷造り。青年団の道路修繕に出た。神社の掛行燈を吊る手伝いをした。帰りて掃除をして居た所え、下□の□□さんと木□□□さんとが御輿《神カ》渡御の件に付きましてて返事に来て呉れた。

（後略）　　（一九二四年一〇月一五日）

翌日からの豊崎八幡宮の祭礼にむけて、福井支部の青年が道路修繕や「村」の八幡神社の行燈設置を務めた。祭礼中は支部の青年は勇屋台を仕立てて豊崎八幡宮へ繰り出した。こうした祭礼の準備や参加が青年団の村仕事であった。

神輿渡御の件とは、明治初年に「村」の八幡神社が村社豊崎八幡宮へ合祀され（前掲『井藤正一先生伝』）、その後の祭礼では御旅所となった「村」の八幡神社へ神輿渡御が行われるはずが、まったく行われていない事態を指している。神社の合祀は戊申詔書の実行項目にあり地方改良運動で推進されたが、明治初年（一八七〇～一八七二年頃）に徳島藩・名東県は無格社を郷社・村社へ合祀する政策を実施していた（『御大典記念阿波藩民政資料・上巻』徳島県・一九一六年）。次は、井藤がこの二日前に申し入れた記事である。

（前略）高□君と東名東大谷郷の有志を訪聞《（問カ）》した。そは本年の祭礼より我在所の八幡様え御輿《（ママ）》の渡御をする様交渉依頼した。帰りて岡□□□君宅で川□・山□氏等と善後打合せの会議をし（後略）

（一九二四年一〇月一三日）

今年の祭礼から「村」の八幡神社への神輿渡御を申し入れたのである。日記には書かれていないが、「道路が狭いので、神輿は入れない」という返事があったようだ（前掲『井藤正一先生伝』）。背景に被差別部落に対する忌避があったのではないかと思われるが、井藤はそれには触れていない。その後の交渉は不調となり、祭礼後に「井□□□さんと役場え道路の入口の幅員拡張の件に付き補助申請に行った」（同年一〇月二〇日）と記している。翌一九二五年の祭礼を記した日記には神輿渡御についてまったく触れていない。道路拡張の結果、時期は不明だが神輿渡御は実現したようである。神輿渡御の交渉を伝え聞いたのか、「那賀郡□□村の有氏《（ママ）》二人来訪。自己の村に於ける祭礼の件に付き、無差別的に行ふべく其の方法を聞きに来た」（一九二五年二月一三日）と記している。神輿渡御問題は、一九二四年九月二〇日に松山市で開催された全四国水平社大会でも協議しているように（『愛媛近代部落問題資料・上巻』・一九七九年）、広範に存在していた。

四　福井支部の水平運動

(1) 部落巡回

「井藤正一日記」において水平社の初見は一九二四（大正一三）年一月で、「本日は水平社え向けて交渉をしたれり」（同年一月四日）と記している。井藤が全国水平社と連絡を取ったのはこのときが始めてではないだろうか。その七日後に「水平社より書翰並ひに雑誌送って来た」（同年一月一一日）ので、翌日には早速「夕食後、会堂に自修会を見、終会後水平雑誌惨《ママ》虐史を読んで上げ」（同年一月一二日）ている。水平雑誌惨虐史とは、全国水平社の機関誌である雑誌『水平』第二号掲載の「伝説と残虐史」であろう。自習会の児童には難解であったと思われるが、水平運動に対する井藤の意気込みが伝わってくる。

一九二二年三月三日の全国水平社創立は、井藤たち福井支部の青年に衝撃を与えたことは想像に難くない。部落の青年たちが自主的解放運動＝水平運動を開始したからである。支部の会合や日常生活のなかでも水平運動は話題になった筈だし、共感をもって熱く語られたに違いない。そこで、井藤たち支部の青年が進めたのは周辺の被差別部落を訪問し、水平運動の同志を獲得していくことであった。これをいつから開始したのかは不明であるが、日記で最初に出てくるのが一九二三年八月の記述である。

二時三十分起き、世多礼に桑摘みをし草を苅り、帰りて湯に入り散髪をし方々に遊び、午後高□君・増□□君同道にて□□□□（名東郡）に水平運動に行き、同村中学生長□□□・高□某之両君、青年団長を説き、稍《しだいに》感動を与えたり。（中略）本日は一人でも同志之者を得たる故か、心外[redacted]に嬉しく感じたり。近き将来に於て、水平之火の手を上ぐる事であらう。

（一九二三年八月二六日）

四時起き、浦田え二重に入水をし、帰って高□君と□□□（名東郡）村部落上□なる人を訪れ、民族和合に関し二時間半に亙る間弁論し、それより□□□（名西郡）之部落を訪問し、西□なる人の宅にて同じく弁論し、折柄来会せたる早淵之井□君と弁論に花を咲かし、四時過同家を辞し帰りて喫《ママ》食し、徳島市え行き万年筆之修膳をし他用も済し、帰りて夕食を済し冷水浴し、高□君と墓所え行き、それより増□君と同道三人叔母上宅前にて色々語り、佐□□□□君も来合せ、間もなく別れ帰りて日記を付け床に入る。時、正■［九］時三十分。稍本日之運動は効果の多大なるもの有り。近き将来に於て優勢とならんと予想せらる。脳を疲する事又一入なり。好機再来せば。

（一九二三年八月二七日）

二日間の訪問で、手ごたえを感じたのであろう。近い将来には徳島の地に水平社を立ち上げ、水平運動を燎原の火のごとく展開できると確信したようである。ここで出会った青年たちとは以降も交流が続く。

(2) 井藤の決意

そのいっぽうでは、出会った青年たちに宛てて手紙を書いた日に「我等は将して今後目的到達するや否や。疑問で有る。噫、天之神よ吾等の目的を達せしめ給え」（一九二三年一〇月一一日）と、決意が揺らぐ日もあった。

また、次のような日もあった。

（前略）夕食後、会堂え行く。今晩は祖師の降誕会を行ふとの事にて、後に演説して呉れと申せしも意に好しからず。叔母上宅にて原稿を書き掛けた。帰りて日記・床入十一時。本日は旧学窓に共に学びし某の小学教師として生徒を引率して行くに会ひ、知らざる様にして先方も行過ぎ、我も思い出し兼ねて類《（手繰カ）》った。其時の感慨。彼の応擁《（鷹揚カ）》な態度、我は作業服を着して居る。彼は洋服姿にて、余は何となく賤視せられたるか如き心地して奮《（憤カ）》激性を起した。我も一個の男子、何ぞ彼等に後れし可ならんや。吾か前途を能く見よ。

（一九二四年五月二一日）

親鸞誕生の法会後に演説を依頼されるが井藤は断る。昼間の出来事が尾を引いていたのだろうか。教員となった同窓生が洋服（背広だろうか）姿で生徒を引率していた。それに出会った作業服の井藤は、賤視されたような心地がして、俄然対抗心を燃やしたようだ。そしてまた、次のように自分自身を奮い立たせるのである。

五時三十分起床。縄綯ひ苞の荷造りを為し、買入済して入湯・夕食後、金堂叔母様宅に寄り、帰りて日記・床入十時。昨今の我が胸中には只無意味にて過すのみ。何等の感想もなし。今一層奮励と努力を要する。噫々、奮え正一よ。起ちて今一層と大奮発を為せよ。他人に後るゝて《（ママ）》事なかれ。進んで或物を掴み取れよ。そは何、自由・解放の実現に在るのだ。（同年五月二六日）

井藤は日常に埋没しそうになると、自身を叱咤激励しながら「自由・解放の実現」を再確認したのである。

(3) 井藤の部落民アイデンティティ

水平運動の開始以来、運動にかかわる人々は被差別部落の性格規定について部落民の「アイデンティティ論争」を展開してきた。これは、運動の正当性にかかわる重要な問題であった。そして、初期の水平運動において部落民は「民族」と認識されていた。この論争に影響を及ぼしたのが鳥居龍蔵の人類学研究である。鳥居は古代に諸民族が混血して日本民族が形成されたとしたうえで、部落民を「マレー系の種族」の身体的特徴を保持している人種であると考えていた（関口寛「初期水平運動と部落民アイデンティティ」、黒川みどり編著『〈眼差される者〉の近代』所収・二〇〇七年）。

井藤の日記はアイデンティティ論争や徳島県人鳥居龍蔵の人類学研究について触れていないが、井藤は関心をもって新聞・書籍を読んでいたはずである。日記から得られる手掛かりは多くはないが、井藤も部落民を民族と認識していたようである。先に紹介したが、他部落へ水平運動に行き、「民族和合」について話し合ったとある。これは、民族同士が融和することによって、民族としての部落民を解放するという意味であろう。また、次のような記述がある。

（前略）お昼頃井□□□氏の来りて、県内務部長より本村二諦相資会え、普通民と部落民との融和情態に付

き尋問書の来れるを、余に見せに来て余の意見を聴かれた。（後略）（一九二四年九月四日）

（前略）夕食後、彼の女の宅にて日記・床入十時三十分。今晩は会堂で、民族の解放に関して県内務部長から尋問か有り、其回答するに付き協議をして居る。（同年九月六日）

一九二四年、県から二諦相資会福井部会に部落内外の人々の融和状況に関する調査書が届き、二日後には会堂へ内務部長が来て調査をしたというのである。ここに「民族の解放」とあるが、これは内務部長の言葉ではなく、井藤自身の言葉である。明らかに、井藤は部落民を民族として認識していたのである。

なお、県の調査に対する井藤の意見や協議の結果は、残念ながら記されていない。

五　加茂名水平社

(1)福井支部青年の動向

一九二四（大正一三）年一一月、福井支部青年の動きが急になってきた。

六時起床。苞の荷造り掃除をし、宮本君の許え行って水平運動の話をした。（中略）冷水浴後、書斎にて講議《ママ》録を読み、それより高□君を諸所に[redacted]訪れしも会はず。岡□□□君の宅で水平運動の話をした。居合せたる山□□□君等と話に花を咲かせた。彼の女の宅に行き日記・床入十時。（一九二四年一一月一日）

こうした動向は、先月の神輿渡御問題の頃から注目されていたのかも知れない。「夕食後、高□君と鮎喰駐在所巡査の招待により行って暫時談話し」（同年一〇月二〇日）とある。談話の内容は不明であるが、警察は福井支部の動向を探りたかったのではないかと思われる。一一月二二日から井藤・高□両人は青年団員名簿・青年団則を整備し、二六日に会堂で開催の役員会総会に参加する。そして、「□□□《（勝浦郡）》の山□□□なる人の見えて水平運動を語る。夕食後、日記・床入九時。非常に能く運動熱は高まった」（同年一一月二七日）として、井藤は水平運動熱の高まりを実感し、徳島県で最初の水平社創立を推し進めるのである。

⑵加茂名水平社創立

以下、創立までを日記で追ってみよう。

（前略）夕食後、岡□□□君の来訪に逢ひ、水平運動の精神の行衛を探る。余はそれより岡□□□君の宅え行く。話しか派積《（弾カ）》んで来た。
（一九二四年一二月一一日）

六時二十分起床。島田の桑園の切出しをして、昼から世多礼の桑園え父上・お爺さんと三人弁当持で行き桑括りをした。夕方帰りて苞の買入・冷水浴・夕食後、会堂の役員（青年）会に出席。水平運動に関する件を協議した。創立会の儀、青年の講習会開催の件等であった。彼の女の宅え行き日記をして床に就く。正に十時であった。
（同年一二月一五日）

一五日、初めて「創立会」の言葉が登場した。創立に向けて青年の講習会・講演会を二日間個人宅で実施している。水平運動の勉強会である。講習会は出席者が多数であったようだ

六時十五分起床。水平社え創立会え出張申請の打電をして来た。苞の荷造りをして、世多礼え行って堤際の根笹を掘り、夕方帰りて買入了し夕食後、創立会予算準備等、小生宅で青年幹部大会をした。（後略）
（同年一二月二〇日）

（前略）夕方帰りて水平社の返電を宮本君宅で三、四の同志か集りて見て、鳩首策を案ず。冷水浴・夕食後、宅で役員会開催し散会後、彼の女宅に行き日記・床入十時。
（同年一二月二一日）

（前略）会の準備に奔走して居た。入浴・夕食後、宅に広告の紙を書き散会す。（後略）

（一九二四年一二月二二日）

弐時三十分起床。餅搗きをし、広告の書き代えから種々明日の会の準備をした。香川・［愛］媛の水平社員来る。四名。幹部会開催、散会十時床に就く。

（同年一二月二三日）

全国水平社へ創立大会に水平社員の出張を依頼したところ、香川県から三人、愛媛県から一人が応援に派遣されてきた。井藤は創立大会の宣伝広告作成など準備のために座る間もないようである。そして、創立大会の当日を迎える。

昨夜雨名残り無晴れし。六時起床。会の準備に忙殺された。拾弐時頃開会、三時三十分閉会。後片付から夜は、新居の有志数名、愛媛水平社委員の方なり小生等に、水平運動の意義を承りたいとの事にてやって来た。同委員等と共に会堂え行き互に談話をして居た。それより幹部数名と小生宅え来て計算をして見たり、後々の方針に付いて協議した。小生は彼の女の宅え行き日記して床入十時四十分。

（同年一二月二四日）

創立大会は一二時頃開会・三時半閉会と、驚くほど簡単な記載である。その夜、新居の有志が訪ねてきて、愛媛県の水平社員か井藤に水平運動について聞きたいとのことで、いっしょに会堂へ行って話をしたようだ。

六時三十分起床。弁士の方と御話ししたりなんかして居た。香川県の弁士三名は帰り、愛媛県弁士は今夜新

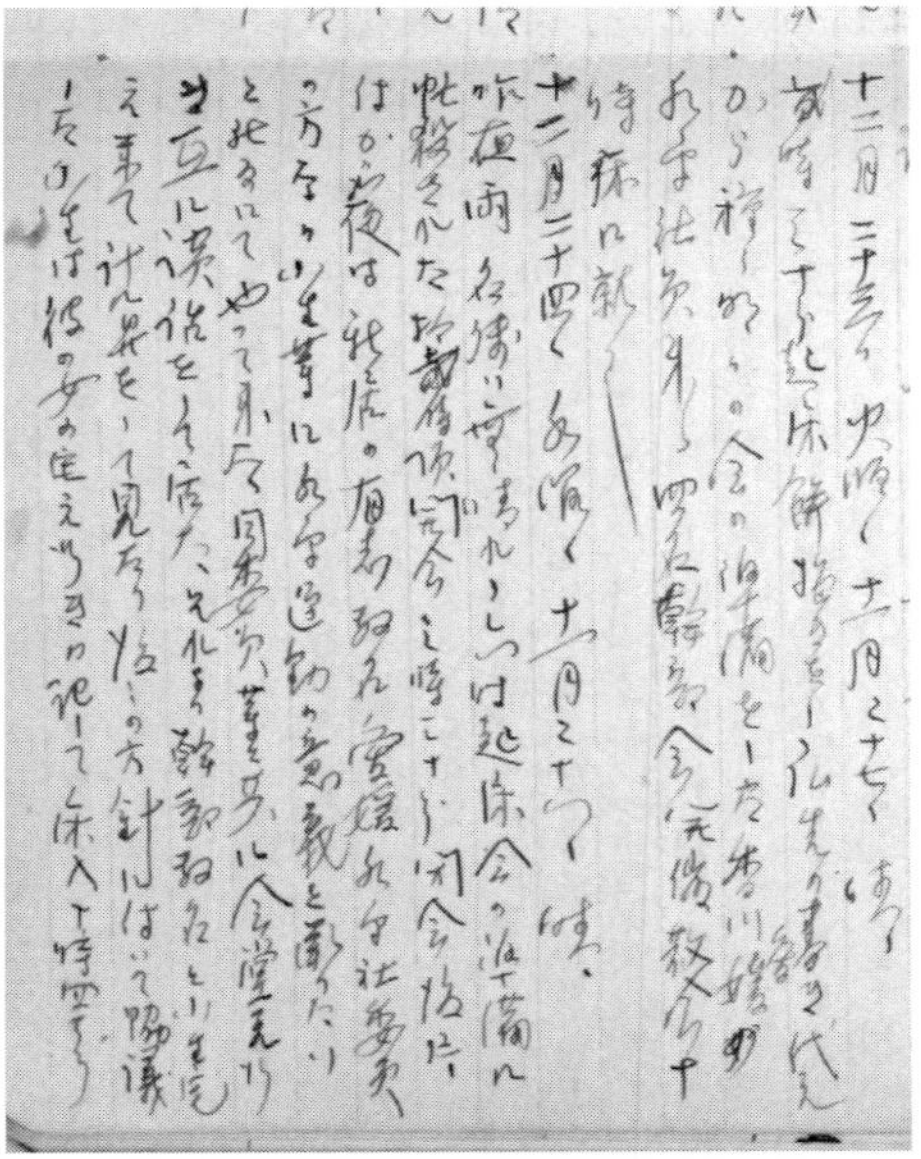

加茂名水平社創立の前日と当日

居に御話しする筈になって居たか、同村か紛争が起きて居て出来ないからと言ふので止まり帰られた。小生等両三人の青年と学校え水平歌の楽譜を習ひに行って居た。（後略）　（同年一二月二五日）

愛媛県の社員が今夜新居村で講演をするはずだったところ、村で水平運動に対する拒否反応を示す人々がいるのか「紛争」が起こり、講演は中止になった。井藤は青年たちと小学校で水平歌を練習した。

その後、井藤は大晦日まで多忙だった。二七日には青年団福井支部長に選ばれ、三一日は支部役員会があり、他の日には青年たちが来訪、その合間に創立大会の会計整理があった。元旦は早々に水平運動開始である。

六時三十分起床。町役場え高□・宮本両君と『水平』報及び水平社の綱領・宣言・結《決カ》議文等を謄写版ですった。入浴後、昼から鈴□□□・宮本小三郎君と□□□《名東郡》・□□《名西郡》の両部落え宣伝に出掛けたが、不在で（青年者）駄目であった。直に□□《名東郡》え行く。小川と云ふ小学校の教師に説、大いに讃《ママ》意を表して呉れた。帰りて夕食後、会堂で水平歌を青年者か寄り唱ふとしたか歌えない。散会した。彼の女の宅え行く。『特殊部落史』を読み日記・床入九時五分。　（一九二五年一月一日）

町役場で印刷した加茂名水平社の綱領・宣言・決議文を持って各部落を廻るが青年は不在で空振り。しかし、小学校教員の賛同を得るという成果があり、井藤の嬉しそうな顔が浮かぶ。水平歌はなかなか歌えなかったようだ。

(3)水平歌と少年水平社創立

一九二五（大正一四）年二月「夕食後、消防役員を任定すべく役員会を開く折柄、奈良県水平社同人弐名程来る。話を聞いたか余り得る所はなかった」（同年二月一一日）とあり、井藤は得るものはなかったと記すが、どんな会話が交わされたのか興味深い。次は翌日の記事である。

五時起床。中洲え弐回苞を送る。弐回目は宮本君と一所《ママ》に佐古の一町《ママ》目迄行き、帰路荊冠旗を誂え、又材

木店え寄り水平社事務所の看板板を買って帰りて、カンナを掛けて字を書いた。（後略）

（一九二五年二月一二日）

いよいよ加茂名水平社の看板ができた。事務所は宮本・井藤のどちらかの自宅だろう。この半月後、「徳島憲兵隊の憲兵の訪問に逢ひ少し話して居た」（同年二月二七日）との記述が示すように、加茂名水平社や井藤は徳島憲兵分隊（現徳島市佐古一番町）の監視下にも置かれていたことがわかる。さて、水平歌である。

（前略）夕方新庄《居カ》の下塚深吉と言ふ教員の宅を訪れ、高□君と両人で水平運動の話しをして、帰りて会堂の少年・少女の自習会に参席［し］《欠カ》て水平歌を児童に教え、散会後森井教導氏方え訪れて話して居た。（後略）

（同年二月二〇日）

（前略）夕食後、会堂で自習会に参席し、盲学校の教師原塚なる人物を依頼して水平歌を講習した。（後略）

（同年二月二一日）

（前略）夕食後、会堂に行く。原塚氏を迎えに佐□□□□君と行く。児童等に水平歌を教示して貰った。（後略）

（同年二月二三日）

青年の水平歌練習はだいぶ苦労していたようだが、自習会に参加する児童にも練習させている。盲学校の教員はたぶん音楽の先生であろう。井藤たちが児童の練習にかなり力を入れていることがわかる。それ以降、児童は週四日前後ある自習会で特訓を積み、成果をお披露目したのが少年水平社の創立会であったと思われる。井藤の日記には「会堂え行って小《ママ》年水平社の創立会に参列」（一九二五年三月二四日）としか書いていないが、児童たちは上手に歌ったのに違いない。こうして、児童の自習会を母体に少年水平社が組織されたのである。二年前の六月、少年が「団を組織して欲しい」と申し出たことがここに実現したのである。あのときの少年はこの少年水平社のなかにいるのだろうか。それとも福井支部の新米青年団員として活躍しているのだろうか。なお、森井教導は近所に住む僧侶で、井藤の日記にたびたび登場する。井藤の相談相手であったようだ。

(4)全国水平社委員長会

一九二五年三月、井藤は宮本小三郎とともに大阪へ行っている。「北梅田の全国水平社委員長会え参加した。十一時宮本君と同処［会場］を出て、余は同君に別れて萩の茶屋え帰った。十二時床に入る」（同年三月一〇日）と記している。各府県水平社の委員長で構成する会議である。井藤は会議の内容にはまったく触れていないが、だいぶ紛糾したと思われる。一九二四年末の府県委員長会議で全国水平社委員長南梅吉が罷免されていた。代わって全国水平社青年同盟グループが主導権を握りつつあった。部落民は同じ被搾取者である労働者・農民と連帯して、搾取や差別のない社会を造るために資本主義社会を変革する階級闘争に踏み出すべきである。「糾弾闘争から階級闘争へ」、これがその主張であった（『部落解放史・中巻』・一九八九年）。井藤の出席した委員長会議では、このような議論が飛び交ったはずである。井藤と宮本はこの議論をどのように受け止めたのだろうか。なお、加茂名水平社委員長は誰かということであるが、井藤の日記には記されていない。ただ、「宮本君の来訪に逢ふ。水平社委員長会議招集の通知書を持参して居た」（同年二月二八日）という記載があるので、委員長は宮本小三郎かも知れない。大阪府水平社の『水平線付録』第三号（同年一月一日）の謹賀新年名刺広告には、徳島は「徳島県・宮本小三郎」とだけ掲載されている。一九二五年五月七・八日に大阪で全国水平社第四回大会が開催されているが、井藤は参加した形跡がない。宮本が参加したのだろうか。また、翌一九二六年九月五日に香川県観音寺町で開催された第二回全四国水平社連合大会には、宮本は「徳島水平社執行委員長」として出席しており（『愛媛近代部落問題資料・下巻』）、井藤は参加していない。

さて、大阪から徳島に帰った井藤は福井支部の幹部総会（三月二一日）・青年総会（同月二三日）で、府県委員長会議の報告をしたと思われる。青年たちの反応はどのような様子であったのだろうか。

なお、井藤は上阪中の三月一二日に西浜水平社の栗須七郎を訪問している。この時期、栗須は青年同盟グループと親密な関係にあり、全国水平社・大阪府水平社に大きな影響力を持っていた（朝治武「大阪・西浜における水平運動」、『新修大阪の部落史・下巻』所収・一九九六年）。「水平の行者」と言われた栗須の弁舌は、井藤を魅了したと思われる。

(5) 加茂名水平社の情宣活動

一九二五（大正一四）年三月、加茂名町内で差別事件が連続して発覚した。それに対処するために、福井支部の青年たちは加茂名水平社として協議を重ねながら、差別者への糾弾を進めていった。こうした活動に対して、「村内」で異論が出たのであろうか。三月二八日から四月一日までの五日間、井藤をはじめ青年たちは「村内」に水平運動の意義を説明して廻った。そして、「夕食後、宮本君と或る戸主会幹部の宅を訪れて、水平運動の了解を求めた」（一九二五年四月一日）と記している。「村内」全体の同意が得られたのかは不明であるが、その後の日記には水平運動に対する異論は記されていない。加茂名水平社が糾弾闘争を進めるなかで、水平運動に対する理解者を増やしていったのではないだろうか。

六　加茂名水平社の糾弾闘争

(1) 一九二五年の差別事件

① 一月一〇日、加茂名小学校で差別事件。糾弾。② 三月四日、加茂名町庄で差別事件。六日、個人が「差別的言辞を弄し」、四、五人が糾弾に行く。③ 三月二六日、庄で差別事件。糾弾に行く。④ 三月二七日、加茂名小学校の建築現場で工事関係者が差別的行為。⑤ 九月一八日、通学生差別事件があると第一報。会堂に参集。⑥ 一〇月九日、加茂名小学校で差別事件があり、有本敏和（大阪府水平社）が糾弾。⑦ 一〇月二一日、加茂名小学校で差別事件、有本が糾弾。⑧ 一〇月二七日、新町小学校で差別事件。二八日、校長・訓導と生徒の保護者が来る。糾弾。⑨ 一一月一日、鮎喰の工場で差別事件。⑩ 一一月一二日、加茂名町庄の料理店で差別事件。当事者の部落青年に水平運動の趣旨を説き聞かす。⑪ 一一月一五日、県農事試験場（加茂名町）で差別事件。会堂で糾弾。⑫ 一一月一六日、国府町矢野で差別事件。個人宅で糾弾。

井藤の日記によると、この年一二件の差別事件があった。加茂名水平社は創立大会の決議文にあるように、差別者に対しては「徹底的の糾弾」で臨んだ。ここでは、④⑤の事件を紹介したい。

(2) 小学校建築工事関係者の差別事件

（前略）高□君より本日小学校の建築工事当事者の差別行為をきく。夕食後、会堂にて青年者数名と共に公会堂にて、庄駐在巡査及び同町在住の前田氏との来られて法律の一端をきかして貰った。（後略）

（一九二五年三月二七日）

糾弾がどのような範囲内であれば法律に触れないかを、駐在所巡査から確認している。

（前略）午後昨日の差別事件に就いて先方が謝罪に来たのに対して、了解を求める可く会堂で夕方迄話し、青年者も三、四十名来会して解散後、夕食して又会堂にて協議員連《（達カ）》と水平運動に就いて討議をして（後略）

（同年三月二八日）

青年が三、四〇人加わった話合いは厳しい言葉も飛んだと思われる。なお、協議員は戸主会の役員であろう。井藤たちが水平運動の意義を説明し、説得している様子がうかがえる。

六時起床。増□君と、警察より出頭すべき旨の通知書か来て居るので、共に出頭。先日の小学校に於ける差別事件に付いて取調べ有りて後、訓戒注意を与えられて帰る。（後略）

（同年四月七日）

差別者側から警察に訴えがあったのかは不明だが、徳島警察署が糾弾闘争に介入してきたのである。

(3)列車通学生の差別事件

徳島中学校・商業学校の列車通学生が田畑を耕す人々に対して、車窓から差別的な言葉や紙片を投げつけるということが日常化していた。

（前略）夕食後、会堂え行き学生差別事件に付き協議した。□□《（名西郡）》の人を以って差別者の方より仲裁らしく申し来りしも、受付けなかった。（後略）

（一九二五年九月一九日）

差別者側から依頼を受けて仲裁者が登場したようである。同月二五日にも、「差別事実の否認を要求に来た」商業学校生を連れて来た仲裁者もいた。その後、井藤たち青年は協議を重ねたり、県社会課・学務課に解決を迫ったりするが、事態は進展しなかった。そこで、同月二八日に宮本小三郎が大阪府水平社へ行き応援を要請したところ、一〇月一日に栗須七郎・有本敏和たちが派遣されてきた。栗須・有本は二日から九日まで各地で精力的に講演して廻った。

お昼から栗須さんのお供をして新居村の□□え行った。そして会場を借り受け、其まゝ其夜は岸□□□氏の宅で水平社大講演会をやった。反対者も可成り多かった様でしたが、講演にかゝるか否や忽ち熱狂した讃成《（ママ）》と変り、大成功裡に引上げた。（後略）

（同年一〇月五日）

加茂名水平社創立の翌日に計画した講演会が実施できなかった所である。一一日以降、栗須・有本は県庁・県警察部・商業学校教員を訪問し交渉を重ねた。そして、一二日夜栗須は小松島港から帰阪することになった。

（前略）差別学生の父兄及び中学・商業の両校長の来る有り。依って村内の人々に通知し、其の話を共に聞く。実に栗須先生の力の偉大なるには今更ら《ママ》乍ら感心した。（後略）　（同年一〇月一二日）

「村」の人々の前で糾弾する栗須に対し、井藤の心酔ぶりがうかがえる。この糾弾で、学生保護者は謝罪ビラの散布を約束し、両校長の謝罪により事件は決着した。一一月、差別事件が相次ぐなか、井藤は次のように記している。

差別事件か瀕《ママ》々として起るので、種［々］《欠カ》頭を悩ます。水平社の運動も之より余等の努力によりて、徳島の大地に一大勢力を為すに到るものであるを疑はない。今暫くして農[redacted]閑期になれば大々的にに《衍》宣伝に取りかゝらう。　（同年一一月一一日）

憲兵隊の監視は続いているようで、一二月一〇日には上等兵がやって来た。

おわりに

加茂名町青年団福井支部と加茂名水平社の活動を紹介してきたが、この後も井藤正一の日記は続く。ここで垣間見た見た井藤正一像もごく一部分である。「井藤正一日記」をすべて翻刻した段階で加茂名水平社や井藤の全体像ももう少し明らかになってくると思われる。それまで、少しの猶予をいただければ幸いである。

「井藤正一日記」翻刻

（凡例）

1　翻刻にあたり、原文通り改行をしないで追い込みとした。また、必要に応じて句読点と並列点を加えた。

2　旧字・異体字は原則として常用漢字に改めた。

3　変体仮名は原則として平仮名に改めた。ただし、「ゐ」は原文のままとした。また、合字も仮名に改めた。

4　挿入文字は［　］内に記し、本文と区別した。

5　誤字と思われる場合は、文字横（　）内で訂正した。漢字の読みが同じであれば文字横に（ママ）とした。

6　脱字と思われる場合は、［　］内に文字を補い、文字横に（欠カ）と記した。

7　重複文字は、文字横に（衍《えん》）と記した。

8　抹消文字は取り消し線で表わした。

9　破損・塗潰しや判読不能の文字は、字数を確認できる場合は■で示し、字数を確認できない場合は推定文字数を［　］で示した。

10　地名・人名のなかには、人権上の理由で伏字にしたものがある。

11　必要に応じて注記をし、文字横（　）内に示した。また、書名に『　』、演題に「　」の記号を加えた。

高松結婚差別裁判糺弾闘争と香川

山下　隆章

一　はじめに

一九三三（昭和八）年を中心とした高松結婚差別裁判糺弾闘争（以下、高松闘争）は、沈滞していた全国水平社（以下、全水）の求心力を回帰させた。闘争形態となった部落民委員会活動は水平運動の基本戦術として定着し、全国では一一〇〇余の水平社組織が確立し、六割の部落大衆がその影響下に置かれたのである。

高松闘争では、戦時色が強まる中で「非常上告に関する上申書」の採択を求めて政府に要請行動を行ったこと、差別裁判取消要求請願行進などを通して全国的な展開を見せたことが高く評価されている。しかし、当事者は仮釈放となったものの裁判の取消という闘争最大の目的は達せられなかった。司法省が出した次官通達「国民融和の実を挙ぐる為検察裁判上支障なからしむるの件」を政府の「謝罪」ととらえる向きもあるが、これは裁判上「差別」があったと誤解されないために注意を促したものである。また、関係職員については、内藤諒太郎高松地方裁判所長の退職（一一月）は停年によるもので、翌一二月には特旨により位一級特進されていることから、高松闘争が齎した「処分」ではない。検事白水勝起の京都府福知山区裁判所への異動が「左遷」とみなされていることも疑ってかかる必要があるだろう。高松闘争を巡っては、これまで曲解されてきた部分が多いように感じる。現地香川の動向についても同様である。現地香川は最初から一枚岩ではなく、闘争方針が確立するまで紆余曲折があった。関係者に対しても水平運動側からの一面的な評価に偏っていると考えられるのである。

そこで、本稿では、これまでの評価にとらわれることなく、現地香川における高松闘争を見ていくことにしたい。

なお、事件関係者の名前が記されている文献も多いが、人格尊重の観点から掲載を控えることとした。また、地名についても最小限に留めている。ただし、高松闘争に関わる人物については、顕彰の意味を込めて可能な限り紹介した。加えて、文中の出典年は、特に指示がなければ一九三三（昭和八）年であることを断っておく。

二　高松闘争前夜

一九三三（昭和八）年五月二五日、高松地方裁判所における「結婚誘拐」事件の公判で、白水検事は鷺田村の被告二人（以下、兄弟）に対する論告求刑を行った。白水は、山下雅邦予審判事が作成した予審調書をもとに、被告を「特種部落出身」と明らかにしたうえで、「抑々結婚をするには互ひに身元調をし、身分職業その他総てのことを明し合ひ双方納得の上結婚するのが世間の習慣である」にも関わらず「特種部落民でありながら自己の身分を秘し」て結婚を企て、女性に同棲を余儀なくさせたとして懲役刑を求刑した（『高松地方裁判所差別糺弾闘争ニュース』第一号、七月二五日）。六月三日、弟に懲役一ヵ年、兄に八ヵ月の実刑判決が下された。判決文には「特種部落」という言葉はなかったが、村名字名を示し、その「出身者たることを嫌忌し、その意に従わざるべきことを察し」（「史料紹介・高松結婚差別裁判関係史料」『水平社博物館研究紀要』二〇、二〇一八年。以下、「高松史料」）などと記載されていた。

(1)「結婚誘拐」事件

前年の一二月一五日、兄弟は下津井港（現・岡山県倉敷市）と坂出港を結ぶ機動汽船千當丸に乗船し香川に帰る途中、同船した兄弟の知り合いである呉服行商人が丸亀のカフェに勤めていた女性を誘い、酒食をともにした。女性の身の上話を聞くうち、呉服行商人が弟との結婚を勧めたことが事件の発端である。前借金三七円を返済すること、女性の家族に結婚の了承を得ることを条件に女性は弟との結婚を承諾し、一週間ほど高松を中心に生活をともにすることになる。

一八日、約束が履行されないことに疑念を感じた女性は、一旦帰宅することにした。父親は外出中で、母親には騙されていると注意されたが、金の工面はつくとの家の近くまで同行した兄の言を信じて、女性は翌日家を出た。帰宅した父親は駐在所に捜索願を出し、琴平警察署には新聞広告掲載を依頼した。父親は坂出・丸亀を尋ね歩き、二三日には紹介された斡旋人の情報を頼りに高松方面の料理屋を訪れたが当てが外れた。もう一軒を訪ねようとしたところで偶然女性と兄、兄弟の姪と出くわし、父親は派出所へ女性、兄を連れて行き、弟も呼び出した。そして、高松警察署に「結婚誘拐」事件として口頭告訴したのである。

(2)予審尋問

予審尋問は、兄弟ともにそれぞれ四回行われた。第一回尋問では（ともに一月二〇日）、山下予審判事が公訴事実を読み聞かせて「陳述スベキコトアルカ」と尋ねた。弟は「人ノ擯斥スル特種部落生レノ者デアリ、自分ノ身許ヤ商売財産ヲ有リノ侭ニサラケ出セハ普通ノ女ハ女房ヘ来ナイト思ヒマシタ」、兄は「何ヲ云フテモ私共ハ世間普通ノ人ト違ヒ世間ノ狭イ特種部落ノ者テアリマス」（「高松史料」）と供述した。第三回尋問（弟四月四日、兄四月六日）では、自宅に連れ帰らなかった理由を問われ、弟は「私方周囲ハ皆特種部落ノ集団ニ為ツテ居リマスカラ部落民タル身許ガ直ク○○ニ判ツテ仕舞ヒマス、ソウスレバ」女性は「私ヲ嫌ヒ一緒ニナラウト云ハヌニ決ツテ居リ逃ゲ帰ルカ何トカスルニ違ヒアリマセヌ」、兄は「私共ガ特種部落ノ者テアルト云フコト」が女性に判り「嫌気ガサシ逃ケルカ何カ致シ」弟と「夫婦ニナラヌト云ヒ出スニ違ヒナイト考ヘマシタ」と答えた。女性への証人尋問（四月一八日）では、「特種部落ノ者デアルガ、ソレモ打明ケラレタノテハナイカ」と問われ、「同人等ガナンボ前借ヲ払フテ呉レルト云フテモ」「夫婦ニナル気起サズ、坂出ノ宿屋ニ泊ツタリ高松迄連レ出サレタリスルヨウナ事ハナカツタ」と返答した。兄弟は、自宅の売却や親類への無心を試みるなど金策に努めており、誘拐の意図は全くなかったことも述べている。

予審調書は検事の主質問に対して滔々と供述した形で記録されている。自らが進んで出自を語ったように受け取れるが、供述に至るまで様々な質問を重ね、それが整理され調書作成が成されたと考えると、予審判事は兄弟の出自に事件性を見出し尋問したことは明らかであり、兄弟の出自が要因となる「誘拐事件」として、「公判ニ付スルニ足ルヘキ犯罪ノ嫌疑アルモノトス」と予審終結決定をしたと判断できる。

(3) 弁護人中村皎久

兄弟の弁護をしたのは県会議員でもある中村皎久《きよひさ》である。中村は、「野にあって社会の師表たるべし」を信条に、「西の伏石、東の木崎」と並び称された伏石小作争議の弁護を務めた大衆派の弁護士である（喜岡淳「再現高松結婚差別裁判③」『解放新聞香川版』、一九九八年一二月二五日付）。「融和問題」にも理解があり、一九二六（大正一五）年には、県水平社差別撤廃講演会で講師を務めている（『香川新報』（以下、『香新』）大正一五年六月一四日付）。翌年の通常県会では、地方改善奨励費予算一〇〇〇〇円から五〇〇〇〇円の増額を要求し（『昭和三年第三十回香川県通常県会議事速記録』）、その発言中、共同墓地使用にかかる差別事件の弁護をしたことや、自らは意識せず不用意な発言をしたことにより部落の人々を傷つけ猛省した経験談を語っている。県水平社幹部の河田政多路（政太郎）主幹の『四国同胞新聞』（一九三二（昭和七）年六月創刊）には「本社顧問の弁護士中村先生が親切に紙上で回答して下さる事に成りました」と法律相談の広告が掲載されており（第二号、昭和七年七月一〇日付）、これを頼りに兄弟の弁護を依頼されたと考えられる。地元では裁判に対して中村への好意的な記憶があり、「高松差別裁判糺弾闘争ニュース」第一号では積極的に評価されていた（灘本昌久「高松差別裁判糾弾闘争をめぐる香川現地の動きについて」『京都部落史研究所報』四〇、一九八一年）。

ところが、全水側の評価は大々的な批判に転じる。

融和会幹事たる中村弁護人は、一応公判廷で検事の論告に反駁の弁論はしたが、問題の核心には少しも触れず、結婚誘拐罪が親告罪である事を知りながら、融和団体の幹事でなくてさへ当然努力せねばならぬ告訴取下げの交渉もやらなかつたのみか、他の専門家が上告すればこんな問題は必らず無罪に極まつてゐると云ふ程の、たとへそれが罪になるとしても微罪を、然も百円もの謝礼金を取上ながら、一回の控訴もさせず不法不当なる××××に服罪せしめた。

（小山荊冠『請願隊は如何に闘ったか?』、全国水平社静岡県連合会、一九三四年）

兄弟が控訴しなかったことを中村の責任としたのである。全水総本部が中村に「裁判長、白水検事、山下予審判事の本籍及び現住所」「公判調書、判決理由書の有無」を問い合わせたところ、七月八日に「弁護士の職務以外のこと、して拒絶」された（「史料紹介・高松地方裁判所検事局差別事件／闘争日誌」『水平社博物館研究紀要』二二、二〇二〇年。以下、「日誌」）ことも大きく影響しているのだろう。

⑷公判・判決、控訴せず

兄弟は、五月二五日の公判で「『私の境遇を知れば一度承諾した結婚も破れると思つたからです』と苦しい答弁の中に真実結婚する意志のあつた事を繰返し」「互に誘拐の点を否認し無理無態に」「結婚せしめたもので無い」（『四國民報』（以下、『四民』）五月二六日付）と述べたが、「監禁同棲せしめた控訴事実を認め」た（『大阪朝日新聞香川版』（以下、『大朝香川』）五月二七日付）。中村は「『人種差別待遇』を根拠として執行猶予を弁護」した（『香新』五月二六日付）。中村は、有罪判決が出されることを予測していたのである。白水の問題発言に対して、傍聴した関係者は「憤慨し休憩中弁護士中村皎久に対し検事の差別的言辞に就き追求方を依頼し」、中村は「同検事の論告後差別的言辞を弄したるは不都合なりと追求した」が白水は「何等之に応答」しなかった（『特高月報』（以下、『月報』）七月分）。『社会運動通信』には、「約一時間に亘つて、差別の不合理と検事の用語の不穏當について諭した」とある（一一〇一号、昭和八年七月一〇日付）。中村は、「すでに明治四年の解放令によって、差別は廃止せられた。特殊部落という言葉自体も消滅した。人間はみんな等しく平等である。」と検事批判を展開し、「あの時は法廷侮辱罪でやられるところまでいった」と、回想している（中村詩朗「父を語る」『香川弁護士会々報』四一、一九九〇年）。全水九州聯合会の藤原権太郎《けんたろう》（以下、藤原（権））は、「検事の論告の際中村弁護人が特に特殊部落云々について忠言らしい抗議を弁じたてた」と聞き取っており（関儀久「松本治一郎旧蔵資料（仮）紹介（二）―藤原権太郎から松本治一郎への書簡―」『リベラシオン』一八一、二〇二一年）、執行猶予を勝ち取るためには、激越な口調で抗弁することは得策ではないと判断しての所作であったとも考えられる。また、「水平社同人」の傍聴は約七〇名とされているが、控訴事実や論告は関係者には事前に知らされておらず、傍聴したのは身内だけという聞き取りから、これは判決の日との推察（灘本前掲）も見逃せない。

六月三日に有罪判決が下され、六月一〇日の控訴期限までに兄弟は控訴せず、刑が確定した。その理由は、「中村弁護士が控訴に消極的であった」「有罪判決に対し糺弾闘争の方針が定まらなかった」「被告人が控訴を望まなかった」の三つが考えられている。弁護人が有罪と想定している以上、控訴は執行猶予を得ることが目的となる。周囲が望もうとも、控訴を決めるのは兄弟自身である。兄弟は「結婚をするにあたっては住所や仕事内容などを相手に知らせ」「親の許諾を得なければならないという社会的常識」に対して、「判決が部落差別に貫かれ、また結婚誘拐罪であるとすることには不満をもちながらも」「反省して」おり、「未決勾留期間から早く逃れたい、そして控訴をすれば金が要るという金銭的な問題も絡んでいた」（朝治武「高松結婚差別裁判の真相」『部落解放』五二〇、二〇〇三年）ことが最大の理由であったのだろう。中村には、謝礼金一〇〇円が必要である。兄弟の父親は、高松闘争勝利への祈念と「多くのお金を頂」いた感謝を松本治一郎（以下、松本議長）に宛てている（朝治武「松本治一郎に宛てた礼状を読み解く―高松結婚差別裁判糾弾闘争と関連して―」『リベラシオン』一七五、二〇一九年）。「今迠私くしも七十才をこした老夫婦で働きも出来ず」二人が「養て呉れて居りました者が。カンゴクに。つながれて私くし内も非常に困り其之上母が病気今は赤貧洗ふが如し」とも綴っており、兄弟は家族を生活苦に陥れたくないとの思いから控訴しなかったと考えられる。

三　高松闘争への隘路

(1)全水総本部への応援要請

五月二六日に支部では緊急役員会が開かれたが、「徹底的に糾弾すべしと為す強硬派と、徒らに事を大にするを好まずと為す穏健派」に分かれ、県執行委員会に措置を一任することになった（『月報』七月分）。「決然起つて糾弾闘争を捲起こすことになったが、若し判決言渡し前に闘争を開始して却って彼等差別司法官によつて感情的に罪を重くさせるやうな事があつては」「家族に気の毒をかける」と、判決まで待つことにした（小山前掲）。五月二八日には県水平社執行委員会が開催され、六月二八日の県水平社拡大執行委員会まで数回にわたり協議したが、硬軟両派の意見が対立して闘争方針が定まらなかった（『月報』七月分）。そしてこの間に、控訴期限が過ぎてしまった。兄弟一家は「一時水平運動ノ盛デアツタ頃近所ノ人々ハ竹槍ヲ拵ヘタリシテ物騒ナ行為ラシテ居タニ拘ラズ、私共一家ハソレニ加ラ」（「高松史料」）なかった。しかし、この事態は、部落の人々にとって耐えがたい問題であった。全水総本部からの檄に各地からすぐさま応じたことが、その切実性を物語っている。

六月二〇日、支部から全水総本部に応援を求める航空郵便が送られてきた（「日誌」）。航空便は、迅速に詳細を伝える手段である。それほど支部は業を煮やしていた。支部は全水総本部から二名の派遣を求めている（松本治一郎旧蔵資料（仮）。以下、松本資料）。二三日には、支部から全水総本部に「ヘンミタ　マダコヌ　スクコイ　ヘンマツ」と電報が届き、同日、吉竹浩太郎常任委員を派遣した。翌二四日に現地に着いた吉竹は、調査委員会を組織して方針を決定した（「日誌」）。以降、北原泰作常任委員（六月二七日）、全水九州聯合会から井元麟之（六月二七日）・藤原権太郎（七月一日）が来県し、全水の支援体制が整えられていった。六月二七日、北原は現地の青年団、在郷軍人会、消防組、婦人会、処女会の有志者と「糺弾闘争委員会の組織」、「部落総会の開催」、「アヂ・プロ隊の組織」、「闘争基金の募集（各団体、県下各地、全国）」、「県連委員会対策」を協議し、三〇日に支部糺弾闘争委員会が確立した。

(2)県水平社幹部の離脱

六月二八日に開催された県水平社拡大執行委員会は、八支部から五〇名（うち現地から三〇名）、オブザーバーとして井元、吉竹が出席し、検事局に対する糺弾闘争を決議し、対策委員会の組織と県水平社大会の開催を申し合わせた（「日誌」）。対策委員会は県水平社執行委員長藤原喜三太（以下、藤原（喜））ら一二名で構成され、七月五日に開催されたが、「依然硬軟両派は意見を異にし甲論乙駁結局議長藤原喜三太及各部落より一名乃至三名に総本部員一名を加へたる八名の実行委員を選び糺弾方法を一任する事に決定」した（『月報』七月分）。

支部では、七月二日に支部糺弾闘争委員会実行委員会を開き、当面の闘争方針として、専門部の組織（宣伝部、資金部、通信連絡部、統制部）、県下各地への宣伝隊の派遣、資金活動、部落総会の開催を決定した。同日、全水から派遣されていた四名は高松警察署に呼び出され、特高課長から退去命令を受けたが、藤原（権）は「水平社のものに非ず」と頑張って一人残留した（「日誌」）。七月三日の全水常任委員会では、「身分的賤視観念による差別裁判の判決を取消せ！」「差別裁判の犠牲者〇〇、〇〇を即時釈放せよ」「差別裁判の責任者白水検事並に山下、三浦判事を懲戒免職にせよ」「差別糺弾闘争に対する干渉、圧迫絶対反対！」のスローガンを決定した（「日誌」）。

このように、支部と全水総本部は徹底糺弾で一致したが、県水平社幹部が穏当な解決を求めていた。支部で徹底糺弾を主張したのは藤本源次（澤次カ）、松本甚七、山本久松らであり、対抗する県水平社幹部は藤原（喜）、河田、上田親賢らである（『月報』七月分）。県水平社幹部は、融和事業との連携を目論んでいた。『四国同胞新聞』には、県社会課や県知事を会長とする融和団体の讃岐昭和会などの融和事業家が名を連ね、公職の広告も多かった。県水平社の活動資金源として広い購読層を求めていたのである。香川の水平運動を維持するためには、官庁と対峙する徹底糺弾は以ての外であった。

讃岐昭和会は、県水平社幹部による解決を待ち、静観していたのかもしれない。しかし、讃岐昭和会は、「（全水）本部は急遽来県実情調査を行ひ其の証拠を握つた時に融和事業に奔走の増田新一、中西小太郎外一名が仲裁者となつた」（『香新』七月二一日付）。ただ、調停内容が「責任の範囲を検事のみに留め検事また『差別的観念は毫もなかつた』と釈明したこゝによつて諒解を求め、県下三ヶ所で演説会を開催する」ことであったため、「水平社に於て直接折衝するに至り中止」（『融和事業年鑑　昭和八年度』）することを余儀なくされた。県水平社幹部は、面子を守るためにも穏当な解決を強行に求めたと推察される。

全水総本部は、県水平社幹部の動向を「一握のダラ幹スパイ、融和運動屋共の切崩し妨害」（『日誌』）とみなし、七月一三日に藤原（喜）と上田に上阪するよう招電した。上田は「イカンナガラユクコトデキン」、藤原（喜）からは「アスミナヨルソノウエユクタノム」との返電があった。「アスミナヨル」とした一四日は、県水平社第一回実行委員会である。そこでは、「各部落に於て糾弾演説会を開催すること」「支部を当分糾弾本部とし常務員三名を置くこと」「今後裁判に身分的差別を為さゞることを確保さるゝまで闘争すること」「関係司法官の懲戒を求むること」（『月報』七月分）と、闘争方針が徹底糺弾から相当後退した形で決定した。

藤原（喜）は、七月一五日に全水総本部を訪れた。全水総本部は「香川の闘争を抑圧し、ウヤムヤに解決する悞れ充分である」ため、藤原（喜）をしばらくの間大阪に滞在させる心積もりであった。しかし、七月一八日に忽然と香川に帰ってしまった。一七日に全水総本部近くの栄第一小学校（現・大阪人権博物館跡地）で開かれた真相発表大演説会に参加した（「日誌」）らしいことが藤原（喜）の行動に影響しているのだろう。この会は途中で出された動議によって部落民大会に変更し、徹底糺弾が決議された。藤原（喜）はその事態を目の当たりにし、不在の間に香川も徹底糺弾に転ずることを危惧して帰郷したと推察されるのである。「日誌」には「遂にスパイの馬脚を現して帰る」と記されている。三・一五事件による県水平社低迷時から全水総本部と命脈を保ってきた藤原（喜）であるが、訣別に至る道程を歩むことになる。

藤原（喜）が大阪から去ったことで、全水総本部は急遽吉竹を香川に派遣した（「日誌」）。香川で指揮している井元に電報でこのことを知らせ、「ジンビス、スムミナマツヨテイドホリコイ　カンガエガアル。ヘン」と一九日に返信があり、香川では七月二八日開催の香川県部落代表者会議の準備とともに、県水平社幹部の妨害を防ぐ手だてを画策していることを通知してきた。さらに、二〇日には「フシワラノコトシラセルナイモト」と、現地香川の組織・運動が動揺しないよう、細心の配慮をしている。ただ、二四日には「イマスグイズノタタセヨへ」と電報が送られており、相当に緊迫した状況になっていることがうかがえる。「イズノ」とは、全水中央委員で堺市会議員を務める泉野利喜蔵である。

(3) 香川県部落代表者会議

七月二八日、香川県部落代表者会議が開催された。二一部落から代表者八一名が参加し、約一五〇名が傍聴した。会議では泉野が議長に選出され、次の提案がすべて可決された（「同胞大衆の憤激を集中して香川県部落代表者会議挙行さる」八月一日）。

一、差別裁判の犠牲者即時釈放要求の件

一、差別裁判の責任者当局者たる司法大臣糺弾の件
一、差別裁判の関係検事・予審判事・裁判長懲戒免職要求の件
一、差別裁判の取り消しを要求して徹底的に糺弾するの件
一、身分的賤視観念を生む一原因たる族称廃止要求の件
一、部落大衆の敵・融和団体撲滅の件
一、真相発表ニュースの差押へに抗議するの件
一、糺弾運動を妨害するものに対して徹底的に戦ふの件
一、糺弾闘争基金募集の件
一、香川県部落民大会開催に関する件
一、今後の方針

最後の「今後の方針」では、全水側から高松闘争の全国的闘争としての位置づけ、地方委員会の組織と地方的解決の禁止、生活権獲得のための地方改善費使用権獲得闘争が提案された。県水平社幹部は、「会議を紛糾に導き協議を不能に陥らしめむことを策し、闘士二十余名を引具して臨場し」、また「支部は之に頡頏して青年を動員して気勢を張り暗雲低迷」した(『月報』七月分)。泉野は「一時を糊塗して」会議を終了し、その後に幹部三名、支部三名に愛媛県の亀井清一らを交え協議したが意見の一致を見なかった。泉野は全水常任委員会に諮り善処するとして帰阪したが、委員会が開かれることはなく、会議での提案は可決事項として成立した。なお、「族称廃止」要求・「融和団体撲滅」の提案は、水平社支部のない部落から出されたものである(『香新』七月二九日付)。

藤原(喜)、上田らは「近く県連を脱退し、水平運動の純化を標榜して演説会を開く模様」(『月報』八月分)と

なった。「水平運動の純化」は日本水平社の主張である。上田は一〇月二一日に「五・一五事件被告人減刑嘆願書」を作成して一八〇余名の署名を海軍大臣に発送しており（『月報』一〇月分）、南梅吉に追従したと考えられる。河田は、一九三七（昭和一二）年、『香新』（昭和一二年三月一四日付）に国民融和日に際して「融和問題」理解の進展を祝し問題解決を祈念する寄稿をしており、融和運動に転身したと考えられる。藤原（喜）については、北原が八月一六日に松本議長へ報告した手紙に、「四国は全躰が起ってゐるが、香川の空気が少しゆるんでゐます。藤原喜三太の裏切的策動と、スパイの切り崩しのためです。井元君が行ったから引しめるでせう」（松本資料）とあり、県水平社幹部は香川県部落代表者会議の頃まで態勢の引き戻しを画策していたようであるが、その具体を確認することはできない。

四　全国的闘争へ展開と香川

(1)闘争の二極化

香川に入った井元は、事件の重大性から「書類を動かすことの出来ぬ証拠として布施さん達の『労農弁護士団』をも起たせあくまで全国的政治問題として戦はねばならぬと思ひます」（松本資料）と、松本議長に宛てている。

全水総本部は、六月二九日、吉竹に労農弁護士団と連絡を取らせ、大阪無産者法律相談所に事件の鑑定を依頼し、七月三日の全水常任委員会で司法省、内務省への陳情を決定し、松本議長、北原・泉野、深川武（関東代表）、応援弁護士有志、香川県代表二名を「上京委員」として送ることになった。四日、招電により香川から松本甚七、松浦万次が駆けつけ、松本議長、北原と一緒に上京した（泉野は六日）。九日に労農弁護士団、自由法曹団との協議会の打ち合わせを行い、一一日には自由法曹団との協議会を開いて予審調書をもとに事件についての意見交換をし、司法大臣との会見について打ち合わせた。一二日午前、司法大臣に事件の真相を陳情して調査の約束を取りつけた。午後に労農弁護士団と協議会を開き、「仮出獄運動（即時釈放の要求）」「言論出版物による差別裁判反対運動」「非常上告要求運動」「告訴取下げに類する活動」「当該国家機関に対する関係法官、検察官懲戒の要求」と、法的見地から闘争戦術を立てた。一三日には、内務省社会局福利課長を訪問、その斡旋で社会局長官、同警保局保安課事務官と会見し、翌日、松本甚七と松浦は大阪へ戻り、その日のうちに香川へ帰った（以上、「日誌」）。

七月二〇日、全水総本部は松本議長に、「抗議運動の方針を些か変へました。香川県へ下って行って、判検事に抗議を申込むのは、徒らに問題を逆戻りにするのみであるといふ見解から、問題は対中央になってゐますので、高松裁判所への抗議は、香川県部落代表者会議に依って抗議させるべく決定。泉野君は香川、米田君は、東京へ司法大臣の回答の要求に、派遣するべく決定しました」と、宛てた（松本資料）。全水総本部は、労農弁護士団や自由法曹団と連携して政府に対する闘争に主眼を移して展開することになったが、そのような思惑を現地香川は知る由もない。

(2)香川県部落民大会

八月一六日、差別糺弾本部は「高松地方裁判所差別糺弾闘争香川県地方委員会」と改称し（『月報』八月分）、八月二八日の全国部落代表会議に向けた香川県部落民大会を開くべく、八月二〇日に第二回香川県部落代表者会議が開かれた（松本資料）。急な案内にも関わらず、一三部落から参集した。協議内容は、「差別才判の責任当局者、司法大臣・検事正引責辞職を要求すること（全国代表者会議案）」「全県下部落民大会を開催すること」「全国代表者会議を支持する事」である。香川県部落民大会は八月二六日に県公会堂で開催、松本議長を招聘、各戸から大会費一五銭を徴収、全員参加を決め、全国部落代表者会議には一〇名以上の参加、旅費は一人当たり七円を基準とすることにした。

香川県部落民大会は、八月二六日正午からである。午前一〇時には一〇〇〇人以上、一一時には二〇〇〇人が集まり、「差別撤廃云々の旗数十本を押し立てた田原春次氏の一行が公會堂に到着するや満場聲を限りに万歳を叫」んだ（『香新』八月二七日付）。速水虎一を座長に推し（『大朝香川』（同日付）では藤本澤次と二人）、「中村書記《(正治カ)》外数名によつて全国各地から到着した山の如き激励電報、激励文を一々読み上げ満場は一々これに拍手を送り緊張裡に朗読を終り次で曩の部落民大会に於ける決議文朗読に入つたが朗読中に中止を喰ひ朗読を止めんとするも聴衆は口々に『やれやれ』と叫び遂に中止中止の聲もかまわず全部朗読し」た。次に「鹽川正一《(鹽田正雪カ)》君壇上に起ち演説を始むるや又々注意中止を喰つたがそれにかまわず約二十分間平気で延べ立て」、「松本純七《(甚七カ)》君の演説中止」、「山口県地方委員会田村定一君臨監警部の『中止』に対し一言返し満場騒然」となり、午後一時休会した。「午後二時から差別裁判闘争関東委員長九州全農委員田原春次氏壇上に起ち各種例を引用して高松署をこき下し、次いで北原泰作氏の演説に移間もなく中止か喰ふや満場総立ちとなり口々に警官を攻撃し、警官と対峙してあやふく衝突せんとしたが静まり、最後に松本治一郎氏壇上に起ち約二十分に亘つて熱弁を揮ひ午後三時三十分水平社万歳を叫んで無事終了解散した」（『大朝香川』（同日付）では藤原（権）も弁士であった）。全水総本部は、現地香川の闘争を副次的なものと位置づけてはいたが、香川での闘争の高揚は全国的闘争を展開するために必要な要件であり、その期待に応えた大会になったはずである。

大会の前後には、三豊郡大会（八月一九日）、香川郡大会（九月五日）が開かれた。三豊郡は県水平社創立、香川郡は事件が起きた地として象徴的な大会である。

三豊郡大会は、県水平社創立大会が開催された琴弾座で午前一〇時から開かれた。座長は高丸義雄《(義男カ)》で、「経過報告祝電各地特派員の挨拶あつて各地方提案の意見協議並に大会の決議文を可決し引き続き是が批判演説会に移り本部特派員等数名の害利問題に対する熱弁の糺弾演説」があって午後五時頃に閉会した（『四民』八月二〇日付）。弁士は泉野、吉竹、藤原（権）、井元である（『香新』八月一九日付）。座長が一九二七（昭和二）年に県水平社委員長在任中、労働農民党支持に反対して除名された高丸義男であったとすれば、過去の経緯を不問にして部落大衆の運動として取り組まれた大会であったといえよう。

香川郡大会は、円座村円座劇場で午後一時から開催された。「香川県地方委員中村正次《(正治カ)》氏ほか数百名出席して」朝倉武夫、梅林武夫、中村の三氏」が演説したが、「相次いで演説中止となり鹽田正雪氏本部の激励文を読むや中止を命ぜられ」「場内騒然となつてついに解散を命ぜられ」、午後二時散会した（『四民』九月六日付）。こちらは全国部落代表者会議後の開催であり、警察当局の警戒がより高まっていたことがうかがわれる。

⑶藤原権太郎の存在

県内各地でも、六月一一日〜七月二四日に一四ヵ所、七月二七日〜八月二六日に一五ヵ所で演説会が開催された（『月報』七月分、同八月分）。県水平社青年同盟の中村正治が松本議長に宛てた七月一八日の手紙には「私と藤原権太郎氏松本甚七君と共に東西に演説會を開き実行委員をせん定。協議中候結論かけつを本部に今日通信しました」（松本資料）とあり、中村正治、藤原（権）、松本甚七が県内を遊説して回ったことが分かる。

藤原（権）は、教職経験者であり、部落出身者ではなかったが、松本議長に傾倒して水平運動に身を投じた人物である。水平運動への参加はこの年の五、六月頃と日が浅く、特高警察が把握していなかったため、吉竹らの追放後も一人留まることができた（関前掲）。七月八日には白水検事と面談し、「『神聖なるべき法廷に偏見をもつて行はれた裁判は忌諱する』と述べ、更に県警察部を訪問の上、同夜」現地での演説会を開き弁論している（『大阪朝日新聞』七月二一日付）。香川と福岡を往復しながらの活動であったが、毎日のように各地を巡回して遊説した。七月二八日に来県した時は、高松裁判所検事正から判決決定書の副本見せて貰った泉野が「特種部落」の字句がないことに改竄を疑っていた。泉野の疑心に対して、高松警察署高等主任と会った印象から改変はないと判断したことを、藤原（権）は三一日の書簡で松本議長にだけ伝えている（松本資料）。また、二九日からこの日まで三日間とも演説会に出席し、八月一日には、現地の部落民大会開催の届け出を済ませた。そして、「地方的交渉も潮時を見て一応はあたり、その結果によつて気分一新策を講ずる必要有りと思われますが、私の活動範囲はもう済んだ様な気もしますが。（演説はたいていすましました）」と綴っている。しかし、この後も墓地差別事件の解決に当たり、三豊郡や愛媛県三島（現・四国中央市）で演説会を済ませ、盆前に帰省したい旨を松本議長に願い出ている。香川を中心に八面六臂の活躍をしたことがうかがわれる。

ところで、高松裁判所は七月二一日に「判決書二十通を火急にプリントして司法省に発送して公正なる立場の諒解を求め」た（『大朝香川』七月二三日付）。司法大臣が上京委員に調査を約束したことに起因し、高松裁判所としては威信に関わることであったのだろう。検事正が泉野に判決決定書の副本を閲覧させたこと、高等主任が藤原（権）に「当の検事などはもう病気で引篭もつて居ます位心痛しています」などと、暗に「裁判ハ差別していない検事、判事の個人的責任問題で国家の責任問題として騒いでも効果はない」（松本資料）ことを示唆する発言をしたことなど、裁判所の立場を守るために躍起になっていることが推察される。

なお、泉野は、吉竹らが香川から追放された後、事実上はじめて現地に入り真相をつかんで帰ったとされる（小山前掲）が、その詳細は不明である。民間飛行機で高松入りしたともいうが、これは七月二五日のことだろう。この日の朝に大阪を出発して高松市南新町から「一二ジマデマツコンヘンマツ」と打電しており、正午には現地入りしていた（「日誌」）。

(4)全国部落代表者会議・請願行進隊

八月二八日の全国部落代表者会議には、香川から岡西春吉外九名が出席した。「全国から馳せ参じた代表百五十氏の資格審査」に松本甚七を確認できる（『大阪毎日新聞』八月二九日付）。議事はほとんどは全国闘争にかかるもので、そのうち「香川県下へ激励文打電の件」があり、可決された（『月報』八月分）。二九日の全国委員会では「全国遊説隊組織」の件が可決され、四国地方では吉《(中)》村正治外四名が選出された。また、請願行進隊組織が提案され、三〇日の常任全国委員会で協議がなされた。請願行進については、八月一六日に北原が松本議長に送った書簡に、「廿八日を期して、福岡から請願行進を始めたらどうかといふ意見がありますが、可能でせうか。福岡さへやる見込みあればやつてい、と思ふし、廿八日の意義がある日だから、やるべきとも思ふが、また、準ビ不足で、失敗するより、よくよく準ビしてからにしてはどうかとも思ひますが」と記しており（松本資料）、ここで具体化が図られることになった。さらに、全水は各地方に宣伝隊を派遣することになり、四国地方は松本議長、北原、亀井清一（愛媛）、松本甚七、中村正治、山本（久松カ）が割り当てられた（『月報』九月分）。八月三一日には、地元の公会堂で全国部落代表者会議の報告演説会が開かれ、引き続いて鹽田正雪、松本甚七ら青年部員を中心に遊説隊を組織して県内六ヵ所で演説会を開催した（『月報』九月分）。さらに、九月二三日には米田富が来県し、二ヵ所で演説会を開いている。

一〇月一日は全国請願行進隊が福岡から出発する日である。九月二八日、差別裁判糾弾闘争香川地方第五回委員会に代表四〇名が出席して開催され、「香川県地方委員会議議長藤本澤治氏」「差別裁判取消要求請願上京委員代表として鹽田正雪、朝倉武夫を選定」「来る五日ごろ右代表出発の際は大挙見送ること」「費用は全県下部落千戸が一戸当り十五銭宛支出のこと」を決定した(『大朝香川』一〇月一日付)。二人は一〇月一〇日に神戸で合流するため、九日に鉄道連絡船で高松港から出発した。ところが、「港頭に荊冠旗を押立て、激励に馳せつけた三百余名が見送り中観衆の一人」が「差別的言辞を洩らしたことから激昂した大衆は同人めがけて詰寄り」傷害沙汰に発展し、警察は穏便な決着を求めた事件が起こっている(『大朝香川』一〇月一〇日付)。

全国請願行進隊は各地を遊説しながら上京し、法務大臣や検事総長を訪問するなど請願行動にかかる所期の目的は達成した。行進隊は一一月一六日に一旦解散し、第二段の闘争として各地に遊説隊を派遣することを決め、鹽田、朝倉は、山本凡児・中川尚美(山口代表)、酒井國雄(長崎代表)、熊春雄(岡山代表)らとともに中国四国方面を回ることになった(『月報』一一月分。「達示第八号」(一一月二〇日))。

五　香川県水平社壊滅

(1)鷺田村大検束

一一月二五日に鷺田村で開かれる報告演説会のため、前日に朝倉ら弁士一行は岡山から現地に赴いた。当日、村では二ヵ所で演説会があったが、地元の公会堂には聴衆三〇〇余名が集まり、一一日に仮釈放となった兄が出席し、あいさつをした(『社会運動通信』昭和九年一月三〇日付)。その席上、警察官に対する傷害事件が起こったのである。

(略)弁士朝倉武夫の弁論過激に亘り臨監より中止を命じたるに聴衆は喧噪して臨監席に押寄せ収拾すべか

らざる状態となりたるを以て解散を命じたるに其の際聴衆中より火鉢内の灰を投擲し又一時電灯を消したるものあり尚下駄を投付け其の為取締警察官一名は治療約一週間を要する負傷を受けたるが同二十六日所轄高松署に於て検事局との打合せの上捜査を開始し容疑者六十一名を引致し傷害罪、公務執行妨害罪、治安警察法違反として目下取調中なり

（『月報』一一月分）

警察官の負傷は下駄が当ったもので、全治一週間と軽傷であったが、高松警察署はこれを問題視した。一一月二八日、早朝四時に警察官六〇名がトラック二台に分乗し、サイドカーを先導させ、六時より七時半までに一八名を検束した。その後警察官三〇名を残し万一に備え（『香新』一一月二九日付）、さらに数日間で六〇余名を逮捕した。高松警察署警察部長は、「これまで不当な弾圧めいた取締は極力避けて合法的に指導してきたのだが、今回の非合法極まる直接行動は断じて許さるべきものでなく、これを看過すればあたかも無警察状態に等しいので一斉検挙を決意して公務執行妨害及び治安警察法違反として徹底的に調べを行なうまでだ」（『大朝香川』一一月二九日付）と強い決意で、「農民騒動の伏石事件にも似た希有の大検挙が疾風的に断行」された。

新聞各紙は、「演説中止命令が下るや警官席目掛けて火鉢灰、下駄等を投げ飛ばし直接行動に出た」（『大朝香川』一一月二二日付）、「火鉢を臨監席に投げつけて」「巡査が眉間に裂傷を負つた」、また「電線を断ち、火鉢を投ぐる」（『香新』一一月二九日付）と大仰な報道をした。

全水は、「大した事もない所で『中止』をやられたので聴衆は総立ちとなり、不当を臨監に抗議した」が、「この時丁度、隣部落」の「演説を終わって来た朝倉君は、壇上に立って此の騒ぎを鎮め、『高松署と感情的な紛擾をするとは大事の前の小事である。あとには重大な闘争を控えている。我々は中央政府を相手として飽く迄要求を通さねばならない。支配階級は』と言ったら又もや中止である」（『社会運動通信』昭和九年一月三〇日付）と事実の誤認を指弾し、新聞記事に対しても事実が大きく歪められていると非難した。

(2)支部の解散と融和団体設立

九月五日の香川郡部落民大会の弁士であった梅林武夫は、「部落の中心的人達が次から次と警察に連行され高松署以外の警察に『タライ』廻しに留置されるようになりました。又其の外の人々は約四・五十人と推定されますが高松署に留置其の方法は広い武道場の畳の間（約五十畳）に正座させられて体を少しでもくずすと見張の巡査官が竹刀で遠慮なく打ちのめされて然も隣同志の私語は一切禁止にて一人一人取り調べに引き出されて行き終れば又基の位置に帰って座るといふありさまでした。」（香川人権研究所所蔵資料）と述懐している。

過酷な取り調べは地元に大きな波紋を与え、一二月六日、地元支部は次の声明を出して水平社を脱退した。

吾等は従来差別撤廃運動を全国水平社の加盟に任じ其拡大強化のため尽瘁し来りたるものなれども案ずるに全国水平社の指導精神は最近著しく矯激となり我等が衷心より希望して止まざる融和協調の安楽淨土は遂に達成し得べからざるものなるを自ら以て体験せり過去数年の行動は誠に悔ゆるとも詮なき仕儀なるも悟道の為には又尊き経験なりしを思ひて自ら慰め茲に翻然迷夢を一掃、全国水平社と絶縁するは勿論、将来と雖も之等の団体とは一切の関係を遮断し以て人間本態の善性を伸張せしめ陛下の良民たることを神仏に誓ふ

（『香新』一二月一二日付）

そして一〇日、地元では融和団体の黎明会が発足した（『香新』一二月一二日付）。発足式には転向した六名が出席し、「全水に加盟して以来差別待遇撤廃に就いて随分と働いて来たもの、差別裁判糺弾運動のために熱狂したあまりに遂に取りか江しのつかぬ事件を惹起したことは遺憾である、警察に検挙されて当局の取締方針から主旨を聞されて漸く目がさめたものです、自責の念にかられること日となく夜となくつづき全水の指導方針が余りにも過激であり間違つてゐたことが判りました、心から悔悟した私共は喜んで黎明会に加盟するのみか更正せる人

間を完成することを誓ひあつて今後活発に朗らかに生きたいのです」と語った。

六一名もの検挙者を出した事件であったが、起訴は五名に留まった。二二日の公判で被告は「興奮と群衆心理にかられて浅ましい軽はずみの行動に出たもの」であり、「一切を認めて同音に過激運動からの転向を誓」った。また、「今回の事件によりましていかに警察、裁判所が血もあり涙もある温かいものであるかを痛感しましたと涙を流して前非を悔い」、さらに黎明会会長が「同部落が過激思想から目覚め黎明会を組織して全国水平社から脱退し荊冠旗を焼き捨てて過激運動から転向し更正に乗り出し今回の不祥事件は雨降って地固まるのたとえで全部落が模範村となる決心をしている」と証言した（『大朝香川』一二月二二日付）。二六日の判決では、「全被告が涙ながらに前非を悔い転向を誓っている上部落全体の空気が更正を誓っている点と気の毒な家庭の状態および酒に陥って醸された群衆心理の点などを考え」「結局一名の犠牲者も出さぬよう実刑をやめ」、執行猶予三年の有罪判決を受けた（『大朝香川版』一二月二七日付）。

演説会では「吾々ノ過去ノ闘争ガ、取締官憲ニ対スル抗争ヲ目標ニ進ミツツアリテ、真ノ闘争目的ヲ没却シ、何等ノ効果ヲ収入得ズ。須ラク部落民ハ過去ヲ反省自覚スベキデアル云々」（灘本前掲）の発言があり、一二月四日には速水虎一が、南梅吉が現地を訪れ「同部落内融和組の連中と何事か策動したる形跡がある」（「日誌」）と全水総本部に報告した。ひとまずではあるが仮釈放に辿り着いた地元の安堵感と全水の全国的闘争の継続への危惧が次第に生じ、検束への恐怖も相俟って、全水の方針との乖離を生んだ結果とも考えるのである。

年が明け、一月一五日に開かれた県内各警察署の特高主任会議では、「差別事件取締に関する件」が示された。「警察官にあつては差別事実を現在認めるか又は聞知したる場合に於いては被差別から注文なくとも自ら進んで乗り出し前同様の措置を講ずる」とされ、また「水平社側の不当なる糺弾方法も厳重に取締ること」（『香新』昭和九年一月二〇日付）になり、県内の水平社支部は、わずか半年ほどで相次いで脱退し、融和団体を設立した。

全水総本部は「香川を守れ、○○の兄弟を救へ」と題するビラを作成し、また、泉野を派遣して実情調査を行った（『月報』一二月分）。しかし、高松署から行動を慎むよう注意警告を受け、調査が困難であることを知り、高松署から検挙状況を聴取しただけで泉野は帰阪した。これ以降、全水の香川への関与を確認することはできない。

(3)高松闘争の負の要因

『融和事業研究』第三七輯（昭和一一年九月）に「鷺田小学校の融和教育」が掲載された。これには「差別意識調査」結果が公表されている。近隣の「関係なき村」の調査を実施していることが特筆されるが、もう一つ、高松闘争に関して興味深い数値が示されている。鷺田尋常小学校の尋常一年生から六年生の調査人員二九一人中、三分の二にあたる一九四人が「差別意識」を保持していたが、そのうち、「事件によりて知りたる者」が五三名と、四分の一を占めた。六年生では二一名いた。六年生には、「差別意識」が感染した時期の調査が行われており、五六人中（内四名が「知らざる者」）二九名が尋常三年生、四年生の時に認識しているのである。六年生の多くは高松闘争があった一九三三年頃に認識したこととなり、「事件によりて知りたる者」との相関は高かったと判断できる。つまり、高松闘争とそれに伴う大規模の検束が関係していることは確実である。

高松闘争は、結果として周辺地域に「差別意識」を生じさせたといえよう。大検束は関係者に弾圧の恐怖を与え、高松闘争を語ることを委縮させただけでなく、周囲に部落差別意識を拡大させることとなった。これまで語られてこなかった高松闘争の負の側面である。

六　おわりに

高松闘争を、全水として、また各地の水平運動を再興した運動として評価することに疑いはない。ただ、香川の動きを鑑みるとき、全水とともに行動した動きだけが評価されることは問題があることを明らかにした。

高松闘争と距離を置いた県水平社幹部は、この後も神社問題などに取り組み、差別解消に尽力した（灘本前掲）。支部解散後に融和団体設立に携わった人たちも同様である。黎明会副会長は、知事の混合教育実施命令により、教鞭をとることを忌避されて退職した人物であるが、その後生涯にわたって部落改善に尽力した。村会議員、県社会課嘱託などを歴任して地域のために尽くして没し、一九四〇（昭和一五）年にその功績を顕彰する石像が建立されている。

水平運動に関わった人物以外にも部落差別解消のために精励した人々がいたこと忘れてはいけない、しかし、水平社を絶対的なものとする風潮の中で、それに対峙した人々の功績を全否定してしまう誤謬を、私たちは犯してはいないだろうか。先人の言論にとらわれず、史料を地道に、丹念に分析していくことにより、歴史を多面的・客観的に凝視する大切さについては言を俟たないのである。

【主な参考文献】（本文中、引用を除く）

井上清『部落の歴史と解放理論』、田畑書店、一九六九年

渡部徹・秋定嘉和編『部落問題・水平運動資料集成 第三巻』、三一書房、一九七四年

渡部徹・秋定嘉和編『部落問題・水平運動資料集成　補巻二』、三一書房、一九七八年

灘本昌久「高松差別裁判闘争史年表」『京都部落史研究所紀要』二、一九八二年
灘本昌久「高松差別裁糾弾闘争」『部落解放』一九八、一九八三年
西田英二「高松事件のふるさとを訪ねて」『部落解放』一九八、一九八三年
部落解放研究所編『部落解放史　中巻』、解放出版社、一九八九年
部落問題研究所編『部落の歴史と解放運動　現代篇』、部落問題研究所、一九九七年
第五一回全国人権・同和教育研究大会香川県実行委員会編『記念誌』、一九九九年
首藤卓茂「全水九州連合会の活動家・藤原権太郎をめぐって」『佐賀部落解放研究所紀要』一七、二〇〇〇年
朝治武「高松結婚差別裁判の真相」『解放新聞』二〇〇三年九月一日付
山下隆章「香川における高松差別裁判糺弾闘争―香川県水平社は如何に闘ったか―」『しこく部落史』五、二〇〇三年
香川県人権研究所編『高松結婚差別裁判の真相』、香川県人権研究所、二〇〇四年
山下隆章「高松結婚差別裁判と香川県水平社」『水平社博物館紀要』六、二〇〇四年
喜岡淳「高松闘争の今日的意義」『水平社博物館紀要』六、二〇〇四年
香川県人権・同和教育研究協議会編『香川の部落史』、二〇一一年
山下隆章「全国水平社香川県支部連合会と融和運動」『部落解放研究』一五八、二〇〇四年
安蘇龍生「高松結婚差別裁判糾弾闘争～松本治一郎史料を通して～」『部落解放研究くまもと』四九、二〇〇五年
石瀧豊美「高松差別裁判糾弾闘争における『馬場公会堂事件』に関する史料（上）」『リベラシオン』一三六、二〇〇九年
石瀧豊美「高松差別裁判糾弾闘争における『馬場公会堂事件』に関する史料（下）」『リベラシオン』一三七、二〇一〇年
山下隆章「普通選挙と香川県水平社」『部落解放研究』二〇四、二〇一六年
朝治武「何故に差別裁判かの解明こそが最大の課題―高松差別裁判関係史料の紹介にあたって―」『水平社博物館紀要』二〇、二〇一八年
山下隆章「高松差別裁判糺弾闘争を研究するための第一級史料―『高松地方裁判所検事局差別事件／闘争日誌』の紹介にあたって」『水平社博物館紀要』二二、二〇二〇年

愛媛の水平社支部は、学校における部落差別事件に、どう取り組んだか

五藤 孝人
水本 正人
甲野 正人
菊池 正
矢野 俊治
西園寺千代

はじめに

戦前、愛媛においても「学校における部落差別事件」が多発している。それも教員が加害者になっているケー

スが目立つ。そのことが、水平社支部設立を促した面が確かにある。

また、水平社支部設立後に起こった「学校における部落差別事件」では、水平社支部は全国水平社と連携して、事件解決に向けて取り組んでいる。

水平社支部が果たした役割をより明確にするために、「水平社支部設立以前」と「水平社支部がない地域」の事件も取り上げて比較する。

部落差別事件の分析については、次の手順で行う。
(0)水平社支部は、いつ設立したか。
(1)どんな事件であったか。
(2)事件の解決に向けて、どんな取り組みがなされたか。
(3)取り組みの結果は、どうなったか。
(4)この事件のポイントは何か。
(5)参考文献
※以下、小見出し（　）の中の名称は、当時の正式な学校名である。

一　学校における部落差別事件

Ⅰ　水平社支部設立以前

①喜多郡五十崎町の小学校（五十崎尋常高等小学校）

⑴どんな事件であったか。

一九二二（大正一一）年一二月二一・二二日の両日、五十崎町の四部落から通学している児童三〇余名が一斉に同盟休校した。学校側は驚愕し、色々と原因を調査して見ると、同校の某男教員が、先日、部落から通学している児童が他（部落外）の児童と喧嘩をしているのを制止する際、「穢多は止めんか」と罵《ののし》った。また、その後、部落の児童が、他の児童たちから「新民・新民」と嬲《なぶ》られ、悔しがり、同教員に愁訴すると、「新民と言ったて良いじゃないか、我々は皆臣民だから」とかえって冷笑した。さらに、同校の女教員は、児童の家庭を訪問する際、「穢多村へ行くのは何の道か」とか「この辺りが穢多方か」等と放言したのを部落民が聞き知ったので、ここに部落の怒りが爆発した。

⑵事件の解決に向けて、どんな取り組みがなされたか。

児童の「父兄」はもちろん全部落民が協議して、一大団結を作り、「先の両教員の免職」と「学校長の謝罪」、さらに「今後の部落児童の待遇等を改めること」を要求し、学校に対して猛省《もうせい》を促すことを決めた。そして、この目的を達成するために、「児童の総休校をなすこと」と「『父兄』中から代表者を選んで両教員の処分を求めて、郡当局へ陳情すること」とした。

一二月二一日に同盟休校に入った。同時に、代表者二〇名が郡役所へ出向き、当局と会見して、両教員の不都合を訴えた。

⑶取り組みの結果は、どうなったか。

郡当局と話しても容易に解決しなかった。学校側は、校長以下狼狽し、「父兄」側の代表者と会って了解を得るよう務めたが、ますます反感を買った。

同郡の藤本学務委員は、これを聞いて、双方の間に調停の労をとり、交渉を重ねた結果、一二月二三日の夜に、双方の関係者が会合し、学校側が「父兄」代表者に謝罪して、落着に至った。

⑷この事件のポイントは何か。

ア　一八七一（明治四）年に「賤称廃止」の太政官布告が出され、教員は率先して賤称語をなくする取組をしなければならないにもかかわらず、文中の両教員は平気で賤称語を使っている。

イ　闘争方針として、部落が一つになって、「児童の同盟休校」を以て、差別者に反省を迫っている。

ウ　調停者を立て、交渉を重ねて解決している。

「ウ」は、江戸時代の「内済」の方法で、この地域では、この方法が、まだ効果があったようだ。ただ、「調停によって解決した」とあるが、部落の人たちには、釈然としないものが残ったのではないか、と思う。

最後に、五十崎町には、水平社支部は設立されなかった。

⑸参考文献

『愛媛新報』一九二二（大正一一）年一二月三〇日付
『愛媛近代部落問題資料・上巻』（近代史文庫大阪研究会　一九七九年）一八五頁

（水本　正人）

Ⅱ　水平社支部設立後

②越智郡桜井町の小学校（桜井尋常高等小学校）

⑽水平社支部の設立はいつか。

一九二三（大正一二）年一一月二日に、桜井支部設立。

⑴どんな事件であったか。

一九二三（大正一二）年三月頃、校長が授業中に部落の児童のみを器械室に全員集めて、「お前等仲間は学校の行き帰りにいたずらをするが、外の大勢の子供等はお前等のようないたずらはしない」と諭した。この話を我が子から聞いた保護者たちは同盟休校を決意したが、校長も差別的な待遇をしたと気付くであろうと思い登校させた。しかし、その後も校長は「村前等の部落」とか「村前等の仲間」などと口癖のように区別したり、同校の某教員などは「桜井の児童の成績の悪いのは、漁師の子とこれの子が多いので悪いのである」と言って、指を四本突き出して児童に見せたりしたことも発覚した。

⑵事件の解決に向けて、どんな取り組みがなされたか。

同年一〇月四日付けで、代表者・外四二名連名の請願書を桜井町長・郡視学・県視学及び県社会主事に提出した。町長は部落を戸別訪問して説伏させようと高圧的に解決しようとしたので、一九日愛媛県水平社本部は実状調査のために、本部執行委員西原佐喜一・同周桑郡執行委員矢野儀三郎・矢野筆一・林田哲雄ら四名を現地に派遣する。その日の夜、現地の部落において協議会を開いたが、町内外の部落民の出席者が山の如く押し寄せたので、今治署から警官が出張警戒することとなった。

協議会で宣言決議された内容は次のようなものである。

宣言

越智郡桜井校長〇〇〇〇及び同校訓導〇〇〇〇〇等が我等特殊部落民に取れる態度は畏れ多くも上、明治大帝の聖旨に対し奉り人類進化の精神に逆行し教育の本旨にもとり人間を冒涜する非人間的国民的態度である。我等が教育者且つ校長としての人格を疑ひ其の任にあるの不都合を絶叫し之れが徹底的糾弾を期す。

決議

〇〇校長及び〇〇〇訓導を免職し、彼等をして全人類社会に向かって謝罪せしむる事。

校長の反省を促すと共に、重大問題として本県水平社本部及び全国水平社聯盟本部の名に依り桜井町並びに郡・県当局に陳情した。

しかし、校長は某新聞紙上において「自分は差別待遇をした覚えはない、彼等の曲解である。又御真影の前で訓諭した」（部落・部落外の児童は器械室で一致）と弁明しているほか、請願書が提出される数日前に全校児童一、三〇〇人を校庭に集めて訓示したときに「部落児童〇〇某に向ひ〇〇等の連中が……」と言ったとの指摘にも、新聞紙上で「その子は成績も悪く言語も粗暴であるから訓諭した」と平然と語っている。

こうした事実が明らかとなり、県水平社本部は交渉委員・通信係・整理係を臨時の事務所（石田旅館）に置き、本格的な活動が始まる。一一月一日、壬生川水平社執行委員矢野儀三郎は県水平社本部に連絡し徳永参二、松浪彦四郎らを招いて桜井町の泉旅館を臨時事務所に充てて糾弾会へ向けて準備し、二日正午から桜井座を会場に真正面から校長糾弾のための水平社大講演会を開いた。その夜には全国水平社聯盟越智郡本部を設置すると共に発会式を挙げることができた。

(3)取り組みの結果は、どうなったか。

某校長と某訓導（教員）は、七日自発的に越智郡当局に対し辞表を提出し当局もこれを受け入れた。水平社側は、二人が教員のみならず公職を離れても人間として人類愛の立場より人間礼賛の真意があるか否か問うべきところを、二人が涙を流しながら親善を誓ったのでこれをもって円満解決と判断した。

(4)この事件のポイントは何か。

ア　部落の児童や保護者の社会的立場に寄り添うことなく、学校という教育現場において公然と差別的言動を繰り返す教職員の姿勢は、部落差別は当たり前という常識化していた当時の地域の社会意識を反映している。

イ　部落差別事件への対応として、水平社支部のない地域でも近隣の支部や県・全国の水平社本部と連携しながら、水平運動の精神を貫くことが解決への道であることを痛感する。

ウ　学校における部落差別事件をきっかけに、水平社支部が設立された意義は大きく、部落差別に対して厳しく糾弾する手法は当時としては必然であった。

(5)参考文献

『愛媛新報』一九二三（大正一二）年一〇月一七日付
一九二三（大正一二）年一〇月二〇日付
一九二三（大正一二）年一〇月二一日付
一九二三（大正一二）年一〇月二五日付

一九二三（大正一二）年一〇月二六日付
一九二三（大正一二）年一〇月二八日付
一九二三（大正一二）年一一月四日付
一九二三（大正一二）年一一月九日付
『海南新聞』一九二三（大正一二）年一〇月二〇日付
一九二三（大正一二）年一〇月二八日付
一九二三（大正一二）年一一月二日付
『愛媛近代部落問題資料・上巻』（近代史文庫大阪研究会　一九七九年）二四一～二四五頁

（五藤　孝人）

③温泉郡拝志村の小学校（下林尋常小学校）

⑼水平社支部の設立はいつか。

一九二三（大正一二）年四月一八日に、拝志支部設立。

⑴どんな事件であったか。

松浪彦四郎（一八九五～一九八六）が小学校六年生の時に、学校で友達をいじめたことに対する教師（校長他）の指導の際に起きた差別発言である。

松浪彦四郎は、温泉郡拝志村（現・東温市）に生まれ、全国水平社創立大会に記者として参加し、その様子を郷里に伝え、愛媛に全国水平社の組織を創立し、初期の水平運動を担った功労者である。

差別発言の内容は次のとおり。

○「部落外の児童をいじめる前に、自分自身の身の上を顧み、自分の行いを慎まなければならない。お前が、部落外の子どもをいじめるということはあり得ないことだ」

○「お前は『エタ』の子ではないか」と、賤称語を使って差別した上に、「『エタ』は帰化人の子孫である」という根拠のない異民族（異人種）説で差別した。

⑵事件の解決に向けて、どんな取り組みがなされたか。

親や近所の者が中心になり、多数で団結して交渉に当たった。

⑶取り組みの結果は、どうなったか。

校長が謝罪することとなった。

松浪彦四郎は、その後部落を出て生活し、十数年間はこの出来事を忘れていた。（県外の中学校、福岡県の新聞社での勤務の間を指しているものと思われる。その後、地元に戻り、愛媛の水平社設立に尽力することとなる。）

⑷この事件のポイントは何か。

ア　この差別発言の事件は、明治天皇の御真影堂で起き、松浪彦四郎自身は屈辱的であると捉えている。天皇制に対する意識を垣間見ることができる。

イ　松浪彦四郎の社会的立場の自覚は、差別発言というマイナスの出会いによって為された。

⑸参考文献

『愛媛新報』一九二四（大正一三）年一月八日付
『愛媛近代部落問題資料・上巻』（近代史文庫大阪研究会　一九七九年）二六〇・二六一頁

（甲野　正人）

④温泉郡荏原村の小学校（荏原尋常小学校）

⑴水平社支部の設立はいつか。

一九二三（大正一二）年五月一五日に、荏原支部設立。

⑴どんな事件であったか。

一九二六（大正一五）年、温泉郡荏原村の小学校は児童数の激増に伴い、校舎の増築が行われ、職員の増員等がなされて状況の改善が進んでいた。ところが、最近、赴任してきた某教師（訓導）が、一人の部落児童に対して差別観念をもって、侮辱する言葉でからかうという事件が起きた。

⑵事件の解決に向けて、どんな取り組みがなされたか。

荏原村の「父兄」と荏原村水平社支部は、愛媛県水平社本部の応援を得て、思想を善く導き、教育の任務にあたる者が、侮辱的言葉を用いたことはけしからんとして、徹底的に糾弾をし、根本的改革を促すことを申し合わせた。

⑶取り組みの結果は、どうなったか。

小学校校長や駐在巡査などが調停に入り、今後再びそのような差別的言動を行わないようにと訓導を戒めると、その訓導は彼らの立会のもとで謝罪したので、一九二六（大正一五）年二月九日に問題は円満に解決した。

⑷この事件のポイントは何か。

ア　訓導自身が世間一般の差別意識を刷り込まれ、児童本人に向き合おうとする姿勢を欠いている。

イ　「父兄」と水平社支部は、愛媛県水平社本部を後ろ盾にして、徹底糾弾の方針をとっている。

ウ　調停者を立て、円満解決に導いている。

「ウ」の調停者として駐在巡査を立て、その後円満な解決に至っていることから、その駐在巡査に寄せる部落の人々の信頼度が窺える。当時の警察は、水平社側の糾弾行動を警戒し、弾圧をかける事例（事例⑤参照）があったが、その一方で差別心に囚われず、人権感覚を持ち、地域の治安に尽くす者もいたことがわかる。（警察や教員への信頼が厚いがゆえに、裏切られたときには厳しい糾弾行動を起こしたのだろう。）

(5)参考文献

『愛媛新報』一九二六（大正一五）年二月一〇日付

『水平新聞』第六号、一九二六（大正一五）年三月二五日付

『愛媛近代部落問題資料・下巻』（近代史文庫大阪研究会　一九八〇年）二六頁

（菊池　正）

⑤北宇和郡岩松町の小学校（岩松尋常高等小学校）

(0)水平社支部の設立はいつか。

一九三五（昭和一〇）年三月一一日に、岩松支部設立。

(1)どんな事件であったか。

一九三五（昭和一〇）年六月一八日、岩松町の小学校において教室の掃除中に六年生の部落の女児に対して、部落外の一人の児童が「『エタ』言葉だ、『エタ』の言う言葉だ……」と大声で罵ったことから、部落の子どもたちはあまりのこと怯えきって顔を真っ赤にして小さく縮こまっていた。

たまたま通りかかった教師に部落の一人の女児が、「先生、私らのこと『エタ』と言って困ります……」と訴

えた。その教師は「その人を呼んで来なさい」と命じたので一応連れて行ったが直ぐに皆より早く帰宅させてしまった。

さらに、翌日の一九日には小学校の校庭において、子ども同士のいさかいから部落外の女児が部落の女児に対して差別発言があった。

⑵事件の解決に向けて、どんな取り組みがなされたか。

一八日の件では、差別発言をした児童の父親と学校に対して、事件を当事者から聞いた部落の青年が交渉した。しかし、父親は「うちの子どもは絶対に『エタ』とは言っていない、決して嘘を言うような子ではない、『エタ』ではなくヘタと言ったのだ」と我が子をかばう返事であった。

一方、校長は「児童の間に今後絶対に差別事件が起こらぬように力を尽くすとは断言できない―なるだけ今後は注意しておく」「学校内の問題で、青年の者らが幾百人寄って来て糾弾しても自分は少しも恐れん」と差別しようとしまいと学校の勝手だ余計なことを言うなとの挑戦的態度であった。

一九日の件では当日の夜、部落の二人の代表者が父親に反省を求めたが返事がないので、翌二〇日夜には数十名が押しかけたが問題解決には至らなかった。そこで、部落側は直ちに岩松警部補派出所と小学校に対して善処を申し出た。

⑶取り組みの結果は、どうなったか。

小学校では、校長が全校児童を集め融和の大切さを話したが、派出所ではこの問題に乗り出すことを避け、集団的威力をもって他人を威迫する行為として処分する意向を示した。警察の態度は理不尽極まるもので、「〇〇の若者が糾弾に来たらすぐ警察に通知してくれ、手足が出ぬように処分するから」「どんなに言って来ても謝罪するな」「奴らがいくらやって来ても警察に考えがあるから安心せよ」と言い放ち、部落の一人の青年を岩松署に検束した。

(4) この事件のポイントは何か。

ア　児童の賤称語を用いた差別発言の背景に、親の部落に対する偏見と強固な差別意識があり、日常の生活の場における差別的な言動を反省する余地もないほど染みついている。こうした親の意識が子どもに反映し、不満をぶつける対象として部落を位置づけている。

イ　教育現場における部落差別であるにもかかわらず、部落側が騒ぎ過ぎだとの軽い認識と事の重大性に全く気付かず、事なかれ主義的な姿勢が見える。

ウ　同年三月一一日に、山下友枝（一九〇一～一九七九）が中心となって岩松水平社支部が設立されて約三ヵ月後の事件であり、水平運動に対する警戒感が学校や警察に顕著に見られた。

山下友枝は北宇和郡八幡村（現・宇和島市）に生まれ、一九〇二（明治三五）年に北宇和郡岩松村の伯父の養女となった。結婚した「婿」養子が愛媛県善隣会評議員になる。山下友枝は善隣運動の中で高知県自治団（自主的融和団体）を立ち上げた植村省馬と出会い、師と仰ぎ、「官」主導の融和団体である善隣会を脱退して水平社岩松支部を立ち上げた。戦後、部落解放同盟中央委員、部落解放同盟愛媛県連合会委員長、津島町会議員、津島町同和教育協議会副会長、津島町同和対策協議会委員長などを歴任した。

(5) 参考文献

『海南新聞』一九三五（昭和一〇）年六月二四日付

『水平新聞』第九号、一九三五（昭和一〇）年七月五日付

『愛媛近代部落問題資料・下巻』（近代史文庫大阪研究会　一九八〇年）三〇七・三〇八頁

（五藤　孝人）

⑥北宇和郡岩松町の小学校（岩松尋常高等小学校）

⑽水平社支部の設立はいつか。

一九三五（昭和一〇）年三月一一日に、岩松支部設立。

⑴どんな事件であったか。

一九三六（昭和一一）年四月、岩松尋常高等小学校の訓導（教師）が前学年末に六年女児に対して差別的な発言（内容の詳細は不明）があり、部落民の激昂をかい同訓導と校長の処置を巡って紛糾した。事態を憂慮した宇和支庁の視学と岩松警部派出所は奔走していたが解決せず、四月七日、県の指導を仰ぐところとなる。

⑵事件の解決に向けて、どんな取り組みがなされたか。

四月一一日、愛媛社会事業主事（二名）は岩松警察派出所において、岩松町長、当該校長らと懇談し、夜には役場において山下友枝らを通して部落代表者との懇談も予定されていたが数名の欠席があったので一二日に延期された。

同年七月、部落五〇戸一二七名の連印による要求書を愛媛県知事に提出した。宇和島警察署長は同署特高部長と部落を訪ね、部落代表者八名と会見。部落民六〇名が傍聴する中、青年団長代理、戸主代表から問題の経緯を詳細に聞き取り、署長は解決に努めたりしたが、結果的にはまとめることができなかった。

⑶取り組みの結果は、どうなったか。

同年一二月二三日、岩松町役場において、警察署、役場、学校関係者、部落代表者など八名が会見して条件付きで解決した。

【条件】

一、闘争費の賠償として適当な内職費を支出する。

一、訓導の一身上は適当善処する。

一、差別撤廃講演会を明春開催し、全水より講師二名招聘。

一、全水パンフを岩松町に配布。

(4)この事件のポイントは何か。

ア　前年度に同校で発生した差別事件の教訓は全く生かされず、再び教師が起こしたことは教育者として許せない行為である。決して個人的な問題ではなく、教育行政や態勢そのものが問われる深刻な問題である。

イ　事件解決への道筋の時間はかかっているが、何度も関係者との会合を重ねて解決しようとする組織的な取組には部落の団結力を垣間見ることが出来る。

ウ　部落差別の解消には、教育はもちろん社会啓発がいかに重要であるかが問われた事件である。その根底には水平運動の精神と連帯が不可欠である。

(5)参考文献

『海南新聞』一九三六（昭和一一）年四月八日付

一九三六（昭和一一）年四月一三日付

『伊予新報』一九三六（昭和一一）年七月一一日付

『水平新聞』第二二号、一九三七（昭和一二）年一月一日付

『愛媛近代部落問題資料・下巻』（近代史文庫大阪研究会　一九八〇年）三一四頁

（五藤　孝人）

Ⅲ　水平社支部がない地域

⑦温泉郡南吉井村の小学校（南吉井尋常小学校）

⑴どんな事件であったか。

一九三六（昭和一一）年三月九日午後三時ごろ、三〇余名の部落民が、学校に押しかけ、校長等に抗議した事件。当日午後二時ごろ、五年生受け持ちの女性訓導が、帰宅に便利だと児童の勤務当番（居残りの掃除当番？）を地域別にしたのだが、当日午前中にあった児童間のけんかで差別発言を受け、すでに不満がたまっていた部落児童が帰宅後に「父兄」に告げたことがきっかけである。

⑵事件の解決に向けて、どんな取り組みがなされたか。

三〇余名の部落民が学校に抗議に訪れたことは直ちに松山署に伝えられ、特高部巡査部長と駐在巡査がかけつけた。なだめられた部落側は、「父兄」の代表を出して話し合いをするという警察からの提案を受諾。部落側代表七名と学校当局は、職員室で翌一〇日午前二時まで折衝を重ねた。

⑶取り組みの結果は、どうなったか。

上記の話し合いの結果、次の二条件を申し合わせて、解決した。

①校長から関係部落の「父兄」に対して陳謝すること

②融和事業として善隣会を新設すること

⑷この事件のポイントは何か。

ア　午前中の差別発言について、女性訓導が根本的解決をなさないままに児童を帰路につかせたことが、問題を大きくさせたと思われる。教師の指導力が問われる事例である。

イ　児童一人あるいは数人が受けた差別であっても、部落民三〇余名が団結して立ち上がり、抗議の意志を示したことが解決に向かう大きな力になった。

ウ　右記①の責任者たる校長の陳謝は当然として、②の善隣会新設まで進めている。事態をこの学級や学校の狭い範囲でとらえるのではなく、南吉井地区全体への啓発や、部落の環境改善等に向けた融和事業の約束にまで大きく前進させることができた。部落側代表七名の交渉力と冷静さに学校や警察（おそらく村当局も）も動かされたのであろう。

(5) 参考文献

『伊予新報』一九三六（昭和一一）年三月一一日付

『愛媛近代部落問題資料・下巻』（近代史文庫大阪研究会　一九八〇年）三一〇頁

（矢野　俊治）

⑧北宇和郡立間尻村の小学校（立間尻尋常高等小学校）

(1) どんな事件であったか。

一九三六（昭和一一）年六月一七日、児童の喧嘩収拾に入った二名の訓導までが、差別発言したので、部落の村議会議員・区長ほか三名が校長に詰問し是正を求めたが、要領を得なかったので、部落の児童約五〇名（別の日の新聞報道では約六〇名）が翌一八日から二一日までの同盟休校に入った。さらに、一九日夜にたまたま帰省中の部落の青年（「土方」、二五歳）が単独で校長を訪れ、詰問中に校長の優柔不断な対応に憤慨して、短刀のような物で校長に切りつけ、傷害罪で逮捕された。

(2)事件の解決に向けて、どんな取り組みがなされたか。

・部落が一丸となって代表者を送り込み、学校側に問題点を抗議した。

・当事者である児童の団結・同盟休校による抗議の意思を表明をした。

・傷害事件の発生によって、宇和島署署長が立間尻村に出張して村長と協力して調停に乗り出し、六月二〇日、同村派出所にて関係者の参集を求めて懇談の場がもたれた。

(3)取り組みの結果は、どうなったか。

六月二〇日午後六時頃、懇談の結果ようやく部落児童の「父兄」側の了解のもとに無条件で収集策を一任した。二二日から児童の登校も再開され、学校側も今後一層注意することとして円満解決をみた。

(4)この事件のポイントは何か。

ア　児童の指導の任にあるべき訓導が、二名ともに平気で賤称語を使っている上に、校長までがその問題点を認識しておらず、教育に携わる者としての資質が欠如している上に、その対応・態度によって傷害事件まで誘発していること。

イ　闘争方針として、即部落が団結し、有力者の代表を立てて問題解決を要請したこと。

ウ　当事者の児童たち自身にも、団結・同盟休校による意思表示・抗議の姿勢の示し方を学ばせたこと。

エ　予想外の犯罪行為まで発生したことは、部落側にも社会的反感を負うべき問題点を背負い込ませたが、それによって教育現場との交渉だけに終わらず、警察の調停を参加させたこと。

オ　学校側からの反省姿勢や、訓導・校長等の意識改革の兆しが、具体的に引き出せなかったことは、傷害事件の負い目のせいだろうが、「無条件一任」という結果は、少なからず残念な「円満解決」となったように思われること。

(5)参考文献

『海南新聞』一九三六(昭和一一)年六月二一日付
一九三六(昭和一一)年六月二二日付
『愛媛近代部落問題資料・下巻』(近代史文庫大阪研究会 一九八〇年)三一五・三一六頁

(西園寺 千代)

まとめ

一九二三(大正一二)年四月一八日、愛媛県に水平社が創立され、同年八月一日には愛媛県善隣会が設立されている。このことは重要で、水平社に対抗する形で「官」主導の善隣会が設立され、各地に広がり、行政・教育にかなりの影響を与えていた。というのも水平運動を危険視する見方が各地に広がり、やっと水平社支部が設立されても次第に善隣会へ人が移っていき、水平社支部が短期で解散したケースもあった。

今回、取り上げた学校における部落差別事件は、当時の新聞等で公になったもののみを対象としたが実際には各地で同様なことが多発していたであろうことは想像に難くない。また、すでに水平社が設立された支部では、部落差別への対応が組織的に取り組まれていたが、支部のない地域では行政や警察の調停などが多く、あくまで「官」主導で同情融和的な解決をみている。

ではなぜ学校で多発していたのか。その理由は、当時の大人たちの部落問題への認識の度合いが子どもたちに反映していただけでなく、教える教師たちの知識や認識に不十分さがあったことは厳然たる事実であろう。こうしたことから県は、一九三四（昭和九）年に次のような方針を打ち出している。

愛媛県融和教育方針

一、師範学校に特に担当時局を設け、融和問題に関する系統的知識を与える
一、中等学校、実業補習学校等に於いて、修身、公民科等の教授に際して融和精神の涵養に努む
一、関係地方の小学校には特に融和教育施設を講ず
一、青年訓練所、男女青年団、少年団体、日曜学校、教化団体、婦人団体、宗教団体等の行事に際しては融和精神の普及徹底に努める
一、教育関係者の諸集会に於いて融和問題を研究
一、講習会、研究会をその他の方法により教育者、社会教育指導者などの認識を高める

（『伊予新報』一九三四（昭和九）年六月六日付）

一九三五（昭和一〇）年には、愛媛県融和教育研究協議会が設立され、融和教育研究指定校を設けたり、融和教育講習会など開いている。具体的には一九三六（昭和一一）年「融和事業十ヶ年計画」を機に、北宇和郡・宇和島市連合の融和事業研究会を創立し、講師に三好伊平次（中央融和事業協会理事）を招いて小学校教員に対する融和教育講習会を宇和島市の南予会館で行っている。しかし、この一九三六（昭和一一）年に、今回報告している南吉井尋常小学校・岩松尋常高等小学校、立間尻尋常高等小学校と連続して部落差別事件が起きていることは、融和教育の徹底の不十分さに加えて、人々の部落差別に対する関心の度合いが高まり、無視できない状況が

地域やマスコミ間にもあった証であろう。

今後の研究課題として、当時の融和教育に関する資料（講習会・研究会・学校教育における学習内容など）を収集し分析するなかで、ただ単に融和運動のマイナス面を指摘するだけでなく、客観的な成果を事実を基に明らかにして検証する必要がある。

おわりに

現在、マスコミで直接部落差別を取り上げる番組や記事は少なく、部落差別事件が報道されることは極めてまれで、まして学校名などが公になることはない。当然、これまでの人権・同和教育の成果として、学校での部落差別は減少しているが、一方ネット上での差別・誹謗・中傷などは続発している現状があり、現在の大人たち、子どもたち、行政職員、教職員などの部落問題に対する知識・理解・認識がどれだけ正しく系統的に継続されているかとても気がかりである。特に学校教育においては、差別に対する怒りと憤りを根底に部落問題を自分事として捉え、過去の事件や事象を教訓として深く学ぶ研修や教育内容をさらに充実させることが不可欠である。

（五藤　孝人）

幡多地方の水平運動

館岡　通俊

はじめに

高知県は東西に長く、特に西部の幡多地方は高知県特有の「土佐弁」とアクセントが大きく異なる「幡多弁」が通用する地域である。水平社の結成された一九二〇年代から一九三〇年代において、高知から幡多地方の中心地である中村への移動は多くは船便で丸一日を要していた。したがって、高知県の水平運動を概観した場合、高知市を中心とする高知県水平社の活動と別個に幡多地方では水平運動が展開されていったと考えるべきである。もちろん、高知の水平運動の影響をまったく受けないわけではなかったが、基本的には独自の水平運動が展開されていったのである。また、一九二〇年代には隣県の愛媛県南予地方との結びつきが見られ、さらに一九三〇年代になると、県組織を飛び越えて大阪の全国水平社総本部と直接つながることもしばしばであった。

一　幡多地方の水平社結成の動き

幡多地方の水平社創立時の動向を見ていく際に必ずといって取り上げられるのは、中村水平社の創立大会に参加した北澤一の『中村における被差別部落の今昔』（幡多地区同和教育研究協議会、一九八三年）である。北澤は自らも参加した中村水平社の創立大会の様子を次のように詳細に描写している。

> 一九二六（大正一五）年九月、中村にただ一つの劇場「中央座」（大正五年落成・中村市社会科研究同好会編高知県史幡多地方史略年表）を一日借り切り、幡多郡下の部落大衆が参加し、盛大に開催された（筆者一五才）。舞台には、水平社宣言・綱領（颪辺氏はまれにみる達筆家であった）が大書され、晴れやかに掲げられ、中央に演台を置き、主催が右側、左に郡下の部落代表、演台右前に青竹の先端を切先に作り、水平社旗（黒地に赤く茨の荊冠を染め抜き右上に流星を画く）をしっかりと結び付け、舞台に堂々とたった舞台装置のなかで、次々と弁士（当時、演説する人・講師を弁士と総称した）の熱弁は続いた。
>
> （中略）本部から来られた栗須氏は、創立の意義と解放運動の必然性、部落差別に対する糺弾等についての弁論には「注意」はうけたが、最後まで十分に講演されたことに敬服した。
>
> 最後に、颪辺氏の創立に際しての決意と主旨表明の場景を少し記述する。というのは、講演なかばで、予期せぬハプニングが起ったことを忘れることができず、未だにはっきりと記憶しているできごとを記載する。
>
> 本日、此所に幡多郡に散在する被差別部落の兄弟が万難を排して一堂に参集せしは、部落差別を糺す為

の運動（ここで注意）を起す為の大会である。（臨官席の警官の様子はきびしくなってきた）抑も被差別部落民の我々が自分達の団結で（また注意）完全解放を願う運動に立ち上った動機は、明治天皇の五ヶ条の御宣文を奉戴し、中でも「旧来の陋習を破り、天地の皇道に基づくべし」の御誓《ママ》旨を奉詔して、旧来の差別観念を糺し、人権の尊重、教育の均等、仕事を与えよと要求し、総ての差別を撤廃する為の運動を水平社の名のもとに参集したのです。そして、我々の目的とするものは、部落差別のみを解消する運動ではありません。現在差別を受けている代表的なものに「かごや差別」（一般地域で竹細工を業としている部落）「犬神統差別」（旧来の半宗教的・風俗的陋習的差別）「朝鮮人差別」「丙午差別」（丙ノ午年に生れたために差別される）「男女差別」（男尊女卑思想からの差別待遇）等々があります。

この現実を許してはいけない。共に手を握りあい、肩を組み、連帯して闘かうではないか。

この時だった。一般聴衆の中から、恰幅の良い人が舞台上に飛び上り、「そうだ、わしも差別されている一人だ。こうした不合理極まる差別の犠牲者は多くいる。勇気をだして共に闘う」と演台の颪辺先輩の手をとって段上で誓い合う姿を見て、聴衆も大感激。臨官席の警官の静止の声も打ち消され、場内は拍手と感激の坩堝であった。段上に駆け上った人物は、農民運動の大先覚者で県会議員にも当選し、県会でも労農者の味方として活躍し、生涯を労農運動一筋に挺身され、天寿を全うされた人である。

こうした劇的な一面も内包して、一名の検束者もなく、創立大会が終了できたのも、主催側の配慮と手腕であったと評価するものである。かくして中村水平社は創立し、颪辺先輩の豊富な知識と体験と、能弁の指導に、幡多地域もあわせ、地区住民の解放意識は日増に高まり、差別は、する側の観念的なものであって、其の差別観念を解消しないかぎり、被差別部落民の完全解放は達成されないと固く決意し、それを実行するに、強い団結を誓い、小さな差別も許すことなく、差別者に対する厳しい糺弾が徹底的に行なわれた。

その件数は、記録に余るもので、差別者を部落に呼び、その非（否）を徹底的に糺し、謝罪文を書かせ、中央座、公共施設を借らせ、差別事件の真相発表と謝罪演説会を開催する（悪質差別者）等、差別糺弾は徹底的に行なわれた。

（中略）

結成後の運動は、自主財源はもたず、融和団体に抗した水平社には、勿論どこからも補助はなく、支部を維持していくにも困難を極め、役員手当等もなく、活動費、行動費は自前（自己負担）であった。差別事件が発生した時は、事件解決まで、幾日かかろうと日当費は勿論、中村外の事件の場合、旅費も、食費も保障はなく、全部自費支出である。それでも耐えに耐えて、解放の火は絶やすことなく現在にバトンした。

長々と引用したが、実際に大会に参加した者でなければわからない大会の様子を今に伝えていることもあって、この北澤の回想によって、中村水平社は一九二六年九月に創立されたと考えられてきた。ところが、いくつかの新聞記事を拾っていくと、中村水平社の創立は一九二六年九月以前と考えた方が自然であるように思われる。

中村水平社の名前が登場する最も早い新聞記事は、高知県水平社第二回大会の様子を伝える『高知新聞』（一九二四年四月九日）の記事である。そこでは、高知県水平社の大会に引き続き開催された演説会の様子も紹介されているが、本部からの応援者と並び、県内の活動家四人の演説も紹介されている。その中の一人が「中村水平社」の山本正美で、彼は「今回の大会を開くに至つた経路並に多数の水平社本部員を迎へる能はざりし顚末を述べ同人の奮起を促」したとある。彼の発言内容の意味するところは不明な部分もあるが、所属が「中村水平社」となっている点が注目される。

山本はその後、同年九月二〇日に開催された全四国水平社大会に高知代表として参加し、さらに一二月一日、二日に開催された全国水平社府県委員長会議にも同様に高知代表として出席している。おそらく国沢亀が出席できないため、いわば代理としての出席であったと考えられる。したがって、この二つの会には中村水平社の山本ではなく、高知県水平社の山本としての参加となっている。一九二五年以降は、山本は高知を離れ、大阪に活動拠点を移したため、高知県の水平運動との接点はほとんど見られなくなる。

全四国水平社大会での山本の発言は「普通人は現在まで常に優越感を有していたが、吾等特殊民は此れらの人々より虐げられたという事より説き起して水平運動は必然的のものであった事に論及し、尚おも語を続いて人間は何を為すべきかを考うるの時人間の価値は一にして二ではなく常に人間性という光が附き纏うているものであって一般人も部落民も所詮人としての価値は一である、故に吾等部落民は団結を鞏固にて飽くまでも健全に猛進しなければならぬ」（『海南新聞』一九二四年九月二一日。高市光男編『愛媛近代落問題資料・上巻』近代史文庫大阪研究会、一九七九年所収。以下、愛媛県内新聞からの引用はすべて同書に拠る）というもので、「人間の価値」「団結」「健全」という文言からは国沢亀に代表される高知県水平社の代弁者そのものであった。少なくとも、この時点において、後のコミュニストとしての姿は全く想起されない。

以上、山本正美の動向を中心に見てきたが、中村水平社の肩書が登場こそするものの、実質的に山本は中村水平社を代表して行動しているようには見受けられない。それは、後の山本の発言（「山本正美「第四回予審調書」『山本正美　裁判関係記録・論文集』新泉社、一九九八年）によっても確認できる。

先ツ水平運動ノ点ニ付テ述ヘマスト私ハ大正十一年末高知ニ於テ同県水平社大会カ開カレルニ際シテ新聞等ヲ通シテ同運動ニ賛意ヲ持ツテ居タノテ同県水平社執行委員長テアツタ　国澤　某　ト書信ヲ以テ予メ打

合ヲシテ置イテ高知市ニ赴キ同大会ニ出席シタ事カアリマス
同大会後数ケ月間ハ高知市ノ国澤ノ下ニ居マシタカ彼ガブルジヨア政党ト妥協シテ走狗トナツテ居ル処ヘ丁度当時大阪府水平社本部ニ居タ　下坂　某　カラ上阪ヲ勧メラレタノテ乗気ニナリ確カ大正十二年初頭大阪ニ赴キ以来皮革工トシテ就職スルニ至ル迄同本部ニ居住シ理事（書記）トナリ主トシテ組織宣伝等ノ活動ヲ行ヒマシタ
尚私ハ高知県水平社ニ居タ当時ニハ其ノ執行委員ヲヤツテ居タノテス
私ハ大阪府水平社本部ニ居タ当時ニハ右ニ述ヘタ日常ノ仕事以外ニ大阪九州等ニ於テ開カレタ全国水平社大会ニ代議員トシテ出席シタリ又関西方面各府県水平社大会ニ代表トシテ派遣サレタリシテ居マシタ

年代の誤りはあるものの、山本が国沢のもとで水平運動に参加した経緯が簡潔に記されており、中村水平社を代表しての参加というよりも、個人的な関わりを通じて国沢のもとで水平運動に加わったと解すべきである。したがって、一九二四年段階においての中村水平社の呼称はあくまでも山本個人に属し、組織実態を反映しての呼称とは言い難いものだったと言える。
中村水平社の動向が組織的に確認できるのは、次の二つの新聞記事からである。

演説会の荊冠旗を降した／警察署に抗議（『大阪時事新報』一九二五年六月一三日〔「資料　水平社運動編」生江の歴史を創る会編〕）
高知県幡多郡中村町水平社同人が四月二十二日夜開いた同郡入野村に於ける水平社演説会当夜、臨席の中村警察署の竹村警部補が荊冠旗を降ろしたに対し中村水平社から全国水平社本部に通牒を発したので全国執行委員会の問題となり中村署長に対し六項目の抗議を申込む事になったが署長の回答如何に依り問題を惹起すべしと（高知電報）。

佐賀村／水平社講演会（『高知新聞』一九二五年五月一一日）

六日午後八時より幡多郡佐賀村横部落寺院に於いて中村町水平社宣伝部員岡崎音次氏外二名来佐講演会を開催した定刻凪部一郎氏開会の挨拶に次ぎそれぐ熱弁を揮ひ同十時半無事閉会した（佐賀）

ともに一九二五年段階での入野村と佐賀村における中村水平社による演説会についての記事である。入野村では一九二五年四月二二日に開催された水平社の演説会の席上、中村警察署の警部補が演壇に荊冠旗を立てさせず、撤去したというもので、このことは凪辺寿太郎「斗争経履歴」（一九六一年三月三日の全国水平社四〇周年での功労者表彰のために作成された運動の履歴書。部落解放同盟高知市連絡協議会所蔵）に「竹村警部補の荊冠旗差別事件糺弾（全水本部合流）」の項目で、「入野村錦野座に於て水平社演説会を催した際臨監の中村警察署竹村警部補は演壇に荊冠旗を立てさず、撤去させたので、本部と共に糺弾抗議し竹村を関東地方へ追放した」とある出来事と合致する。中村水平社からの参加者は特定できないが、「斗争経履歴」に記されていることからすると、凪辺は参加したものと思われる。また、入野村での演説会から半月後の五月六日に佐賀村で開催された講演会にも中村水平社から岡崎音次、凪辺一郎ともう一人の参加があったことがわかる。

佐賀村や入野村で水平社支部が結成されたかどうかは確認できないが、中村水平社による演説会や講演会が開催されたということは、佐賀村や入野村でも水平社の運動に呼応する人びとが存在していたと考えて差し支えないと思われる。

このように、幡多郡下における水平運動は一九二五年から各地で活発化したのであるが、このことを裏付けるように「斗争経履歴」には一九二五年六月「幡多郡水平社本部に属し尓来専門部主事。郡内に水平社の創立に率先し、情報宣伝す。県外にまで足を延ばし差別事件の糾弾を行う」と記されている。

一九二六年になっての動きとしては、四月二七日に中村町中央座で開催された日本フェビアン協会主催の社会問題巡回講演会に山本正美が水平社の肩書で開会の辞にあわせて「青年運動の任務」の講演をおこなった（『高知新聞』一九二六年四月三〇日）ことと、西上山村大井川部落で五月二一日に水平社設立発会式挙行の予定で、「同部落内の九神社中八神社までは合祀せられたが水平社の神社のみはのけものにされてゐるので今度の発会式を期し神社の差別撤廃運動を徹底さす」ことがめざされている（『大阪朝日新聞』（四国版）一九二六年五月一五日）こと、さらには九月末に南予で起こった松丸警察署長の差別発言に対する糾弾闘争があげられる。

南予への水平運動の進出については、次節で詳しく見ていくことにして、ここまでのところを再確認しておくと、北澤一は中村水平社の創立を一九二六年九月とするが、山本正美個人の動きはさておいても、一九二五年段階で中村水平社が幡多郡内各地へ進出し、演説会や講演会を開催していることからすると、中村水平社の創立は一九二四年から一九二五年の早い時期であったと考えられる。そうすると、最初に引用した北澤の回想の信憑性に疑義が生じることになるが、「農民運動の大先覚者で県会議員」であった人物が舞台に上がったというエピソードも含め、北澤が見聞きしたことがらを混同して一つの物語を作り上げてしまったと考えるのが自然であると思われる。

間違いないのは、中村水平社の創立以後、中村水平社の活動家によって幡多郡内各地で水平社結成の動きが形作られ、その動きは愛媛県南部の南予地方にまで広がっていったことであり、中村水平社の組織拡大への積極的な行動を見てとることができる。

二　南予への水平運動の広がりと融和運動への接近

中村水平社が愛媛県南予地方に進出していった様子は、前記「斗争経履歴」の「〃松丸警察署長の差別暴圧事件〃糺弾応援」、「岩松警察署の不当検束事件糺弾応援」、「城辺小学校の児童差別事件糺弾応援」からもうかがい知ることができる。

すべて年代は示されていないが、「岩松警察署の不当検束事件糺弾応援」では「愛媛県北宇和郡岩松町の神祭のとき部落民の担いだ四ツ太鼓を差別されたので糺弾したる米津の同志を不当に大挙検束されたので応援し釈放、差別撤廃講演会を町費でさせた。（宮地久衛大佐も応援）」とある。また、「城辺小学校の児童差別事件糺弾応援」では「愛媛県南宇和郡城辺町立城辺小学校では部落児童を差別し、級長などさせず、責を同うせず、湯呑コップを別にするので糺弾し、謝罪演説会を開かす」とある。ともに詳細は不明であるが、南予地方の差別事件に積極的に関与する様子がうかがえる。

「〃松丸警察署長の差別暴圧事件〃糺弾応援」では、「斗争経履歴」には「愛媛県北宇和郡松丸で消防団の会合の席上、団長である松丸警察署長が『部落民は宴会のときに一ヶ所にかたまる』と差別的暴言を吐いたので豊岡の同志に糺弾されるや大挙検挙され宇和島本署へ送る暴挙に出たので幡多郡水平社本部から凪辺寿太郎、浅田照一、岡崎音次が応援、松丸警察署へ乗込み所長と談判の上、豊岡の寺院で全部落民の前で所長の謝罪演説をさせ検束者全員を釈放さす」と記されている。この事件に関しては、愛媛県内の新聞が詳しく報道しているので、新聞記事に沿って動きを見ていくことにする。

一九二六年九月二六日、事の発端は会合の席上での北宇和郡松丸警察署長の差別的暴言である。発言内容は

「斗争経履歴」では「部落民は宴会のときに一ヶ所にかたまる」との差別的暴言があったとし、『平民』（一九二六年一〇月二五日）は「署長の実家が代々水平融和運動に尽したが近隣の人々が之を排斥して大に苦しんだという述懐であった」と差別的内容ではないとし、大きく異なっている。また、『愛媛新報』（一九二六年一〇月一日）は「不謹慎なる暴言」とのみ記し、その発言内容については記していない。そのため、発言内容そのものは判然とはしないが、少なくとも松丸署長の発言を受けて、地元の青年がその発言内容に憤慨し口論となったこと、さらには松丸署長が職権で青年らを検挙したため、事態が悪化したことは間違いないようである。そして、この事件発生と応援依頼の電報を受けた中村水平社の社員が九月三〇日に応援に駆けつけたのである。中村水平社からは「斗争経履歴」では颪辺寿太郎と浅田照一、岡崎音次の三人が、『愛媛新報』や『平民』では颪辺寿太郎と谷本亀太郎等が応援に駆けつけたとなっており、資料によって氏名が異なるが、颪辺を含む数人が応援に駆けつけたものと思われる。素早い対応がとれたということは、日ごろから中村水平社と南予の被差別部落との連携がとれていたことによるものであろう。

颪辺らは松丸署長に対して謝罪要求をおこない、交渉を続けた結果、日本農民組合の井谷正吉の調停もあって、一〇月四日に解決したとされる（『愛媛新報』一九二六年一〇月七日）。解決内容について新聞記事には記されていないが、「斗争経履歴」は「松丸警察署へ乗込み署長と談判の上、豊岡の寺院で全部落民の前で署長の謝罪演説をさせ検束者全員を釈放さす」とあり、謝罪演説会の開催でよしとしたのであろう。

このように、南予地方での差別事件に中村水平社は積極的に応援活動をおこなったが、水平運動の広がりという点に関しては、そう簡単ではなかったようである。『大衆時代』第二八号（一九二六年一一月二一日）は「労働農民党と本県水平社」の記事のなかで、「南予は高知県中村から開拓に来ているが、水平運動としては殆ど処女地に近いと云つてよいようだ」と記している。社会運動通信の役割を担っていた『大衆時代』にそのように評されるということは、南予における水平運動の進展はなかなか進まなかったと考えられる。

一方、一九二七年以降になると、中村水平社は融和運動へ接近、そして傾斜していく。その最初の動きは、一九二七年一月に開催予定の融和講演会に関する新聞記事（『大阪朝日新聞』（徳島高知版）一九二七年一月八日）にみられる。そこには、「高知県幡多郡中村町において近く融和講演会を開催すべく準備中であるが水平社側からは植村省馬押部《ママ》寿太郎一般からは警察署長、新聞記者等が演説に立つ」とあり、主催は不明であるが、融和講演会に水平社からの参加が予定されていたのである。ちょうど、国沢亀を中心とする高知県水平社が退潮期を迎えるのと軌を一にする様に、中村水平社も「水平社」としての活動は休止状態となっていく。

一九二七年三月一日、中村水平社は解散して、新たに融和団体の中村町至誠会を結成したと、『大阪朝日新聞』（徳島高知版、一九二七年三月三日）は次のように報じた。

中村町に至誠会／水平社員が組織

高知県幡多郡中村町水平社では今回その半数を解散し官民有力者の賛成を得て至誠会を組織し一日午後一時より中村町公会堂に盛大な発会式を挙行、県より安積社会課長臨席一場の講演をなし宣言、綱領規約等を可決し同四時双方合同の祝宴を挙げ散会した

すぐに「半数解散」ではなく、すべてを解散したとの訂正記事が入る（『大阪朝日新聞』徳島高知版、一九二七年三月八日）が、県から安積得也社会課長が出席し講演をおこなっていることから、県のお墨付きをもらっての会の出発であった。至誠会の宣言、綱領、規約は残念ながら確認できないが、講演会や懇談会などに活動の領域を求めていく。新聞記事では、一九二七年九月に「高知県中村町における融和事業機関たる至誠会では近く幡多、

予土両製糸場男女従業員のため小学校講堂で講演会を開くはず」（『大阪朝日新聞』（徳島高知版）一九二七年九月二〇日）とあり、また、一九二八年二月二七日に「最も穏健なる水平運動のため官民連合の下に組織された高知県中村町の至誠会では二十七日午後一時から町役場楼上に融和事業研究懇談会を開催した」（『大阪朝日新聞』徳島高知版、一九二八年三月一日）とある。「最も穏健なる水平運動」の機関として中村町至誠会は認識されていたのである。

したがって、融和運動に接近した凰辺らの動きに対する反発が強く出てくる。一九二九年三月頃、中村警察署における差別事件が起こったようで、その様子について「労農同盟高知支部報告書」（一九二九年四月、大原資料）は次のように記している（なお、同じ内容の記事が『大衆時代』第一一五号、一九二九年四月二一日にも掲載されている。また同号の広告欄には、「祝中村支局開設　広告」として、「凰部《ママ》寿太郎　中村町」「谷本亀次　中村町」「岸本春馬　幡多郡後川村」「南国日報社」「幡多新聞社」「民衆新聞社　中村町」などの名前が見られる）。

中村警察署の差別事件！／抗議運動進む／水平社再組織運動に協力せよ！

既報中村警察署に於ける差別事件は労農同盟員等の活動により凰部君は巡査採用に決定したるも問題を起した本人田中は署長の言、即ち「平巡査にて山間に送る」に反し現地位のまゝ安芸署に栄転と云う不公平なる処置が取られた。

これを聞いた労農同盟では緊急動員を行い飽くまで糺弾の手をゆるめず六日、田中が赴任する直前にあたって中村町全町に田中巡査糺弾のビラが撒かれた。それを見て振い上がった中村署では同日午后に到り、次席能津警部補は労農同盟の町田君を招じ「余り挑戦的に出ぬ方がよかろうと吐して実は余りいぢめないで呉れの泣言を並べた。

一方此の不公平きわまる処置に奮激した同人中の労農同盟員、並びに青年は「俺達に立派な組織がないからこんなことになるのだ」と叫んで愛媛水平社執行委員長徳永参二氏を迎へるまでに再建の運動を進めておきそれと同時に発会式を挙げると云って居る尚、徳永参二氏は六日労農同盟宛て「近日行くから準備たのむ」との通知があった。

水平社同人は今こそ起て！

山脇反動署長を追い出せ！

水平社再建万歳！

資料中、「労農同盟」とあるのは政治的自由獲得労農同盟のことで、当時幡多地方において数名の人びとが活動を担っていた。その労農同盟員が中心となって、中村に水平社支部の再建を進めるため、愛媛県水平社執行委員長の徳永参二を迎え、発会式を準備していたことがうかがえる。これが一九二九年四月の動向で、その後の動きについては「全国農民組合高知県連合会情報」（一九二九年七月二五日、大原資料）が水平社再建運動について紹介している。

ダラ幹颪部を排撃して一路水平社再建に進む―中村青年同志勇敢に戦ふ

（中村支部発）中村町朝日谷青年団では南土青年研究会の指導の下に、これまで部落民の要求を踏みにじり常に官憲との取引で差別問題などもモミ消して来てゐた。団長颪部の行動に極度の反感を買い、青年は総会を開いてダラ幹颪部排ゲキを決議すると同時に水平社再建の必要なることを高潮し一路水平社再建運動を捲起すことを誓った。

颪辺に「ダラ幹」とのレッテルを貼り、「ダラ幹」排撃を高唱して運動のイニシアチブを獲得する戦術が展開されている。ただ、青年たちが「総会を開いてダラ幹颪部排ゲキを決議すると同時に水平社再建の必要なることを高潮し一路水平社再建運動を捲起すことを誓った」とされている点については検討の余地がある。というのは、四月段階ですでに水平社再建の動きがあり、七月段階では今すぐにでも水平社が再建されそうな勢いであったが、これと同様の動きが一九二九年の年末においても見られる（「労農ニュース」一九三〇年一月二日、大原資料。□は判読不能個所）からである。

一路発会式へ！中村水平社再建す

中村の水平社は従来ダラ幹颪部の裏切りによって水平運動を骨抜きにされ協調団体にすりかへんと計たが勇敢なる青年部はダラ幹颪部排撃＝水平社再建を決議し、革命的伝統を持つ中村水平社の活動は青年会館設立運動とダラ幹排撃によって雄々しくも敢行された。

愈々青年会館も落成を見るに至ったが之をケイキとして戦いへの参加に奔走し正月四日頃には発会式へと進めて行居り準備も着々と整つてゐる。階級的戦士は祝電・祝辞を送って激励せよ！

水平社再建万才!!!

最終的に、一九三〇年一月四日頃に中村水平社の発会式を挙行することになったとの記事であるが、実際に予定通り発会式が執りおこなわれたかどうかは判然としない。少なくとも、一九三〇年以降、颪辺を排除しての中村水平社の活動の記録は一切残されていない。また、労農同盟の活動は中心人物の秋森豊茂（一九一〇—一九三四）や町田良秋らが幡多を離れたことに伴い自然消滅したことからすると、中村水平社の再建は実現しなかった可能性の方が高いように思われる。さらに言えば、後に中村水平社の活動が復活するが、その中心にいたのは「ダラ幹」と批判された颪辺本人であった。

その後、幡多地方で水平社の旗を掲げた運動は見られず、一九三二年八月六日に伊豆田村での「差別的言辞糺弾事件は所轄警察署長の調停に依り解決す」（『特高月報』一九三二年八月号）という官憲の記録があるだけで、水平運動の再度の昂揚は一九三三年の高松差別裁判糺弾闘争（以下、高松闘争）まで待たなければならなかった。

三　高松差別裁判糺弾闘争と幡多地方

高松闘争には全国各地から運動への参加があり、高知県においても、全国水平社総本部の呼びかけに応えて一定の活動が展開されていく。当時、高知県の水平運動は停滞状況にあり、水平社組織はほとんど姿を消していた。高知県水平社創立の中心的役割を担った国沢亀は、既に水平運動からの離脱を鮮明にし、融和運動に身を投じていた。そのため、高松闘争への参加は全県的運動とはなりえなかった。ただ、颪辺寿太郎のいる中村町を中心とする幡多地方においては、一定程度ではあるけれども、高松闘争へ積極的に関与していった。北澤一は当時の様子を回顧して、次のように記している（前掲『中村における被差別部落の今昔』）

中村水平社もこの闘いに参加したことはいうまでもなく、法権力の横暴な「あみ」は自分等被差別部落民の頭上を何時も覆っている、「香川の兄弟だけの問題ではない。いつ自分達もやられるかもしれないことだ。徹底的に糾弾すべし。」と、意気あがり、貧しいなかから資金カンパして、颪辺先輩を代表に送りだしたと記憶している。

では、このような高松闘争への関与はいつごろから始まったのであろうか。今のところ、どのような経路で高松差別裁判に関する情報を知りえたのかは定かではなく、その時期も特定し得ない。記録として残されているものの中で、高松闘争への関与が最も早いのは、一九三三年八月二日の第二回寄付金報告中に「高知県幡多郡中村町」から五円寄付されたとの報告である（渡部徹・秋定嘉和編『部落問題・水平運動資料集成』補巻二、三一書房、以下、高松闘争に関する内容は出典を明記していないものは同書による）。八月二日の段階で五円の寄付金が寄せられたということから察すると、それ以前の段階、少なくとも七月下旬頃には遅くとも高松闘争への立ち上がりが高知県においても顕在化したということであろう。この点に関しては、「差別裁判糺弾闘争ニュース」第四号（八月二三日付）にも、ほぼ同時期の活動報告として、次の記事が掲載されている。

高知県では幡多郡中村町の兄弟がマッ先に起ち上り、五円三〇銭の基金を集めて本部へ送って来た。こゝを中心として全県下に闘争の火は燃え拡がり基金募集署名運動が活発に戦はれてゐる。

高松闘争の基金として、各県にそれ相応の金額が割り当てられていた。高知県の割当額は三〇円であったが、八月末の納入額は一〇円九〇銭と、少しずつながら闘争カンパは増加していった。その八月末現在の納入明細からは、高知県に高松闘争の糺弾委員会が二ヵ所設置されていたことをうかがい知ることができる。幡多郡中村町糺弾委員会と伊豆田村東谷糺弾委員会がそれである。その二つの糺弾委員会の寄付金納入額は合わせて八円九〇銭であり、高知県全体での闘争基金の約八割を占めていたことからすると、高知県における高松闘争への闘争支援の内実は幡多郡という高知県西部に限定された運動であったということになる。
八月二八日の全国部落代表者会議開催以後になると、高知県の闘争基金納入額はわずかながらも増加し、一二月末には一五．四七円となった。しかし、八月末から四ヵ月経過した後にもかかわらず、わずかに五割の増加でしかなかったのは、幡多地方から他の地方に運動が広がらなかったことがその要因と考えられる。それでも、全水総本部からのオルグ派遣により、運動の高揚を図ろうとしていたことは確認できるし、幡多郡水平社が高松闘争に精力的に取り組んだことだけは間違いなかった。差別糺弾闘争全国委員会の「昭和八年度会計報告」中の旅費収入明細欄に八月二七日付で「北原」扱いとして高知県幡多郡からの一〇円の収入が記載されている。これはおそらく、北原泰作がオルグとして幡多郡地方を訪れた際の旅費が記されているものと考えられ、次の新聞記事（『高知新聞』一九三三年八月二五日、高知市立自由民権記念館所蔵「小松頼正資料」による）も合わせると、二四日もしくは二五日に北原泰作が中村町での演説会に参加したと考えるのが妥当であろう。

全国水平社本部員中村へ

高松裁判所ではさきに差別問題から紛糾を来してゐたがこれが糺弾演説会を開くため全国水平社本部員北原泰作氏は二四日徳島より来高直に中村町に向つた

北原来高後の幡多地方の動きを「高松地方裁判所検事局差別事件／闘争日誌」（部落問題研究所蔵）から抜き出してみる。

八月二四日　高知、幡多郡平田町貝惣中より二円六十銭基金　北原出張中取扱
八月二七日　高知幡多郡中村町より一〇円演説会旅費として（北原扱）

八月二九日（第一回差別裁判糾弾斗争全国委員会）基金　土佐ハタ郡伊豆田村　三円

九月一五日（常任全国委員会）寄金　高知県幡多郡三原村柚木（二円）

幡多郡一円に高松闘争支援の輪が広がっていることが確認できる。

八月二八日に大阪市天王寺公会堂で開催された差別裁判糺弾闘争全国部落代表者会議には全国から一二六人の代表者が参加したが、高知県からの代表者の姿は見られなかった。しかし、北澤一の「凰辺先輩を代表に送りだした」という回想からすると、凰辺寿太郎が全国の会合に参加したことが考えられるが、それは全国部落代表者会議への参加ではなく、代表者会議終了後に二五〇〇人が参加したとされる差別糺弾大演説会のことかもしれない。ただ、全国部落代表者会議に「高知県幡多郡中村町闘争委員会」名で祝電が送られていることからもわかるように、代表者会議に寄せる幡多郡水平社の人びとの期待には大きなものがあった。

その後、幡多郡を中心とする署名活動もすすみ、本部への報告によると、九月五日現在で署名数三二二となっている（「差別裁判糺弾闘争ニュース」第五号、昭和八年九月二〇日）。さらに一二月末には、署名数三七八となっており、当時の中村を中心とする幡多郡の水平運動が被差別部落内部へ一定浸透しつつあったことを知ることができる。しかし、幡多郡以外への浸透の弱さは一目瞭然で、一二月末現在の署名三七八を四国の他の三県と比較すると、地元香川県の署名数四八七〇は別格としても、隣県の愛媛県の一〇六一と比較してもわずか三分の一に過ぎず、徳島県の四六三一と比べると実に一〇分の一にも満たなかったのである。これが、当時の幡多郡の水平社、否高知県における水平運動そのものの実態であった。

以上が、中村を中心とする幡多郡の水平社の高松闘争への参加の記録として残されているものであるが、他県と比すると、さほど活発であったとは言いがたい。それでも、幡多郡という一地方に限定されるものの、高松闘争の求心力がいかに大きかったかはその後の幡多地方における水平運動の高まりが証明している。

四　一九三〇年代の皤多地方の水平運動

高松闘争への参加を契機として、皤多地方における水平運動は再度広がりを見せていく。

一九三四年七月三日、入野村万行支部より全水総本部に宛てて「吾が部落出身の女工七名がエタと云つて差別され、工場で仕事も出来ず、食物もノドを通らず、毎日寄宿舎で泣き暮らしてゐるから早く行つて救つて下さい」との訴えがなされた。連絡を受けた総本部は井元麟之常任を岸和田紡績野村工場に派遣し、調査に当たらしめた。すると、すさまじい差別の実態が浮かび上がってきたのである。六月二二日頃、寄宿舎の便所の戸に「万行のクロエタ　〇〇はエタ」との落書きが発見されたことで、寄宿舎取締に訴えるも、「何でもない事やから工場に出よ」と言われただけであった。翌日も便所の壁に「△△と〇〇はエタの子なり」との落書きがあったので、寄宿舎取締に訴えるが、落書きを消しただけであった。これまでにも、「万行の子供達と一緒の室に入るのは嫌です」とか「指を四本出して〝アノ人達はコレですか〟」「〝コレとは何か〟ときくと指を四本出して〝コレとはエタのことだ〟」などの差別が横行していた事実も明るみに出された。

訴えた七名の女工からは「こんなに右を見ても左を向いても〝エタだ、エタだ〟と云ふ声ばかりであるし、之れを事務所の人に訴へてもも何一つ取上げて調べて呉れやうともせず、〝それ位のことを気にかける必要はない。何でもないことではないか〟と云つてケンもホロロの態度であります。こんな成行なので私らは働く気にもなれず、御飯もノドを通らず仕事を休んで毎日泣いてゐました。すると役人の人は私らの気持ちを理解もせず慰めの言葉一つかけやうとはせず〝仕事に行け、工場に出よ〟と毎日責めるばかりです。私等は同じ人間に生れて来て、どうして此のやうに差別されるのかと思へば残念で〳〵なりません」と会社ぐるみでの差別の放置に対する怒りの言葉が発せられた。

その後、七月六日に全水総本部は「親愛なる高知県の部落大衆諸君に訴ふ!!!」との檄を発し、「差別の生地獄から姉妹を救へ!!! 大阪府岸和田紡績で虐げられる幡多郡万行の姉妹を見殺しにするな!」と訴え、「県下の各部落大衆の一人残らずに真相を知らせよ」「各部落に岸和田紡績差別糾弾斗争委員会を作れ」と呼びかけた。また、同日から大阪では全水大阪府連主催で西浜をはじめ各地で演説会、座談会を開催し、高知では万行支部を先頭にして部落総会、部落代表者会議、演説会、座談会を開催し、「果敢なる斗争」を展開した。さらに、代表者を大阪の本部に送り、地元からは七名の女工宛に激励の手紙が送り込まれた。

大阪と高知のそれぞれの地で応援態勢を組織し、総本部としては女工、地元の意見をまとめ、次の要求事項を会社側に突き付けた。

要求事項（一部省略）

一、岸和田紡績株式会社各工場に於て差別撤廃講演会を開催すること、但し該講演会講師は全国水平社より二名以上を招聘すること

一、各工場の従業員並に各工場附近の町家各戸に差別撤廃リーフレットを配布すること、但しその原稿及編輯は全国水平社の指定するものとし部数は三万以上とす、内一万部は全国水平社を通じて全国に配布すること

一、紡績連合機関紙に今般の事件発生に対する陳謝の意を表明したる声明書を広告すること、但しその原稿及び広告方法は全国水平社の承認を得る事

一、被差別者七名の女工に対し罷業中の給料全額並に慰謝料を支給すること

一、差別者を謝罪せしむること
一、野村工場の干係者職員の謝罪並にその処分
一、被差別者たる七名の女工の待遇に関し今后の保証をする事
一、全工場に亘り融和親善を図る目的のため全国水平社を加へたる常設的組織を設けること

途中、融和団体大阪府公道会が会社側と秘密裏に取引せんとの目論見を阻止し、七月二一日まで一ヵ月近くの闘争の継続により、最終的に次の覚書を交わして「勝利解決」した（「岸和田紡績株式会社差別事件解決報告書」部落問題研究所所蔵）。

覚書

一、岸和田紡績株式会社各工場に於いて融和促進の講演会を開催し、講師中全国水平社より二名を招聘すること
一、差別撤廃リーフレットを作成し各工場従業員並び附近町家各戸に配布し、並に全国水平社総本部を通じ各支部に配布すること
一、本問題発生に対し遺憾の意を表明したる声明書を発する事
一、差別者職工募集人を即時解雇し、差別者二名を謝罪せしめ尚寄宿舎関係者の謝罪並に相当なる問責をなすこと
一、融和親善のため特に留意し全国水平社を加へたる啓蒙機関を設置すること
一、被差別者七名の女工に対し相当の方法を講じ今后の親善を保証すること

ほぼ要求事項通りの解決となったため、総本部は「大勝利」としつつ、「此の度の大勝利は全水幹部が巧妙に交渉したからではない」とし、勝利の原因を「全国兄弟諸君の熱烈なる支持と七名の姉妹諸君の勇敢なガンバリが大勝利に解決したのだ」とした。

岸和田紡績差別事件解決から二ヵ月後の一九三四年九月二一日、大型の室戸台風が高知県を襲った。その被害の様子は、一九三四年一〇月二日付の大黒貢より松本治一郎宛書簡（「松本治一郎旧蔵資料」）に「土佐ノ暴風ワ廿日ノ午後四時頃ヨリ始リ廿一日午前十時頃治リ、最モ烈シカツタノワ廿日午後六時半頃デ、高知地方ヲ中心トシテ各郡ニ亘リ、稀有ノ暴風雨襲来致シ、電信電話線ワ殆ド不通トナリ、安芸郡ワ廿一日午前三時頃津浪ガ襲イ、波浪数丈ノ高サニ及ビ、破壊サレタル漁船百五十隻ニ達シ、大部分ワ流失致シ、家屋ノ倒壊ワ五百棟ニ達シ、高知鉄道ノ軌道ワ滅茶くニ破壊サレ、死重傷者ワ死者二百三名、重傷者ワ数知レズ。亦高岡郡ワ家屋倒壊五百十四戸、流失漁船四百隻、久礼間県道五十間崩壊、死者百名。幡多郡、長岡、香美郡ノ如キモ被害甚大ニシテ、高知市ワ幸ニシテ被害少ク、最モ被害ノ多カツタノワヲモニ海岸地方ニ御座候。幸ニシテ私共ノ吾川郡ワ農ヲ以テナル郡ナル為、晩稲ワ殆ド全滅ノ状態ニテ被害石数ワ見込高三千二百石ト言ワレ、本年ワ高知県全農支部ガ多イニ動ク処有リト、斗争方針ヲ対策致居候。其他吾川郡ニ有リテワ家屋ノ倒壊モ少ク、私方モ幸無事ニ御座候間何卒御休心被下度候。尚被差別同胞ノ村落ワ安芸町ノ同胞部落ニ少シト、高岡郡ノ須崎中町同胞ニ漁船ノ流失二十隻程ニテ、其他ワ被害甚少ニ御座候」とある。台風が室戸岬に上陸したため、高知県南西部の幡多地方は浅田照一より松本治一郎宛書簡（一九三四年九月二七日消印、「松本治一郎旧蔵資料」）に「当地は去る廿二日宵より非常なる暴風殊に雨を添へ其の上暗夜と云ふ有様で如何に成行く事かと心痛せし処幸ひに志て明廿三日暁に至里漸く鎮まり先々安心致志まし多が何様の大雨であ里ま志多為四万十川及び後川の両川出水致し町の一部及全部の田が水にツカリ多だけで別に大志多被害も有里ませんでし多」とあるように、東部に比べ被害は少なかった。

室戸台風の被害から立ち直ろうとしている矢先、颪辺宛に「差別脅迫状」と「差別投書」が舞い込んできた（『水平新聞』第一号、一九三四年一一月一五日）。

高知県下に頻々／差別脅迫状と投書事／全村一致して闘争開始

高知県幡多郡中村町右山に於いて、最近頻々として差別投書が起され、甚だしいのは首を洗つて待つて居れ等の脅迫状まで舞ひ込んだので、もう我慢が出来ないと云つて憤起した。しかも敵の背後には反動融和会公道会が策動してゐるので、全村民は公道会反対を叫んで檄を県下に飛ばし物凄い活動を開始した。各部落はドン〳〵高知の兄弟に激励の雨を降せ！

◇激励応援は◇

高知県幡多郡中村町右山

差別糺弾闘争本部浅田照一方

脅迫状（片書）

社会に害悪を流布宣伝する颪辺寿太郎汝の頭上に鋭き天誅が下るぞ、そつ首洗つて待つて居れ人を呪はゞ穴二つキツト敵は取るぞ、このガキ奴が

差別投書（片書）

アイテニスルガウルサイカラトリアワントオレバゾウチヨウーシテエライヤウニオモツテワルクチバカリカキタテテナンダドエタノスガヘゴナドコンジヨウハヤイヲチナオルカエタハエタヨ。

このすさまじい差別脅迫状に対してひるむことなく、融和団体高知県公道会との対決姿勢を示しつつ、差別糾弾闘争本部を設置して闘争の拡大を図ろうとしていることがうかがえる。その後の動きは不明であるが、闘争本部が浅田照一の自宅に置かれていることや颪辺寿太郎をターゲットとする差別書簡や投書が出されていることからして、一九二〇年代から中村の水平運動を担ってきた活動家を対象にした悪質な敵対行為であると言わざるを得ない。なお、『水平新聞』（第一五号、一九三六年一月五日）の「謹賀新年の『名刺』」欄に颪辺の経営する「高知県幡多郡中村町　幡多新聞社」と「高知県幡多郡中村町　中村町支部委員　浅田照一」が掲載されていることから、颪辺と浅田は一九二〇年代にとどまらず、一九三〇年代中頃においても、中村における水平運動の中心的活動家であったと言える。

その後の中村における水平運動は特に目立った活動はなく、『水平新聞』（二〇号、一九三六年一一月五日）に「各地情勢」として「第一回全国遊説の際、予定が変更せるために松本委員長等を迎へる事が出来なかつたので、之を延期して、その後活発な運動を続け、演説会の成的功《ママ》開催を期してゐるが高知における全水運動は此処を中心に拡がるであらう」と期待感を込めて報じられているくらいである。なお、颪辺は一九三八年一二月一五日に広島市で開催された全水中国・四国協議会準備会で西本利喜とともに準備委員に選出されている（秋定喜和・渡部徹編『部落問題・水平運動資料集成』第三巻、三一書房、一九七九年）が、颪辺自身がどのような活動をおこなったのかはわからない。

ただ、「斗争経履歴」には颪辺本人の参加した活動として、中村町至誠会以外に、植村省馬の高知県自治団で機関紙「自治新報」の主幹をつとめ、幡多郡の青年有志で結成した土佐自由青年融和連盟の会長をつとめたとある。さらに融和団体高知県公道会の評議員や理事に就任し、戦時中には大和報国運動高知県本部結成式に参加し松本委員長と共に演説したとあるように、颪辺は一方で水平運動を展開しつつ、同時並行的に融和運動にも積極的に参画していったと言うことができよう。

五　戦時体制下の幡多地方

戦時下の中村水平社に関する記録は見当たらない。高知県水平社と同様に、事実上水平社としての活動は一九三七年以降停止していたと考えられる。そのため、凰辺は一九三七年以降、高知県公道会、そして同和奉公会高知県本部の理事、評議員として戦時下でも活動を継続していく。

戦時下という限定的ながら、凰辺の部落問題認識がよく現れている文章を二点とりあげてみたい。

☆同和奉公会『紀元二千六百年奉祝全国融和団体連合大会紀要』一九四一年

凰辺寿太郎君（高知県）本大会は融和事業団体大会でありますが、殊に融和団体強化と系統的整備に付きましては、一歩も融和団体から外に出て居りません、然るに今日の融和事業進展強化の問題は、単に融和団体の統合、強化のみで問題は解決すべきでないと思ひます。部落問題の解決の為めに、多年血を流し投獄されたものも多々あるのでありますが、その水平社も解消したのでありますが、これと大同団結することが融和問題解決の近途ではないかと考へるのであります。融和団体統合強化は、斯うした各方面の野にあるものを拾ひ上げることであります。尚ほ強権発動に付きまして、内務大臣から訓令を発して戴くと云ふのでありますが、いま一歩進めて差別取締の法律を制定して戴きたい。一億一心の叫ばれて居ります今日、高度国防国家の建設を叫ぶ今日、今尚ほ差別事象が存在する現状であります。法律を制定して差別は罪悪なりと云ふ指導を国民に示さなければ、我々第一線に立つて幾ら叫んでも何もならない、現に高知県に於きまして、一家から六人の兄弟を戦線に送った名誉の一家に対して、村内の人は何と言つたか、「あれは特殊部落民である」と言つた者がありました、国家の為め身命を堵して戦つて居るものに対して、斯うした差別言辞を弄するやうな現状に対して、強権を発動してこれを取締ること果して少数民に対する利益保護であらうか、これを考へる時に、強権発動し法律制定以外、何の方法もない。

☆『融和時報』第一七九号、一九四一年一〇月一日

勝利を掴む者

颪邊孤鴎

古い伝統と輝やく業績をのこして、高知県公道会が発展的改組を断行し系統的な同和運動に挺身したことはまさしく機会を捕へ得た快挙といふべきである。

あの骨も斬る日本刀でさへ熟した時に打てばどうにでもなる如く、機会を得ればどんな難問題も解決できるものである。

この同和問題が三百年の永き身分的桎梏から法的解放をみたのも、明治維新の国家的大転換期に際し吾等の先輩が奮起したからである。

今や我国は、挙げて昭和維新断行の秋である。内に臨戦態勢を強化し外に大東亜共栄圏の確立に邁進しつつある。高度国防国家の完成には一億国民が真に熱火の一団となって一切の旧態勢から脱蝉せねばならぬ。そして如何なる強敵をも克服せねばならぬ、宿命にある。口に団結を叫んでも行為に同胞擯斥がやまずば一億一心は成り立たぬ。同種同根の大日本帝国臣民を因襲賤視の妄念によつて賤視虐遇して何の挙国一致ぞ、遠きローマや印度滅亡の昔は問はぬ、近きユーゴースラビヤの亡国を何と見る、政府が、日独伊三国同

盟に参加すれば、他方に親英のクーデターを敢行する同一国内に二種の国民の存在したことが国を亡ぼした所以であるのだ。

同じ神の御子であり、聖なる陛下の赤子であり、家をすて、妻子をすてゝ戦線に護国の神となり銃後に強き楯となつて、八紘一宇の聖業完遂に邁進する国民を異民族的取扱ひをすることほどの国家的損失、道徳的罪悪が又とあらうか。之を取締る法律のなきことさへ不思議であるのに同じ目的をもつ各県の同和団体が旧い小さな殻に立籠つて小党分立的な存在でしかなかつたことは時代錯誤の甚だしいものであつた。今や国を挙げての超非常時草根木皮、一物と雖も臨戦態勢ならぬはない秋において、全国四十有余の団体の系統化が図られ、運動の積極化と、問題解決への突撃態勢が整へられ、わが高知県公道会も聖業翼賛の一翼を負うに至つたことはまさに機会を掴むもので、未来の勝利は期せずして待たるゝ所である。

一九四〇年一二月一〇日〜一一日に奈良県橿原で開催された「紀元二六〇〇年」奉祝全国融和団体連合大会に参加した凰辺は次の二点について強く主張した。一つは大会でも議論された中央融和事業協会と府県融和団体の組織的統合についてで、単なる「融和団体の統合、強化のみで問題は解決すべきでない」とし、部落問題の解決のためには「多年血を流し投獄されたものも多々あるのでありますが、その水平社も解消したのでありますが、これと大同団結すること」が「融和問題解決の近途」であると主張している。水平運動家を包含してこその融和新体制の実現であり、それによって部落問題解決の道筋が見えてくるというのであった。また、凰辺も所属した高知県差別撤廃期成同盟の主張してきた「差別言動取締」のための法律の制定も強く主張した。具体例を挙げて「国家の為め身命を堵して戦つて居るものに対して、斯うした差別言辞を弄するやうな現状」を問題視し、この現状を打破するためには「強権を発動してこれを取締る」以外に方法はないことを強調した。

また、高知県公道会の同和奉公会高知県本部への改組については、「聖業翼賛の一翼を負うに至つたことはまさに機会を掴むもので、未来の勝利は期せずして待たる丶所である」と体制の一元化を評価する一方で、さりげなくではあるが部落差別を取り締まる法律の不備を指摘している。部落差別を残したままでは戦争に勝利できないとの主張であった。

おわりに

幡多地方の水平運動のあゆみを概観してきた。組織的に継続していたわけではなかったが、中村水平社の中心的人物であった凰辺寿太郎は水平運動、融和運動どちらにも参画しつつ、一貫して部落差別の撤廃に向けて尽力した。その姿は戦時下においても、戦争協力を強く打ち出しながら、一方で「部落差別をなくして戦争に勝て」のスローガンを体現して、あくまでも部落差別の撤廃にこだわり続けたといえる。

したがって、敗戦後も凰辺の部落差別撤廃への向き合い方に大きな変化はなく、一貫して部落差別撤廃を叫ぶ運動に積極的に参加していくことになる。一九五六年三月に結成された解放団体高知県連合会の初代会長に凰辺が選出されたことは、凰辺の長年継続して部落差別撤廃に尽力してきた実績に対する正当な評価のあらわれでもあった。

参考文献
・凰辺寿太郎「斗争経履歴」(『高知の部落史』第五六号、一九九〇年一〇月)
・北澤一『中村における被差別部落の今昔』幡多地区同和教育研究協議会、一九八三年

・高知県部落史研究会編『高知の部落史』解放出版社、二〇一七年
・『山本正美　裁判関係記録・論文集』新泉社、一九九八年
・吉田文茂「高知県水平社運動の軌跡」（部落解放研究所編『水平社運動史論』解放出版社、一九八六年）
・吉田文茂「紹介　一水平社運動家の足跡―嵐辺寿太郎」（『高知の部落史』第五九号、一九九一年一月）
・吉田文茂「自主的融和団体・高知県自治団の軌跡」（『部落解放研究』一九七号、二〇一三年三月）

四国部落史研究協議会編『しこく部落史』（創刊号〜第二〇号）目次一覧

【第二号】（二〇〇〇年八月）
あいさつ（基調提案） 代表 三好昭一郎
シンポジウム 新たな地域の部落史像を求めて―芸能文化の交流・連帯をとおして―
論文
〔八幡浜〕エビス舞の背後にあるもの 水本正人
「木偶まわし」の聖と賤―阿波からの流れを受けて― 五藤孝人
〔高知〕水平社運動と融和運動の交差―高知県差別撤廃期成同盟の場合― 吉田文茂
〔徳島〕融和教育の考察―徳島県の取り組みを通して― 武知忠義
〔香川〕香川の融和教育再考 山下隆章
紹介
四国地方の部落史に関する新刊紹介 三好昭一郎
愛媛の部落史関係書籍 水本正人
各県の動向（愛媛・高知・香川・徳島）
【第三号】（二〇〇一年八月）
あいさつ（基調提案） 代表 三好昭一郎
（記録）
二〇〇一四国木偶まわしサミット二〇〇一・三・一〇～一一 五藤孝人
論文

〔徳島〕徳島城下の塵芥処理体制について―穢多の就役と代銀納制の獲得を中心として―　三好昭一郎
〔高知〕自由民権運動から解放運動へ　井澤武大
〔八幡浜〕なぜ三番叟が演じられたのか　水本正人
〔八幡浜〕武左衛門一揆と「ちょんがり」（一）―したたかな運動の精神史―　五藤孝人
紹介
香川県部落史関係論文一覧　山下隆章
各県の動向（愛媛・高知・香川・徳島）

【第四号】（二〇〇二年八月）
あいさつ（基調提案）代表　三好昭一郎
論文
〔八幡浜〕伊予萬歳の源流　水本正人
〔八幡浜〕武左衛門一揆と「ちょんがり」（二）―受け継がれた運動の精神史―　五藤孝人
〔香川〕近世讃岐高松藩における被差別民支配をめぐって―「非人」・「乞喰」・「籠守下派」―　山下隆章
〔高知〕室戸半島における被差別部落の成立について―現段階での一考察―　植田茂雄
〔徳島〕徳島の人物紹介
融和・同和教育指導者、前田治（一九〇九～一九六五）武知忠義
書評
千葉福田村事件真相調査会編『福田村事件の真相』浜近仁史

記録
二〇〇〇年部落史公開フォーラム　新たな地域の部落史像を求めて―芸能・文化の交流・連帯―
紹介
高知県部落史関係研究論文等一覧　山下典昭
各県の動向
愛媛・高知・香川・徳島
第七回全国部落史研究交流会の報告　二〇〇一・八／七～八
交換雑誌・受贈書籍目録（二〇〇一年度）

【第五号】（二〇〇三年八月）
あいさつ（基調提案）　代表　三好昭一郎
「高松差別裁判糺弾闘争」論文
〔香川〕香川における高松差別裁判糺弾闘争―香川県水平社は如何に闘ったか―　山下隆章
〔高知〕高松差別裁判糺弾闘争前後の高知県　吉田文茂
〔徳島〕徳島県における高松差別裁判事件糺弾闘争史料　増田智一
〔八幡浜〕愛媛の高松差別裁判糺弾闘争　水本正人
「自由研究論文」
〔八幡浜〕部落と寺子屋―身分を越えていた近世教育の世界―　五藤孝人
記録

被差別民の真宗信仰　有本正雄
宿神信仰と被差別民―「かわた」を中心に―　水本正人
前近代史分科会の討論　浜近仁史
近現代史分科会報告
「同愛会と有馬有寧」素描　白石正明
中央融和事業協会の創設　手島一雄
近現代史分科会の討論　吉田文茂・関口　寛
記録
第一一回全国部落史研究交流会　山下隆章
フィールドワーク「喜田貞吉のふるさとを訪ねて」　立石恵嗣
入門部落史②
土佐藩政期中期以降の農民の生活　井澤武大
案内
第一二回全国部落史研究交流会

【第九号】（二〇〇七年七月）
あいさつ　部落差別を解消する為の研究と教育実践を　代表　井澤武大
故吉森勝巳さんを偲んで
故吉森勝巳さんは、オランオランと共に　五藤孝人

二〇〇八年度四国部落史夏期合宿のご案内

【第一一号】（二〇〇九年六月）

あいさつ　全国部落史研究会（高知大会）の成功を！　代表　浜近仁史

シンポジウム「四国の融和運動」

一九二〇年代高知県の融和運動素描　吉田文茂

香川県における融和運動　山下隆章

各県の取組から

〔高知〕高知県における部落経済更生運動の展開　吉田文茂

〔香川〕香川の部落改善事業を推進した知事　若林賚蔵　山下隆章

〔徳島〕天狗久『人形細工控帳』から　辻本一英

〔八幡浜〕中江藤樹の人間平等論―幕藩体制の支配イデオロギーへの反旗―　五藤孝人

人物紹介

婦人融和運動家　久保つるの取り組み　武知忠義

書評

吉田文茂著『透徹した人道主義者　岡崎精郎』　山下典昭

辻本一英著『阿波のでこまわし』　五藤孝人

案内

第一五回全国部落史研究大会の概要

【第一三号】（二〇一一年五月）

あいさつ　「復活する会」の大きな足跡をふまえて　代表　浜近仁史
シンポジウム「四国の門付芸」
「三番叟まわし」門付けの記録から　中内正子・南　公代
土佐の門付け芸と芸能①　黒岩伸安
愛媛の「門付芸」の考察　五藤孝人
讃岐高松藩における阿波人形廻し関係史料　山下隆章
シンポジウムでの討論　水本正人
記録
フィールドワーク　―鮎喰地区・天狗久旧工房跡―　辻本絵蘭
各県の取組から
〔香川〕讃岐国鵜足郡造田村西村家文書に見える阿波人形廻し関係史料　山下隆章
〔高知〕土佐の門付け芸と芸能②　黒岩伸安
〔徳島〕門付け芸のフォークロア―三番叟まわし・えびすまわしの民俗調査に向けて―　高橋晋一
〔八幡浜〕祭礼（御開帳・市立・芝居等を含む）時における「かわた」の警固について　水本正人
案内
二〇一一年度四国部落史夏期合宿のご案内
第一七回全国部落史研究大会プログラム

【第一七号】（二〇一五年五月）

あいさつ　同対審答申から五〇年の節目の年に　代表　濱近仁史

シンポジウム「幕末から明治にかけての被差別部落の様相」

幕末・維新期における名東縣の操り芝居や雑芸人の様相　辻本一英

「解放令」と土佐　宇賀　平

小学校開設に関して　水本正人

近代移行期における被賤視民（讃岐の場合）　山下隆章

記録

夏期合宿フィールドワーク報告　濱近仁史

各県の取組から

〔香川〕丸亀市の啓発活動を通して―四国部落史研究協議会の蓄積を教育・啓発に―　濱近仁史

〔高知〕膏取一揆について―「解放令と土佐」―　宇賀　平

「解放令」反対騒擾について―「解放令と土佐」―　宇賀　平

〔徳島〕「阿波木偶箱まわし」伝承推進・調査研究事業の成果について　「阿波木偶箱まわし」伝承推進実行委員会事務局

〔八幡浜〕戦前・戦中・戦後と部落差別をなくするために懸命に取り組んだ人々―西宇和郡・八幡浜市・大洲市より―　水本正人

随筆

ハンセン病元患者の本名・出身地名の公表について　五藤孝人

【第一八号】（二〇一六年五月）

案内
第二三回全国部落史研究大会の概要
二〇一七年四国部落史研究協議会夏期合宿のご案内

【第二〇号】（二〇一八年五月）
あいさつ　『しこく部落史』休刊にあたって　代表　濱近仁史
特別報告　八幡浜部落史研究会結成二〇年の歩み　五藤孝人
シンポジウム「軍隊内の差別」
軍隊と部落差別　吉田文茂
軍隊と部落問題（香川県の事例から）　山下隆章
軍隊内の差別―愛媛の場合―　水本正人
シンポジウムでの討論　水本正人
フィールドワーク
宇和島市内の部落　五藤孝人
各県の取組から
〔香川〕「部落史」から何を教えるか（下）　山下隆章
〔高知〕『長宗我部地検帳』に見える坂折村　宇賀　平
〔徳島〕とくしま社会運動資料センターの取り組みと解放運動関連資料の収集と整備　中野輝行
〔八幡浜〕愛媛の部落学校の歩み―「学制」の理念から離れた差別の現実―　五藤孝人

書評

水本正人著『現代語訳「城下町警察日記」—和歌山城下の牢番頭が書き残した日記—』　五藤孝人

案内

二〇一八年度全国部落史研究大会プログラム

二〇一八年四国部落史研究協議会夏期合宿のご案内

西園寺千代（さいおんじ　ちよ）
1943年生まれ。八幡浜部落史研究会。著書：『海の物語』（2011年）／共著：四国部落史研究協議会編『心に響く人権の言葉集』（2019年）／論文:「新しい歴史への提言（もう一つの解放へ）」（『部落史研究報告集』第21集、八幡浜部落史研究会、2017年）。

甲野正人（こうの　まさと）
1958年生まれ。八幡浜部落史研究会。論文:「児童が主体的に追究する地域学習のあり方」（『教育研究論文集』愛媛県教育研究協議会、1996年）／報告：「解放文化祭『体操服と辞典』の取組をとおして」（『愛媛県人権・同和教育研究大会』愛媛県同和教育協議会、1996年）。

矢野俊治（やの　しゅんじ）
1959年生まれ。八幡浜部落史研究会。報告：「福祉会館を中心とした差別解消への取組」（『愛媛県人権・同和教育研究大会』愛媛県人権教育協議会、2017年）／「中学校へ行っても、差別をなくする勉強や活動をしたい」（『四国地区人権教育研究大会』四国地区人権教育研究協議会、2018年）。

館岡通俊（たておか　みちとし）
元高知県部落史研究会会員。共著:四国部落史研究協議会編『心に響く人権の言葉集』（2019年）。

執筆者紹介

山下隆章（やました　たかあき）

1958年生まれ。四国部落史研究協議会代表、香川人権研究所副理事長。共著：部落解放・人権研究所編『部落史研究からの発信　第1巻』（解放出版社、2009年）／香川県人権・同和教育研究協議会編『香川の部落史』（2012年）／四国部落史研究協議会編『心に響く人権の言葉集』（2019年）など。第5回原田伴彦賞（1998年）。

増田智一（ますだ　としかず）

1956年生まれ。徳島文理高等学校。共著：三好昭一郎・大和武生編『徳島県の教育史』（思文閣出版、1983年）／三好昭一郎先生還暦記念論集『歴史と文化・阿波からの視点』（1989年）／三好昭一郎先生古希記念論集『社会と信仰・阿波からの視点』（1999年）／秋定嘉和・朝治武編『近代日本と水平社』（解放出版社、2002年）など。

水本正人（みずもと　まさひと）

1951年生まれ。八幡浜部落史研究会会長。著書:『宿神思想と被差別部落』（明石書店、1996年）／『現代語訳伊予小松藩の部落史』（八幡浜部落史研究会、2010年）／『「城下町警察日記」の世界』（同上、2016年）。『現代語全訳城下町警察日記』（同上、2017年）／共著：四国部落史研究協議会編『心に響く人権の言葉集』（2019年）など。

吉田文茂（よしだ　ふみよし）

高知近代史研究会副会長。著書：『透徹した人道主義者　岡崎精郎』（和田書房、2008年）／共著：高知県部落史研究会編『高知の部落史』（解放出版社、2017年）／村越良子・吉田文茂『教科書をタダにした闘い—高知県長浜の教科書無償運動』（解放出版社、2017年）／四国部落史研究協議会編『心に響く人権の言葉集』（2019年）など。

板東紀彦（ばんどう　のりひこ）

1947年生まれ。徳島県労働者福祉協議会とくしま社会運動資料センター研究員。共著：徳島地方史研究会『阿波・歴史と民衆』（南海ブックス、1981年）／三好昭一郎編『四国近世被差別部落史研究』（明石書店、1982年）／石躍胤央編『徳島・淡路と鳴門海峡』（吉川弘文館、2006年／『徳島市史　第6巻』（2020年）など。

五藤孝人（ごとう　たかひと）

1956年生まれ。八幡浜部落史研究会副会長。著書:『「世直し歌」の力—武左衛門一揆と「ちょんがり」—』（現代書館、2012年）／共著：四国部落史研究協議会編『心に響く人権の言葉集』（2019年）／論文:「愛媛の部落学校の歩み」（『しこく部落史』第20号、四国部落史研究協議会、2018年）など。

菊池正（きくち　ただし）

1960年生まれ。八幡浜部落史研究会。論文：「神宮通り子ども会のあゆみ(2)・(3)」（『部落史研究報告集』第13集・第14集、八幡浜部落史研究会、2009年・2010年）。「小6社会科で被差別身分をどう教えるか(1)・(2)」（同上第22集・第24集、同上、2018年・2020年）。

四国の水平運動

2022年3月3日　初版 第1刷発行

編集・発行　四国部落史研究協議会
高松市天神前9番23号　数永ビル2階　〒760-0018
電話 087-831-7247　FAX 087-834-2707
発売元　株式会社　解放出版社
大阪市港区波除4-1-37　HRCビル3階　〒552-0001
電話 06-6581-8542　FAX 06-6581-8552
東京営業所
東京都文京区本郷1-28-36　鳳明ビル102A　〒113-0033
電話 03-5213-4771　FAX 03-5213-4777
郵便振替 00900-4-75417　HP https://www.kaihou-s.com/

印　刷　モリモト印刷

ISBN 978-4-7592-4232-4　NDC 361.86　292 p　21cm